2015 年度湖南省大学生就业创业指导特色教材研究课题成果(编号 20150202)
湖南省大学生就业创业指导系列特色教材

大学生创新创业教育实务

主　编 ◎ 黄　昕　王江生

副主编 ◎ 胡锦湘　段武城　高静波

梅　黎　丁玉兰

编　委 ◎ 黄　昕　刘昌茂　王江生　姚茂华

胡锦湘　段武城　高静波

西南交通大学出版社
·成　都·

图书在版编目（CIP）数据

大学生创新创业教育实务 / 黄昕，王江生主编. —
成都：西南交通大学出版社，2023.7（2024.1 重印）
ISBN 978-7-5643-9392-2

Ⅰ. ①大… Ⅱ. ①黄… ②王… Ⅲ. ①大学生 – 创业
– 高等学校 – 教材 Ⅳ. ①G647.38

中国版本图书馆 CIP 数据核字（2023）第 130771 号

Daxuesheng Chuangxin Chuangye Jiaoyu Shiwu
大学生创新创业教育实务
主编 黄　昕　王江生

责任编辑	吴　迪
封面设计	墨创文化
出版发行	西南交通大学出版社 （四川省成都市金牛区二环路北一段 111 号 西南交通大学创新大厦 21 楼）
营销部电话	028-87600564　028-87600533
邮政编码	610031
网　　址	http://www.xnjdcbs.com
印　　刷	四川煤田地质制图印务有限责任公司
成品尺寸	185 mm × 260 mm
印　　张	14
字　　数	322 千
版　　次	2023 年 7 月第 1 版
印　　次	2024 年 1 月第 2 次
书　　号	ISBN 978-7-5643-9392-2
定　　价	35.00 元

课件咨询电话：028-81435775

2015年度湖南省大学生就业创业指导系列特色教材

指导委员会

主任委员　　葛建中

顾　　问　　李家华

丛书总主编　　曹　敏

丛书副主编　　夏学军　钟秋明　李昌维

序

PREFACE

2020 年 9 月 11 日，习近平总书记在主持召开科学家座谈会时强调：“我国经济社会发展和民生改善比过去任何时候都更加需要科学技术解决方案，都更加需要增强创新这个第一动力。”

大学生是实施创新驱动发展战略和推进大众创业、万众创新的生力军，既要认真扎实学习、掌握更多知识，也要投身创新创业、提高实践能力。

高校作为实施大学生就业促进计划和创业引领计划的主阵地，要认真贯彻国家决策部署，积极开展教学改革探索，把创新创业教育融入人才培养全过程和各环节，切实增强学生的创业意识、创新精神和创造能力，厚植大众创业、万众创新土壤，促进多渠道就业创业，为建设创新型国家提供源源不断的智力支撑。

近年来，全国高校大学生创新创业成了一股潮流，边远地区大学生创新创业的热情也不断高涨。与此同时，创新创业中的各种问题与困惑也随之产生，创新创业教育的缺失就是一个急需解决的问题。创业的道路上，除了需要激情，更加需要理性的思考、充分的准备，还有技术、资本、战略、人脉、国家政策等的持续支持。

《国务院办公厅关于深化高等学校创新创业教育改革的实施意见》指出，深化高等学校创新创业教育改革，是国家实施创新驱动发展战略、促进经济提质增效升级的迫切需要，是推进高等教育综合改革、促进高校毕业生更高质量创业就业的重要举措，要求各高校健全创新创业教育课程体系，开发开设创新创业教育必修课和选修课。

在普通高等学校开展创业教育，是服务国家加快转变经济发展方式、建设创新型国家和人力资源强国的战略举措，是深化高等教育教学改革、提高人才培养质量、促进大学生全面发展的重要途径，是落实以创业带动就业、促进高校毕业生充分就业的重要措施。教育部为此制定并下发的《普通本科学校创业教育教学基本要求（试行）》对创业教育的教学目标、教学原则、教学内容、教学方法、教学组织作出了明确规定，并公布了“创业基础”教学大纲，推动了高等学校创业教育的科学化、制度化和规范化。

本书是在贯彻落实国务院、教育部有关文件精神的基础上，广泛吸收借鉴相关教材的精髓，并结合吉首大学和湖南工商大学的实际，组织编写的一部关于高校大学生创业的指导教材。通过该课程的学习，将创新创业教育与专业教育有机结合，使大学生掌握创业的基础知识和基本理论，熟悉创业的基本流程和基本方法，了解创业的法律法规和相关政策，为大学生的奇思妙想生根发芽提供养分，激发大学生的创业意识和创业潜能，提高大学生的社会责任感、创新精神和创业能力，促进大学生创业就业和全面发展。本教材适用于高等院校就业创业的大学生，以及依托地区资源进行创业的人士。

本书从创业与大学生人生发展、创业者与创业团队、创业机会和创业风险、创业资源的开发与整合、创业模式与创业计划、企业的创建与经营、“互联网+”与大学生创业、创业计划推介与展示八个方面进行阐述，让学生不仅学习到专业的创业知识，还学习到先进的管理理念，感受企业的文化和氛围，这些能为学生未来的自主创业打下良好的基础，对大学生提升创业综合素质和核心竞争力有积极的指导作用，对大学生正确面对创业过程中的各种选择和困难有深刻的启示意义，特别是对大学生在创业过程中展现优势、赢得市场、获得成功、实现创新创业梦想有直接的现实作用。

当前，我国正深入推进大众创业、万众创新，真诚希望本书能在大学生创新创业教育和就业指导服务中发挥作用，衷心祝愿拥有梦想敢于拼搏的青年学生能够在实践中寻找到施展才华的舞台，创业成功，实现梦想。

是为序。

黄昕

（湖南工商大学党委副书记、校长，教授）

2023 年 3 月

前言

Foreword

党的二十大报告提出："教育、科技、人才是全面建设社会主义现代化国家的基础性、战略性支撑。"高校的根本任务是立德树人，培养德智体美劳全面发展的社会主义建设者和接班人。新时代新征程新任务，高校创新创业教育必须与时俱进，服务于国家需求。基于此，本教材在 2016 年版的基础上进行了首次修订。

此次教材修订坚持"与时俱进、对标需求、结合实际、精益求精"的原则，保留了第一版的精华，吸收了师生的部分建议，主要在几个方面进行了修改：一是教材的名称由《民族地区大学生创新创业教育实务》改为《大学生创新创业教育实务》，扩大了面向范围，主要内容中仅仅保留了部分民族地区的创业案例。二是增加了第八章"创业计划推介与展示"，使得教材结构和内容更加完整，对提升大学生的创业计划展示能力大有帮助。本章由吉首大学创业教育教研室主任丁玉兰老师编写。三是对部分内容进行了修改，内容更新、更实、更准，将一些新的内容如乡村振兴战略、区域协调发展战略、新型城镇化战略等融入了教材。

全面建设社会主义现代化国家，是一项伟大而艰巨的事业，前途光明，任重道远。当前，世界百年未有之大变局加速演进，新一轮科技革命和产业变革深入发展，高校创新创业教育重任在肩，教材编委们因时而进、集思广益，对教材进行了修订，吉首大学梅黎老师为此次教材修订做了大量细致的工作，在此一并致谢。希望本次教材的修订能为高校的创新创业教育尽一点绵薄之力。

王江生

2023 年 3 月 29 日

目录

CONTENTS

第一章 创业与大学生人生发展

【名人名言】

好生做人，好生经商。

——陶华碧

什么叫创新，就是大家都反对你而你还坚持去做。如果你和大家的观点一致，这叫创新吗？

——李书福

【教学目标】

1. 了解创业的概念。
2. 理解大学生创业的特殊价值。
3. 帮助大学生正确认识自我、认识社会，树立创业新理念。

【教学要点】

1. 创业的概念。
2. 创业型经济。
3. 创业的特殊意义与价值。

【案例导读】

大学生创业成功的经典案例

1. 王学集

王学集出生于浙江温州，毕业于浙江理工大学。大学时和两位同学一起创业，大三时正式发布phpwind论坛程序。2004年，大学毕业的王学集成立公司，公司亦命名为phpwind，中文名为“杭州德天信息技术有限公司”，专门提供大型社区建站的解决方案。目前，phpwind已成为国内领先的社区软件与方案供应商，PW6.3.2版本的推出更在社区软件领域树立起一个极高的技术壁垒，phpwind8.0系列版本则推动了社区门户化。

phpwind于2008年5月被阿里巴巴以约5000万人民币的价格收购，现在隶属于阿里云计算有限公司，为阿里云计划提供了强有力的支持。

2. 舒义

舒义19岁就开始创业，读大一时就是国内最早的web2.0创业者之一，创办过国内第一批博客网站Blogku，Bolgmedia，还创建了一个高校SNS和一家校园电子商务公司。

2006年，舒义第三次创业，创办了成都力美广告有限公司，后发展为中西部最大的专业网络广告公司之一。2009年，舒义成立北京力美广告有限公司（i-Media），两年内发展为国内领先的移动营销解决方案公司，并于2011年获得IDG资本投资。

3. 杨明平

超级课堂的联合创始人杨明平是典型的大学生创业者，并且是一位连续创业者。杨明平毕业于中欧国际工商学院。2005年，大三的他接手学校边上的一家川菜馆，发展到拥有400多平方、一年200多万营业额规模的火锅店，大学的创业经历为他赢得第一桶金。而后杨明平决定朝着更大的方向发展，进入在线教育领域，创建超级课堂（Super Class）。

超级课堂成立于2010年10月，由杨明平创立的超级课堂将线下教育搬到线上，为中小学学生提供好莱坞大片式的网络互动学习课程。

4. 王兴

一提到王兴，很多人脑海里面首先想到的就是连环创业者，因为他是校内网、饭否网、美团网这三个中国大名鼎鼎的网站的联合创始人。除此之外，他还有另外一个身份，即大学生创业者，是在毕业之后没有丰富的职业履历就开始创业的人。

他是人们口中的天才少年，高中没有参加高考就被保送到清华大学，毕业后拿到全额奖学金去了美国特拉华大学，师从第一位获得MIT计算机科学博士学位的中国学者高光荣，随后归国创业。在前一两次不算成功的创业项目之后，王兴创立了中国版Facebook校内网，并很快风靡于大学校园。校内网于2006年10月被千橡以200万美元收购。2007年5月12日，王兴创办饭否，这也是中国第一个类twitter项目，但就在饭否发展势头一片良好之际被关闭，这让王兴事业受到挫折。之后，连环创业客王兴于2010年3月上线新项目美团网，并在千团大战之中脱颖而出，稳居行业前三，并先后获得红杉和阿里的两轮数千万美金的融资。

5. 戴志康

康盛创想创始人戴志康是无数互联网人的偶像，他创建的“Discuz!”开源模板与“Wordpress”是世界上最大的两个开源网站模板，被数以百万的站长使用，深刻改变了中国互联网，而戴志康也是一位大学生创业者。

戴志康出生于一个知识分子家庭，父亲是大学教授，亲属中也有很多人是老师。据说，因为这种家庭背景，戴志康小时候就开始接触电脑。在计算机性能不断升级的过程中，他的编程技术也日益提高。戴志康从小学刚毕业后的1995 年开始初步尝试编制软件。初中、高中时期，他几乎席卷了各类计算机大赛。戴志康2000年考上哈尔滨工程大学，2001年便在校外创业，他在外面找到一间月租300块的房子，一天差不多15个小时都泡在电脑前面，最终他创造的“Discuz!”成为中国最成功的建站开源模板。“Discuz!”于2010年被腾讯以6000万美金的价格收购。

（资料来源：https：//www.cnrencai.com/goldjob/story/569905.html，内容有删减）

【案例点评】

大学生是“双创”新力军，拥有较好的学习背景和专业知识。很多大学生开始了专业型创业实验，大学期间以专业为依托大胆创新，开展模拟创业，少量学生大学期间加入了创业大军，最终通过创业闯出了自己的大事业，实现了自己的人生价值，这些成功的例子，给了我们哪些启示呢？

第一节 创业与创业精神

一、创业的定义与功能

（一）创业的定义

创业，是不拘泥于当前资源的约束、寻求机会、进行价值创造的行为过程。[①]创业作为一个过程，有三个关键点。

第一，创业者“不拘泥于当前资源的约束”，主要是指创业者不甘于资源供给的现状，努力突破资源束缚，通过资源创新利用和资源整合实现创业目标。创业者在创业初期大多会经历资源缺乏、资金紧张、人手不足，要经历从无到有、从少到多的过程。打破资源约束是创业的前提和关键。从广义上说，只有勇于突破现状，才能进行改变。

第二，创业者善于“寻求机会”，主要是指创业者在创业前要努力识别商业机会、发现商业机会、利用商业机会。寻求机会是产生创业活动的重要一环。换个角度来看，对资源的重组或者整合，打破资源的利用现状，突破资源约束，也能产生商业机会。

① 李家华：《创业基础》，北京：北京师范大学出版社 2014 年版。

第三，创业者能够“进行价值创造”，主要是指创业应该有新的价值产生。通常是以产品或者服务的方式服务消费者，创造商业和社会价值。创业，是创造新价值，而非简单转移财富和价值的过程。这既是创业的目的，也是创业的功能。

创业，主要包含三个要素：机会、团队和资源，本质上是一种创新型活动，是独立地开创并经营一种事业，使该事业得以稳健发展、快速成长的思维和行为过程。

创业其实首先就是创新。我们要有一个真正创新的点。这个创新的点，并不是你随便想出来的一个小窍门，或比较有意思的想法。有了创新点之后，需要考虑的就是如何把能力与创新相结合。

【拓展阅读】

创业的定义

学者们对创业的定义见仁见智，其中有两大学派的定义被广泛接受。

一、以斯蒂芬森（Howard. Stevenson）为代表的哈佛商学院学派认为，创业是不拘于当前所控制资源而探寻机会并创造价值的过程。

二、以蒂蒙斯（Jeffry A. Timmons）为代表的百森商学院派认为，创业是一种思考、推理和行动的方法，不仅要受机会制约，还要求创业者有缜密的实施方法和具有高度平衡技巧的领导艺术。

（二）创业的功能

创业具有促进个人发展、增加就业、推进创新、增强经济活力、创造价值等功能，是发展经济和解决社会问题的有效途径之一。

1. 促进个人发展

创业为人生创造了发展机会和增加个人财富的可能性。创业是一个充分认识自我实现自我的机会、一种极其宝贵的历练、一个发挥个人潜力实现人生价值的平台。在经济新常态和互联网时代，智力、智慧、创意、专业知识将成为主要的生产要素。

2. 推动经济发展

打破资源的约束进行创业的过程，往往伴随着新的创意、工艺、技术、方法的出现，这对于组织的效率、竞争力的提升、资源的合理配置和市场的完善，都具有十分重要的作用。在西方，创业经济成为一种重要战略。在2014夏季达沃斯论坛开幕全会上，国务院总理李克强发表致辞，提出要“借改革创新的东风，在中国960万平方公里的大地上掀起一个大众创业、万众创业的新浪潮”。大众创业、万众创新，已成为中国发展的新常态。

3. 实现社会进步

创业的过程，是个人人格走向独立和健全的过程，是社会生成新文化的过程，是国家催生新企业、新业态、新模式和新生产力的过程。创业，无论是从个人发展、物质财富增加还是社会新文化生成等诸多方面，都在推动社会的整体进步，形塑民族地区的文化与社会生态。

【拓展阅读】

李克强谈创业创新：高手在民间

“真是高手在民间啊！”2015年3月15日，国务院总理李克强在北京谈及创业、创新时感慨：“年轻人有奇思妙想。”他同时表示，今年政府将在“清障搭台”激发市场活力方面做更多的事。

十二届全国人大三次会议当日闭幕后，李克强在人民大会堂答中外记者问。本届政府工作报告提出“大众创业、万众创新”。有记者问，有人说创业是老百姓自己的事，政府为什么要操这么大的心？“谢谢你的好意，让我们少操心，但是不能不多操心啊！”李克强指出，大众创业、万众创新，实际上是一个改革，也是历史的启示。

李克强回忆，30多年前，正是因为承包制政策的实施，调动了亿万农民生产和经营的积极性；也因为允许人口流动，亿万农民工进城，创造了中国经济的奇迹。“我到过许多咖啡屋、众创空间，看到那里年轻人有许多奇思妙想，他们研发的产品可以说能够带动市场的需求。真是高手在民间啊！”李克强说。“市场活力的激发需要政府去清障搭台。”李克强介绍，今年中国将继续做更多的事，进一步放宽市场准入，实行证照合一，“让服务业领域的一些企业注册登记别再那么费劲了。”李克强称，对企业特别是创业的小微企业，中国政府要更多地提供租金低廉的创业空间，给创业插上翅膀；通过政府引导资金吸引更多种子基金，并进一步减税降费，让企业轻装前进。李克强强调，推动“创业、创新”有助于调整收入分配结构，促进社会公平，“也会让更多年轻人，尤其是贫困家庭的孩子有更多的上升通道”。

“我们推动‘双创’，就是要让更多的人富起来，让更多的人实现人生价值。”李克强说。

（来源：人民网，2015年3月15日，有改动）

二、创业精神及其培育

（一）什么是创业精神

创业精神是创业者在创业过程中表现出的思想、观念、个性、意志、作风和品质等重要行为特征的高度凝练，是创业者们共同的人格特征，代表一种以创新为基础的做事与思考的方式。[①]其主要表现为勇于创新、努力拼搏、团结协作、坚持学习等。创业精神是创业的支柱，是创业的动力来源，是创业者的人格特征。

① 李肖鸣，朱建新：《大学生创业基础》（第二版），北京：清华大学出版社2013年版。

1. 创新是创业精神的灵魂

创业过程是一个创新过程，是一个打破常规和既有资源约束的过程，也是一个把创新成果转变为商业、走向市场的过程。

2. 打拼是创业精神的底色

创业是一个异常艰辛的过程，需要克服常人难以想象的困难，浙江商人的“走遍千山万水、想尽千方百计、历经千辛万苦”，就是创业路上艰辛的写照，而温州商人“晚上睡地板、白天当老板，宁愿睡地板、也要当老板”精神，更凸显了创业的艰辛程度。

3. 合作是创业精神的天性

现代社会分工越来越细，没有分工就没有社会，没有合作就没有创业。抱团发展、团队发展，志同道合、团结一心，是创业精神的外在表现，也是内在要求。

4. 学习是创业精神的保证

创业是一个开创的过程，充满了未知，创业者应具有良好的学习意识，拥有开放的心灵，面向世界敞开胸怀，吸收对自己事业、人生有益的营养。

创业者身上流淌的创业精神、焕发出的精神状态，是对墨守成规、不思进取、贪图安逸、未富先懒等精神状态的抵制，是对独立性、坚持性、敢为先人格的积极实践。

【拓展阅读】

培育创业文化

变安贫为求富。一些人习惯于靠天吃饭，农耕、渔牧，听天由命，缺乏摆脱贫穷、求富创新的强烈欲望。培育创业文化，就是要在全社会引导人们树立致富光荣、创业光荣的理念。要在守法的前提下，鼓励人们八仙过海、各显其能，在致富、共富的大道上竞相奔跑。

变守摊为开拓。受传统农业文明和生活方式的影响，一些人形成了不思进取、小富即安的心态，固守既定的工作和生活状况，固守身边的坛坛罐罐，只求平平稳稳过日子，不敢在新的领域开拓创业。不少农民存在着浓厚的“土地情结”，不愿外出打工。培育创业文化，就是要引导人们树立永不停滞的开拓理念，培育广大群众的商业精神和广泛参与经济活动的积极性，在全社会形成人人追寻商机、处处推崇创业的良好氛围。

变懒散为拼搏。一些人形成了懒散的积习，培育创业文化，就是要引导人们树立吃苦耐劳、百折不挠的拼搏理念，把沿海地区人们那种“走遍千山万水，说遍千言万语，历尽千辛万苦，想尽千方百计”的创业精神和创业本领真正学到手。

变求稳为历险。一些人形成了随遇而安的心理定式，对自主创业缺乏心理准备，顾虑重重，怕赔钱，怕失去原来的工作，怕陷进去。培育创业文化，就是要引导人们树立甘冒风险、无所畏惧的历险理念，努力营造一种追求成功、鼓励创新、不懈进取、宽容失败的文化氛围，真正激活老百姓这一经济发展的主体。

变求助为自强。培育创业文化，就是要引导人们树立自力更生、奋发有为的自强理念，在市场中寻找适宜商机，在竞争中增强谋生本领，在创业中追求物质财富，在奋斗中提升人生价值。

变保守为争先。“出头的椽子先烂”之类的思想意识仍有很大市场，每逢重大决策或重要抉择，一些人总习惯于左顾右盼、举棋不定，丧失了许多发展良机。培育创业文化，就是要引导人们树立思想解放、勇于探索的争先理念，鼓励人们摒弃教条、注重实际，在实践中大胆探索和尝试，积极进行理论、科技、体制和文化创新，努力做到争当出头鸟、敢为天下先。

（选编自百度文库，http：//baike.baidu.com/link？url=qBNeFFJgS8gDUNczwVH6xlm-58O7K_0yrk_G1Z A3w0HhWDgdlpN4lutlWLVKAzLl4cjISG8K4y7gN7xkrdOyaq）

第二节 创业与大学生职业生涯发展

一、多视角的创业

（一）狭义的创业

狭义的创业定义为“创建一个新企业的过程”。创建一个新企业一般需要以下几个条件：符合法定的程序；能够提供满足市场需求的产品和服务；需要确定适合于产品或服务的营销模式；需要一个创业团队，并根据企业发展的需要进行有效的管理，包括技术、财务、有效、人力资源管理等。源自西方的创业教育，主要就是指创办一个新企业的过程。

（二）广义的创业

广义的创业定义为“创造新的事业的过程”。换言之，所有创造新的事业的过程都是创业。无论是创建新的企业、企业内部创业，还是在工作岗位上创造性地发挥自己的聪明才智，通过发现机会、整合资源实现自己的价值和抱负，都可以称为创业。从广义的角度理解，创业的主体包括营利性组织，也包括非营利性组织；既包括政府设置的部门和机构，也包括非政府组织；既包括大型事业，也包括小规模的个人或家庭事业。从这个意义上讲，创业可以包括开创学业、事业、财业、物业、家业、企业等。

【拓展阅读】

创业：开创新局面

从世界各国企业结构和劳动力就业的规律看，95%以上的企业是微型和中小企业，

65%～80%的劳动力在个体、微型和中小企业中就业。通过创业，城乡居民拥有产业（商业和工厂）、物业（房地产）、财业（股票、债券和存款等）、事业（工作室、个体经营、特殊职业、个人发展目标等）、就业（工作岗位）和家业（住房、耐用消费品和汽车等），才能扩大中国全社会中等收入者比重、减少因失业造成的贫困人口、提高低收入者收入水平，形成一个较为公平初次分配的格局。只有大力发展个体、微型和中小企业，将政府投资、国家创业、劳动者就业的模式转变成人民创业，国家提供公共经济、公共服务政策和社会管理的模式，中国的就业之路才能越走越宽。

（编者根据山东干部学习平台《创业型经济与县域经济发展》试卷整理而成）

二、创业能力对个人职业生涯发展的意义和作用

（一）职业生涯与规划

职业生涯规划是指个人和组织相结合，在对一个人职业生涯的主客观条件进行测定、分析、总结研究的基础上，对自己的兴趣、爱好、能力、特长、精力及其不足进行综合分析与权衡，结合时代特点，根据自己的职业倾向，确定最佳的职业奋斗目标，并为实现这一目标做出行之有效的安排。[①]

（二）创业精神、创业能力与职业生涯发展

创业是一种理念、一种精神，是一种不满足于现状、敢于创新并承担风险的精神，是一种在考虑资源约束的情况下把握机会创造价值的认识。从广义的角度看，创业可以理解为一个人根据自己的性格、兴趣、所学专业、能力等选择适合自己的事业，并把握机会，为这个事业的成功整合资源，最终实现自己人生目标的过程。在这个过程中，捕捉机会、整合资源的意识，以及领导能力，具有普遍性与适应性。从这个意义上讲，无论你从事什么样的行业或职业，创业精神、创业能力在个人的职业生涯中都将发挥积极作用。

【拓展阅读】

大学生创业必备8项基本能力

1. 计划能力

要想清楚地知道自己以后发展方向在哪里，仅靠自身的苦思冥想是找不到答案的。最好的办法就是通过自己去观察别人，征求“过来人”的意见，再结合自己的实际情况制定一些小目标，通过确定和实现这些小目标，慢慢地开始规划自己的人生。在创业过程当中，要经常性地提前计划或规划一些事情。在制订计划的时候一定要综合各种因素，形成切实可行的分解动作，要将任何可能的细节都考虑在内。而在实施的过程当中要针对当下的具体情况进行，适时做调整。

---

① 董青春等：《大学生创业基础》，北京：经济管理出版社2012年版。

2. 决策能力

作为创业者，你就是团队的灵魂。团队运营后，你的一举一动都左右着创业的发展走向。前期创业者可能会广泛地征求亲朋好友的建议，一旦自己独立自主，就必须要通过自己的智慧和胆识去决定各种大小事务。在自主地做出决策时，谨慎是必不可少的，一旦优柔寡断就可能会失去一个绝佳的商业机会。同时，决策的胆识和魄力一定是要建立深思熟虑的基础上，既要风险小，又要兼顾利益最大化。

3. 管理能力

创业如同经营一家企业，需要制定各种制度。制度不在于多，而在于能否让所有相关人明白其道理，并且严格执行。创业者需要针对自己团队的实际情况建立各种有效的管理制度，包括店员管理、培训、绩效考核等。同时，针对市场的不断发展变化改进相应制度，只有这样才能够让创业者及其团队立于不败之地，拥有发展的主动权。在不同创业阶段需制定明确的目标，把目标进行细化分解。一个团队要想得到长远发展，必须得有长远的发展目标。长远的发展目标又可以按阶段分解成不同的小目标，而这些小目标又可以分解到每个相关人。在这个过程当中，作为创业者主导者，需要对不同的目标进行统筹和管理。

4. 谈判能力

在创业者人际交往过程中，与人谈判的情况必不可少。谈判对创业者的要求是综合多面的，需要创业者有一定的语言能力、心理分析能力、人文素养等。要想在谈判当中占据主动地位，必须要有很强的谈判能力。杰出的谈判能力能够让创业者在谈判过程中直接获得更多的利益。

5. 处理突发事件能力

在创业过程中，不可避免地会发生一些突发事件。而当事情发生的时候，我们需要更为积极地应对。如果这些事情发生在创业者顾客身上，处理得当的话，还能起到宣传作用。

6. 学习能力

要想取得成功，必须具备持续的学习能力。市场和行业的竞争日益激烈，大到一个企业，小到个人，要想力争上游，就必须比竞争对手更快地掌握更多的知识，使自己立于不败之地。对于大学生创业者而言，除了学习书本的理论知识，还要重视学习其他方面的知识和技能。

7. 社会交往能力

良好的人际关系，不仅能给人生带来快乐，而且还能助人走向成功。大学生创业者在开始创业后必将接触到各种不同类型、身份的人，而接触的人大多都是跟自己的利益相关的。所以，从创业最开始就要学会跟各种人打交道。要尽可能地去结交人脉，认识朋友，舍得给自己投资。在与前辈们的交流和学习中要不断认识到自己的不足，从而有针对性地提升自己。

8. 保持身心健康能力

绝大多数创业过程不是一帆风顺的。创业者要保持乐观而稳定的心态，需要在长时间的历练当中找到方法。而大学生创业者一般都比较心高气傲，有强烈的自尊心。建议放低姿态，平静地去接受一切可能的打击。同样，在得意时，也要克服骄傲的情绪，切不可沾沾自喜、妄自称大。身体是革命的本钱，创业者只有身体健康才能够打拼。为事业拼搏而废寝忘食的精神非常值得肯定，但是终究不能视之为常态。在创业的过程当中一定要注意劳逸结合，切莫因为太拼而让自己的健康状况下滑。

（选自大学生创业服务网，http：//cy.ncss.org.cn/cybd/283136_2.shtml）

第三节 经济发展与大学生创业

一、创业型经济与地方经济发展

（一）创业型经济

从世界范围来看，人类进入21世纪后，创业已经成为各国经济发展的原动力。创业的核心要件就是把思想转化为经济机遇。创业是创新的源泉，刺激了生产力和经济竞争力的提高。“创业型经济”不仅带动了区域经济的发展，而且在创业中实现了就业的增长和技术进步。创业型经济（Entrepreneurial economy）是相对于管理型经济（Managed economy）而言的，是基于企业家的创意和创新，以新办“创业型公司”为主要途径，微观上实现企业家个体价值，宏观上促进国家经济发展的一种经济形态。[①]创业型经济表现为创业活动多，创新发明与专利多，创业型中小企业多。与传统经济相比，创业型经济具有较高的创业启动与退出率、较高的研发投入和人力资本投资、较高的经济增长等特征。

（二）创业型经济是地方经济发展的必然选择

西部地区地域辽阔，资源丰富，但基础设施较为落后，经济发展水平相对较低，市场发育程度和市场机制不健全。作为中国经济不可或缺的西部地区，要改变欠发达状态必须从提高内生素质入手，寻找新的动力源，必须关注经济增长的核心和潜力因素——创业，这不仅关系西部地区未来的经济前景，也将对中国经济产生重要影响。西部地区要实现新的经济增长并缩小与东部地区差距，既不能走中国“三线建设”时期西部大开发的老路，也不能照搬改革开放后东部开发的经验，必须高起点走技术创新和科技进步之路，依靠创业型经济不断通过创新激发经济发展内在动力，推动西部地区整体社会经济发展。发展创业型经济，探索适宜的创业型经济发展路径，是西部地区提高内生竞争能力的必然选择。发展创业型经济有利于推动劳动力转移，促进西部地区产业结构优化

① 陈秀丽，丁俊丽：《后危机时代创业型经济是中国经济发展的新引擎》，《前沿》，2011（1）。

升级，有利于区域内生发展，增强自我发展能力，有利于加快西部地区发展。引导西部地区农村大学生返乡创业，不仅有利于缓解西部地区农村大学生的就业压力，也是有效扭转西部地区农村“智力流失”不利局面的有效途径。①

【案例导读】

走向世界的清真食品

新晃老蔡食品有限责任公司是一家有着10多年专业生产牛肉系列食品历史的股份制民营企业，位于湖南省怀化市新晃侗族自治县。公司以远近闻名的新晃黄牛为原料，把传统的清真食品加工方法和现代食品工程技术结合起来，依托广州食品研究所、湖南农大食品科技学院等技术单位，生产三大系列产品，共40多个品种。既有酒店特色菜系列、休闲食品系列，也有冷鲜肉系列，产品远销武汉、长沙、武汉、上海、广州、深圳、北京、山西、河南、内蒙古等10多个省（区）市，深受消费者青睐。2009年12月被授予湖南省名牌产品，2013年评为湖南省著名商标，公司是省级农业产业化企业和怀化市最大的牛肉食品深加工企业。2015年公司生产能力达到6000吨，年产值突破4.2亿元。

2012年，湖南省委书记徐守盛到公司视察，充分肯定了老蔡公司在带动新晃经济发展和产品开发、打造特色品牌等方面取得的成绩。徐守盛提出，老蔡食品要发展壮大首先要向食品同行业的学习，学习他们的生产发展方式和营销方法，以人之长补己之短；其次要发挥黄牛地标产品的优势，围绕这一优势，打响新晃黄牛的品牌；最后要注重市场的推广，老蔡公司主要是从事清真食品的生产，因此特别要在清真市场上加大推广力度，努力打造成全国甚至全世界清真食品中一个响亮的品牌。

（编者根据湖南省中小企业公共服务平台相关资料以及采访材料整理而成）

【案例点评】

作为一家民族地区的家族企业，能够有如此的发展，殊为不易。在专家看来，该企业实现了清真食品与现代人的需求的有机结合，特别是回应了当下对于安全、健康食品的渴求，所以才获得了可持续的发展。

二、大学生创业的重要意义

（一）乡村振兴蕴藏着无限的创业机会

脱贫攻坚战已经取得全面胜利，我国全面推进乡村振兴战略，我国的基础设施和信息设施日益改善，逐步拉近了与市场的距离。与此同时，我国依托自身的资源优势、产业基础和支撑条件，加快特色优势产业的发展，促进资源优势向产业优势、经济优势转化，逐渐形成了有竞争优势的重点特色产业：矿产资源优势与能源及化学产业、矿产开发及加工产业、农牧业产品优势与农副产品加工产业、产业基础优势与装备及加工业、

---

① 赵绚丽：《中西部创业型经济发展研究》，《宏观经济管理》，2013（2）。

高新技术产业、旅游资源优势与旅游经济。丰富的资源和不断壮大的产业基础，为具有创新意识和创业精神的大学生提供了资源开发与资源整合的基础；多样的消费需求和逐渐扩大的消费市场，为具有前瞻性眼光和先行一步能力的创业者们，提供了开拓市场和扩大市场的基础。

（二）乡村振兴为大学生创业提供了不可多得的方向和平台

大学生的创业实践活动，特别是大学毕业生到乡村振兴主战场进行创业实践，不仅有助于实施新型城镇化战略，加快国家创新体系建设，而且有助于缓解严峻的就业形势，增强地区发展活力，推动乡村产业、人才、文化、生态、组织的振兴，促进地方经济的发展。

大学生在欠发达地区就业和从事创业活动，除了要经历创业本身的艰辛之外，还要经受艰苦环境的磨炼，这更有利于年轻大学生的成长。

【拓展阅读】

以“泰山村”为代表的“村集体与社会资本共同撬动模式”

泰山村位于郑州市南大学城龙湖镇境内，距郑州16公里，距新郑国际机场 20公里。村庄占地面积5000亩，辖9个自然村、7个村民组，现有人口1500余人。以泰山村村委会为开发主体成立村集体开发组织，引入了千稼集项目共同打造。结合黄帝文化底蕴深厚的优势，以“林业立村、生态富村、旅游活村、文化强村”思路发展乡村特色旅游。2007年，在外经商多年的乔宗旺回村担任村党支部书记，带领村民不等不靠，利用紧靠郑州市区的区位优势和黄帝文化的品牌优势，按照“一村一品、一村一景、一村一产业”方案打造泰山村特色旅游村。

泰山村先后荣获“全国一村一品示范村”“中国乡村旅游模范村”“全国生态文化村”“河南省最美乡村”“河南省文明村”“河南省生态村”“河南省特色旅游村”等诸多荣誉称号。

1. 引进国内知名文旅品牌千稼集，通过文旅产业引爆村庄

引进河南千稼集农业旅游观光有限公司与泰山村合作，建设了千稼集景区，按照“原味乡村”“民国风情”“激情岁月”三大主题，布局农耕文化演艺、民俗特色小吃、民间演艺表演、休闲游乐体验、主题情景客栈、绿色有机农场六大产品业态，布局地方名小吃、农副产品、茶馆戏台、文创产品、主题客栈、民俗演出、情景演艺、历史店铺、儿童娱乐、竞技游戏和创意农场采摘园等多元主题业态，供游客体验浓郁深厚的中原民俗历史文化和乡土乡情。

2. 合作经营打造万亩高效农业产业园，夯实产业基础

千稼集与当地农民采用合作经营的方式打造万亩农场，通过集中耕作、精细化管理，生产绿色有机杂粮蔬菜。实现统一配给，从源头上保证千稼集食品的安全和质量，游客还能品尝纯天然农土特产和土法加工食品，充分享受好看、好吃、好玩、好游、好住、好购、好心情的“七好”快乐体验之旅。

3. 发展新型养老产业，打造新型乡村养老典范

2016 年，泰山村与上海和佑养老集团举行合作协议签约仪式，双方计划在泰山村联手打造新型乡村养老典范，建设可安置 5000 名老人的乡村养老项目，打造“城市老人到乡村寄家养老”特色示范村。“乡村寄家养老”模式让城市老人到近郊寄家养老，既有家的感觉，也能呼吸新鲜空气、品尝有机食品，以及享受护工细心的照料和社区医养服务中心的健康管理。

4. 发展培训产业，建立农村党员干部学习教育培训基地

泰山村每年承接各项培训 20 多万人次，泰山村有大中小会议室 8 个，其中一号

会议室可以容纳 550 人；可接待 2000 人同时就餐，可容纳 1000 人入住。有高空培训装置 2 座，高空攀岩墙 1 座，地面培训设施如逃生墙、背摔台、电网等多处。泰山村先后被郑州市教育局指定为郑州市中小学校外活动教育基地，被郑州市人民政府明确为青少年社会实践基地，被郑州大学、河南民生学院等大专院校明确为大学生社会实践基地，被新郑市人民政府指定为新郑市党员干部学习教育培训基地。

公司对外招商，免租金、免装修、免流动资金、免物业费、免管理费、免营销费，为商户提供统一采购的食材，收入扣除食材的成本后双方五五分成，商户承担自己的人力、水电气成本，公司承担人力和推广费用。

公司建立有自己的配送中心，商户成立了商户委员会，对中心的采购、配送进行监督，经营风险由公司承担。在这里经营的商户一店一品，不重复，避免恶性竞争。

泰山村没有完全依靠政府帮助，自力更生走出了一条中国农村振兴的道路。每个自然村的文化内涵、品位都不一样，只有深挖文化和生态，通过优良的生态和优质的服务，把文化和生态优势转化为生产力，把乡村文化以及青山和绿水变成经济和社会效益，才能探索出独具特色的可持续发展道路。

（资料来源：中华人民共和国农业农村部官网）

【本章小结】

1. 创业是不拘泥于当前资源约束、寻求机会、进行价值创造的行为过程。

2. 创业的关键要素包括机会、团队和资源。

3. 创业具有增加就业、促进创新、创造价值等功能，同时也是解决社会问题的有效途径。

4. 发展创业型经济是乡村振兴的必由之路，也为当代大学生创业提供了不可多得的机会。

【思考与实践】

1. 请为你自己的人生做一份规划，并完成以下表格：

我的人生目标：	
达到这一目标所需要的资源与素质：	
我已经拥有的资源：	我还未拥有的资源：
为了达到目标，我需要怎样进一步完善自己的资源与素质：	

（参见李家华主编：《创业基础》，北京：北京师范大学出版社，2014：32）

2. 根据自己的人生规划，做一份人生规划设定表，填写得越详细越好。

	五年后达到	明年达到	今年达到	本月达到	本周达到
生活目标					
家庭目标					
教育目标					
经济目标					
个人发展					

（见李肖鸣等主编：《大学生创业基础》第三版，北京：清华大学出版社，2014：35）

3. 思考和讨论

以你所在家乡为例，通过你的了解和观察，认为在家乡存在哪些创业机会？

4. 创业之前五问：

第一，能否简单描述你的创业构想？

第二，你是否了解你将来要从事的行业？

第三，你将通过什么办法来了解你将要从事的行业？

第四，你能够确定自己愿意长期从事这个行业吗？

第五，你在创业方面有没有比较多的人际关系储备？

（见姜荣国编著：《创业导论：创业意识与创业家精神》，北京：电子工业出版社，2010：14）

【本章参考文献】

[1] 李肖鸣，朱建新. 大学生创业基础[M]. 2 版. 北京：清华大学出版社，2013.

[2] 董青春，等. 大学生创业基础[M]. 北京：经济管理出版社，2012.

[3] 伍秋. 创业基础[M]. 长沙：湖南师范大学出版社，2012.

[4] 张耀辉，等. 创业学导论[M]. 北京：机械工业出版社，2011.

[5] 李家华. 创业基础[M]. 北京：北京师范大学出版社，2014.

[6] 张耀辉，等. 创业基础[M]. 广州：暨南大学出版社，2013.

第二章 创业者与创业团队

【名人名言】

大成功依靠团队，个人只能取得小成功。

——比尔·盖茨

没有完美的个人，只有完美的团队。

——贝尔宾

【教学目标】

1.使学生认识创业者的基本素质，了解创业者动机及其对创业的影响，注重识别创业活动的理性因素。

2.使学生认识创业团队对创业成功的重要性，学习组建创业团队的思维方式及其对创业活动的影响，掌握管理创业团队的技巧和策略，认识创业团队领袖的角色与作用。

3.创业团队是团队而不是群体。团队中成员所作的贡献是互补的，而群体中成员之间的工作在很大程度上是互换的。

【教学要点】

1.创业者并不是特殊人群，大多数创业能力可以通过后天培养而习得。

2.创业者选择创业的动机受诸多直接和间接因素的影响，创业者可以通过创业教育培养和提高创业素质和能力。

3.创业团队与个体创业相比较，团队创业具有多方面的优势，对创业成功起着举足轻重的作用。

4.创业团队管理的重点是维持团队稳定的前提下发挥团队多样性优势。

5.创业团队领袖是创业团队的灵魂，是团队力量的协调者和整合者。

【案例导读】

奋斗的青春最美丽：从懵懂女孩到公司董事长的人生蜕变

周罗琴，湖南邵阳人，2009 年吉首大学师范学院毕业，2012 年考取吉首大学资源与环境科学学院 12 级研究生，现任吉首政通教育董事长。像大多数湖南人一样，她骨子里透着“吃得苦，霸得蛮，耐得烦，了得难”的坚韧精神。27 岁的她，有着青春靓丽的模样与洒脱的笑容。她经历了很多同龄人没有经历的励志故事，也收获了别人没有的成功。她的经历告诉我们，奋斗的青春最美丽。

风雨兼程求学路

9 岁时白血病夺走了她父亲的生命，突如其来的打击——家里乱了，积储没了，母亲也在那时积下了动脉血管阻塞病根，成绩优异的姐姐也不得不辍学上班挣钱，还有个比自己小一岁的弟弟还要上学。艰难环境没有吓到她，“人生没有彩排，事有其自然遇而处之泰然，得之淡然，失之坦然，艰辛曲折必然历尽沧桑后悟然。相信一切都是最好的安排！”这是周董事长对笔者说的一句她最喜欢的话。

2006 年，周罗琴独自一人拿着行李来到吉首大学师范学院（吉首大学二级学院）初等教育系理科班读书。带着对学校环境的不适，她用了一周的时间调整。她认为大学这三年的起跑线上要更努力储蓄力量。“在面临社会大考验时才不能输，因为输不起。”她这样说。

艰苦创业，却乐在其中

在做导游的日子里，周罗琴每天接触不同层次、不同城市的人，耐心服务。每天都有处理不完的问题等着她，一开始很煎熬，也常被人为难。她坚定地说，我不怕，处理问题就是能力提升的过程。2010 年这一年也是她飞速成长的一年，她不仅具备处理问题和与人沟通的能力，还在这一年里赚到了第一桶金。

2011 年 5 月，周罗琴决定放弃这份能让她快速赚钱的工作，因为在 2009—2010 年这两年里，她根本没有时间学习、思考，这不是她想要的生活。纠结了一段时间后，她选择跟男朋友贾武一起创业，果断放弃未来不属于自己的东西，也是一种睿智。

2011 年 9 月，周罗琴拿着一年半赚来的 13 万订了人生第一台现代车，后入股培训学校。并正式注册成立吉首政通教育咨询服务有限公司，她担任董事长，开始新的航向。2010 年公务员培训市场不是很热。原教学场地在新吉大北门外泽家湖羊肉馆四楼，场地的高费用怎么办？ 2011 年，她收购了启航考研在吉首的经营权，这一年她也顺利考上了吉首大学资环学院植物学的研究生,双品牌运作让他们的工作人员与场地被有效利用。

（资料来源：吉首大学“风雨湖”微信公众号平台）

【案例点评】

周罗琴同学家庭贫困，自强自立，为了顺利完成学业，利用课余时间兼职来维持正常的学习和生活，进而走上创业致富之路。作为一名创业大学生，她用奋斗谱写出美丽的青春。那么，怎样才能成为一名合格的创业者呢？创业是不是只能单枪匹马去战斗呢？

第一节 创业者

创业者并不是特殊人群。对于多数人来讲，创业能力可以在后天的培养和学习过程中获得。至于创业者选择创业的动机，则是受到许多直接和间接因素影响的结果。创业者自身的创业素质和能力可以通过后天的创业教育培养来提高。

一、创业者的含义

1755 年，法国经济学家康替龙（Cantillon）首次将“创业者”一词引入经济学领域。1880 年，法国经济学家萨伊（Say）则首次对“创业者”一词给予定义，他认为“创业者”是生产经营过程中，将经济资源从生产率较低的区域转移到生产率较高区域的人。同时，他还认为“创业者”是经济活动过程中的代理人。此外，著名美籍奥地利政治经济学家约瑟夫·熊彼特 （1934）提出“创业者”应为创新者。如此一来，“创业者”的概念中又加了一条，即具有发现和引入新的更好的能赚钱的产品、服务和过程的能力。

当前国内外学界将“创业者”的定义分为狭义的创业者和广义的创业者两种。狭义的创业者是指参与创业活动的核心人员。广义的创业者是指参与创业活动的全部人员。①

香港创业学院院长张世平通过对前人的深入研究，对“创业者”做出了最新的定义：创业者（Entrepreneurship）是一种主导劳动方式的领导人，是一种无中生有的创业现象，是一种需要具有使命、荣誉、责任能力的人，是一种组织、运用服务、技术、器物作业的人，是一种具有思考、推理、判断的人，是一种能使人追随并在追随的过程中获得利益的人，是一种具有完全权利能力和行为能力的人。

二、创业者的基本素质

创业者应具备四种基本素质：思想道德素质、身体素质、心理素质、文化知识素质。

（一）思想道德素质

创业过程是创业者思想道德修养的不断体现和完善的过程。创业者的政治态度、政策法规水平、道德品质、人格修养等素质从根本上决定了创业者的发展方向和发展水平，

① 郑美群，吴秀娟：《创业者素质模型的构建》，《人才开发》，2008(10):18-19。

以及企业文化和企业发展目标。

（二）身体素质

身体是创业的本钱。创业者需要具备健康的身体、充沛的体力、旺盛的精力、敏捷的思路、不屈的激情等。但是，在我国欠发达地区，现代小企业的创业与经营充满了艰辛与复杂，创业者工作繁多、时间较长、压力相对大，如若身体健康方面出现问题，必然力不从心，很难分身和分心于自己的创业重任。

（三）心理素质

创业者必具备自信、刚强、执着、果断、乐观、积极的心理素质。创业者须具有较强的抗压能力，能经得起挫折、失败。创业者在情感方面应不以物喜、不以己悲，要理性对待。

（四）文化知识素质

创业者的文化知识对于在条件相对艰苦地区开辟自己的创业之路具有重大意义。创业者想开拓创造性思维，想作出正确的决策，就必须掌握广博的文化知识，具有一专多能的文化知识结构，特别是对地方的民俗文化、区域文化、风俗习惯有一定的了解，在适应区域文化的基础上开展创业，甚至利用地方文化资源进行创业。

三、创业者的基本能力

（一）创新能力

创新能力是运用知识和理论，在科学、艺术、技术和各种实践活动领域中不断提供具有经济价值、社会价值、生态价值的新思想、新理论、新方法和新发明的能力。[①]例如大家所喜欢的“红枣夹核桃”这款产品，就是一种创新，把不好卖的两种东西结合起来，不但打开了销路，还提升了利润空间。

（二）决策能力

决策能力就是能够识别并理解问题和机遇，通过比较不同来源的多项数据得出结论，运用科学、有效的方法来选择“下一步”的行动方针或发展的适当方法，采取相应的行动来应对现有的实际情况，进而限制可能出现的“结果”。[②]

创业者决策能力主要由这几个方面构成：

（1）开放的提炼能力。开放的提炼能力是创业者指能以开放的态度，准确和迅速

① 陈娜：《大学生价值取向偏失及其对策研究》，石家庄：河北师范大学硕士学位论文，2012年。

② 陆游：《世界500强企业人力资源部门中层管理人员胜任力模型初探》，上海：华东师范大学硕士学位论文，2007年。

地提炼出解决问题的各种方案的能力。

（2）准确的预测能力。预测是决策的基础，决策是预测的延续，正确的决策必须要有准确的预测，如果没有准确的预测，将会导致决策失误。

（3）准确的决断能力。即创业者要能从众多的决策方案中选取满意方案的能力，以及危急时刻或紧要关头当机立断的决断能力。准确的决断能力是创业者应对创业过程中对各种情况和突发事件等，并进行科学决策的关键能力，如若出现误选、漏选就很有可能使自己辛辛苦苦创办起来的企业造成重大损失或使企业与成功失之交臂。

（三）预见能力

所谓预见能力，是指当事人根据事物的发展特点、方向、趋势所进行的预测、推理等思维能力。[①]预见能力是思维能动性的表现，是职业素养的重要方面，是职业核心能力。创业者应该关注国家的重要决策，及时预见自己的创业项目的发展前景。

（四）应变能力

应变能力是指自然人或法人在外界事物发生改变时所作出的反应，可能是本能的，也可能是经过大量思考后所作出的决策。[②]

（五）用人能力

创业者的目标主要还是要靠他人实现，所以用人能力对于创业者来说同样非常重要。创业者一要牢固树立能力本位的用人思想；二要练就识人的火眼金睛；三要尊重人才的成长规律；四要具有容人的宽阔胸襟。创业者在用人方面更要有一个开放的视野，广纳贤士，组建好自己的创业团队。

（六）授权能力

授权是指领导层面通过放权并调动下属的工作积极性，通过他人的努力来完成工作任务。授权也是现代管理过程中经常采用的基本做法。当然，授权并不意味着放弃管理者自己的工作职责，什么都不去管了。从管理者角度来讲，一方面，有效的授权是领导的一项基本职责。授权意味着准许并鼓励他人来完成工作，达到甚至超越预期的效果；同时，领导者也应当自始至终对工作的执行进度、完成质量等方面负有监管责任。另一方面，有效的授权可以使领导者调动下属的工作积极性，通过他人的努力来完成任务，在这一过程中，增强了与下属的沟通和联系，双方都为实现既定的工作目标而努力，融洽的关系可以获得工作上的支持。

---

① 陈翔：《如何提升预见能力》，《中国眼镜科技杂志》，2015(13):107-108。

② 刘思佳，潘敏：《大学生应变能力状况调查与教育对策研究》，《辽宁师专学报(社会科学版)》，2012(4):36-37。

（七）冲突处理能力

通常，人们对于同一个问题往往有不同的看法，因而容易产生冲突。还有，人们在为实现自己的目标而奋斗时，往往会因考虑不周全、沟通不及时等不经意触犯他人的利益，也会产生不必要的冲突。冲突处理能力就是要及时采取科学、有效、可行的方法协调冲突双方的观点和利益。创业者不仅要处理好利益冲突，还要协调好人与人之间、企业之间、区域与区域之间的关系，只有稳定才能促发展。

（八）激励下属能力

一个公司的领导者完全有责任和必要去劝说和激励自己的下属，使他们的工作更富有激情、工作业绩更能大步上升。因此，作为企业的领导者，应该懂得如何去促进员工的工作，了解激励下属的方式，并确认自己在激励下属的过程中应当扮演什么样的角色。通常，一个有效的管理者为促使下属达成各自工作目标所采取的行动，比较常见的是针对不同类型的员工采取不同的激励方式。对激励问题仅仅提供一个通用答案是不可能完全激发员工的工作热情的。激励下属应高度信任、诚心尊重、主动关怀、择其所长、热情帮助等。

（九）人际交往能力

人际交往能力是指妥善处理组织内外关系的能力，包括与周围环境建立广泛联系和对外界信息的吸收、转化能力，以及正确处理上下左右关系的能力。[①]应注意的问题是，在欠发达地区创业一定要在国家政策允许的范围内，并充分尊重地方的风俗习惯。

【案例导读】

切糕王子在淘宝网创业的故事

赶赴清华大学招聘会现场的“切糕王子”阿迪力纷纷被采访媒体报道。不到一年时间，阿迪力的切糕淘宝店，从0到五皇冠，而且自建了工厂。“有时想想，2014年，真像做了一场梦。”

阿迪力·买买提吐热来自新疆莎车县，是第三代切糕传人。对他来说，切糕不只是美味的小吃，也是父母和六个兄弟姐妹维持生计的手艺。2012年，湖南岳阳发生了“天价切糕”事件，激起了整个社会对切糕乃至整个新疆群体的热议，其中不乏调侃、谩骂的声音。这让当时在长沙求学的阿迪力非常伤心，“切糕明明是很好吃的食物，为什么人们会这样认为？”在同学的提议下，阿迪力和两个汉族同学组成了团队，一起在淘宝上卖起了切糕，取店铺名为“切糕王子”。

一开始，整个淘宝平台中只有三四家卖切糕的店铺，并且选择范围狭小，品种单一。阿迪力和团队在每个店铺中都购买了产品，一一试吃后发现：这些切糕不仅口味不佳，

---

① 陈小康：《媒介人力资源的管理绩效考评体系研究》，合肥：安徽大学硕士学位论文，2013年。

配料也不正宗，一些切糕里甚至掺杂了面粉。“这根本不是真正的切糕。”于是阿迪力和他的合伙人就开始试着自己制作切糕。紧跟其后的是《舌尖上中国 2》的播出，切糕火爆，“切糕王子”借力东风一夜成名。

阿迪力说，想做成切糕版的士力架。切糕王子这个平均年龄只有22岁的年轻团队，在不断尝试改进。

爆红后的供应链

“115摄氏度下熬煮4小时，90公斤葡萄汁浓缩成30公斤糖浆。烘烤后的核桃仁，焦香酥脆。拌匀的玛仁糖，趁热切好。在中国其他地区，这种食物被称为切糕。” 2014年5月，《舌尖2：时节》介绍了玛仁糖。播出的当晚，一大波前来咨询的客人就几乎挤爆了店铺。那一天，店铺一共接到了300多个订单。

突如其来的巨大流量让切糕王子团队无法消化。由于人手不够，即使跟同学、邻居通宵达旦地熬糖浆、烤核桃，切糕的生产也完全跟不上订单涌入店铺的速度。更糟糕的是，团队手头的资金根本负担不了购买原料需要的数额。两方面制约使得数量巨大的订单无法按时完成，团队也从开始的激动转为了深深的担忧。

面对这种情况，团队决定立刻联系买家，把实际情况告诉他们，让客户自己来决定等待还是退款。那一天，整个团队一共打了两万个电话跟每一个买家道歉，并且作出承诺：只要客户愿意等，团队就一定会努力把切糕做出来。结果，90%的客户选择了等待。

经历了一夕暴红，这个年轻的团队以惊人的速度成长，半年时间就做到了五个皇冠。团队也由开始的三个人组成的手工作坊扩张到了自有工厂的公司。但是遭遇去年5月的爆单事件之后，切糕王子们也开始着手调整供应链。

有不少工厂对切糕王子家抛出了橄榄枝。但是切糕的品质很难把控，一般的工厂没有生产经验，他们始终不放心把生产交给第三方工厂。经过考虑，团队最终决定投入巨大的精力和资金自建工厂，专门负责切糕的生产。同时，组建了专家团队，这些专家对水果都有十几年的经验，他们会在新疆当地对原材料进行严格的考察，确保制作切糕原料的质量。

当然，传统的切糕只有核桃口味，单一的口味显然不能满足每一个人。为了让切糕保留原本的风味，又适应各地买家的消费习惯，切糕王子对产品进行了几次大的调整，开发出了新口味的产品。比如在切糕中加入巴旦木和葡萄干。改良后的切糕口感香脆，味道酸甜，这个产品后来也成了店铺的第一个爆款。

此外，团队还对切糕的包装进行了改进。因为切糕材质比较坚硬，很容易把原先的真空包装戳破，导致产品漏气。现在的包装在原来的基础上增加了小托盘，这样就可以保护切糕。

自传播出好口碑

在普通人印象中的“天价切糕”本身就具备很强的话题性，但是如何把控好至关重要。

最初，切糕王子团队想改变人们对切糕的误会，告诉大家切糕是一种便宜又好吃的零食。因此，团队做了一次9块9包邮的活动，试图让消费者积极尝试。然而，即使标出了9块9的低价，仍然会有买家在留言中调侃。这给了团队一个逆向思考：“既然没办法改变这个印象，不如顺势而为。”

2014年“双12”，切糕王子家又玩了一次9块9的促销。与之前不同的是，团队把这次活动主动冠上了“天价切糕”的噱头，立刻把消费者的目光聚集到了店铺中来。对“天价”的好奇之下是消费者踊跃购买，在那次活动中，店铺的客单价达到70元，复购率也高达40%。

切糕王子运营总监曾柯说：“我们从来不会主动告诉消费者切糕好吃，而是通过产品介绍、制作视频等元素把场景带入购买流程中来，让消费者产生好奇，进而购买产品。当买家吃到了我们的产品，立刻就会体会到我们家切糕的美味，这就是高复购率的原因。”

其实，在外界看来，切糕王子最成功的营销事件还是在云南鲁甸地震的时候，切糕王子向灾区捐赠了一万斤切糕。“我们团队大多是‘80后’‘90后’，很多人不看好我们这代人，但我们就是想告诉这个社会，‘80后’‘90后’也有担当。”无心插柳也好，顺势而为也好，切糕王子的一系列动作确实让更多人开始通过媒体、社交平台等知道他们。

曾柯认为，现在是品牌2.0的时代，如果说1.0时代的品牌传播是通过广告大面积轰炸受众来实现，那么2.0的品牌则要把关注点重新放到产品上来。切糕王子看中的是产品本身的传播力，并赋予它很强的社交属性，让品牌本身具备自传播的能力。品牌一旦具备这样的自传播力，就一定会成为某个群体表达的工具，以此形成良好的口碑效应。

我们新疆好地方

据了解，切糕王子店铺消费人群大部分以年轻人为主。年轻人愿意尝试新鲜食物，吸引他们来尝之后，如何把他们留下也成了一个关键。曾柯表示，年轻人对“吃”这件事情有要求，对新鲜的食物也有很高的接受度。针对这一群体的特点，切糕王子设计了卡通形象，跟客人在微博上互动，并且时不时地邀请粉丝来感受新疆风味。

2014年9月，切糕王子举办了一次“走进新疆”的活动，带着十几位老客户来到切糕食材的原产地，品尝当地的美食。“整个活动没什么特别的目的，只是纯粹想让大家在游玩的过程中感受到新疆的美好。”

对于新一年，切糕王子也已经有了规划，他们要专注做好切糕，将切糕品类细化，做更小更精致的切糕，方便顾客食用；做更大更原始的切糕，让顾客找到其本宗的味道。但是，切糕这个细分类目的天花板显而易见，所以曾柯等人在考虑上更多除了切糕之外的新疆特产。之前，店铺也尝试过上架核桃、葡萄、牛肉干等产品。但对于一个初创团队来说，每增加一个品类意味着要消耗很大的精力和时间，这样的投入是目前团队还无法承受的。

切糕王子家已经受到了天猫的邀约，成为定向之后第一批入驻的商家。曾柯说，淘宝并不看中他们卖得有多好，而是看中切糕这个稀缺品类对整个食品行业的意义。曾柯表示：“对创业者来说，淘宝集市是个非常好的平台，创业者可以在平台上把创意最大化玩起来。对卖家来说，天猫定向之后并不意味着对他们完全关上了大门，只要卖家把集市当作天猫来做，做好每一个商品，服务好每一个客户就可以了。”

从集市到天猫，对切糕王子来说，环境的转换意味着平台和消费者已经向他们提出了更高的要求，更趋向标准化的生产是实现品牌化的第一步。

（案例出处：大学生创业网，http：//chuangye.yjbys.com/gushi/anli/558700.html，有改动）

【案例点评】

“天价切糕”让社会对新疆美食切糕产生了很深的误解。阿迪力挺身而出，为家乡美食正名，与两位汉族同学组建了创业团队。他的创业动机源自对家乡的爱、对家乡美食的爱，这样的动机让他充满了干劲，并全力以赴打造出正宗的美味，从而赢得了创业的成功。

四、创业动机的含义与因素

（一）创业动机的含义

创业动机是指引起和维持个体从事创业活动，并使活动朝向某个目标的内部动力。它是鼓励和引导个体为实现创业成功而行动的内在力量。

（二）创业动机的驱动因素

创业动机的驱动因素有两个方面：其一，个人的成就动机。这是广大创业者意向的重要驱动力，当一个人对自己的人生成就具有较高水平的期望时，创业就会有相当的吸引力，而且创业过程中的点滴成果都会为个体带来心理上和物质上的满足感。其二，团队合作因素。创业者的创业冲动与团队合作素质的高低有直接关系。团队合作素质高的人，通常能较好地处理好团队中各成员之间的关系，自然能够吸引他人积极参与创业，并激发和调动其创业热情。当前，对大学生的创业动机来说，自身的心理需求和外界环境的影响是不可忽视的重要条件。

五、大学生创业动机的分类

根据国外学者奥蒂奥（ErkkoAutio）等人的研究结果，一个创业者之所以选择创业，其动机大体上可以分为以下四类：对成就的需要、对独立性的偏好、控制的欲望、改变家庭和个人的经济状况。①对于我国大学生来说，大学生创业是适宜的创业环境与已经做好一定创业准备的大学生相结合的产物。但为什么会有大学生在本应认真学习的时候走上了创业的道路呢？因此，他们的动机具有一定的特殊性。总体来说，国内大学生的创业动机主要有以下四种类型。

（一）生存的需要

首先，是经济方面的原因。虽然我国经济高速发展，但也还存在房地产泡沫、房价

① 朱光辉：《论大学生创业动机与创业模式之间的关系》，《成功:教育》， 2009(3)。

虚高等问题，许多普通的工薪家庭和农村家庭，拿出孩子的大学学费也非易事，虽有国家助学贷款、奖助学金制度，但大学生的生活等其他方面的开支也不算小数目。面对拮据的经济状况，为了顺利完成学业，减轻家里的经济负担，同时也为了锻炼自身能力，实现自身价值，这部分学生当中的大部分人则会利用课余时间做家教、打工等来解决经济方面的一些问题。诚然，在打工的过程中，有一部分人对创业有一定的了解，具有一定创业素质和天赋的人会发现商机并且去把握它，逐步走上了创业的道路。

其次，当前我国高校学生中城镇生源的学生中独生子女较多，一些人从小就娇生惯养，当前也有许多社会人士呼吁培养独生子女的独立性。目前，已经有部分家庭开始培养孩子在上大学的时候自力更生，部分甚至全部承担自己的大学学费和生活费用。他们当中有相当一部分人就是大学生创业的先行者。这部分大学生创业者通常以学习为主要目的，最开始从事一些需要投入时间和精力较少的行业，对经济回报要求较低；随后有一些大学生会找到了自己的创业门路，逐步为自己大学毕业后的全身心创业打下坚实的基础。

（二）积累的需要

按照奥尔德弗（Alderfer）的 ERG 理论，人的需求包括生存、相互关系和成长。在这三种需求当中，并不一定要按照严格的由低向高的顺序发展，是可以越级的。[①]

当前，大学生随着年龄的增长，对于相互关系和成长的需求逐渐变得强烈。一部分大学生为了在大学学习的同时增加自己的工作实践经验，丰富自己的社会阅历，结交更多的朋友，扩充自己的人脉，或者为了自己以后的发展，或实现自己某个设定的目标做好经济上的准备，在时机和条件成熟的情况下，也会利用课余时间选择去创业。通常，这种类型的大学生创业往往以锻炼为目的，承受失败的能力相对较强。但是，由于给自己的压力较小，创业失败或者半途而废的情况也会比较多。

（三）自我实现的需要

心理学研究表明，25~29 岁是人生当中创造力最为活跃的阶段。这个年龄段的青年正处于创造能力的觉醒时期，他们对创新充满了渴望和憧憬。他们思维活跃、创新意识强烈同时所受的约束和束缚较少，按照 ERG 理论，其对成长的需要也更为强烈。此外，他们往往更容易接触一些新的事物，其中就包括一些新的专利发明和学术上的新成果，或者他们中的一部分人在高校老师的悉心指导下，本身已经拥有具有自主知识产权的科研成果。为了能早日实现自己成功的目标，他们中的一部分人在大学期间就利用自己掌握的知识开始自己的创业之路，进而实现自身价值。

（四）就业的需要

当前，我国的大学生就业形势相当严峻。但是，在实际的就业过程中，一方面企业要求高，对聘请没有工作经验的应届毕业生所提供的薪水有所降低；另一方面，部分大

---

① 朱光辉：《论大学生创业动机与创业模式之间的关系》，《成功:教育》，2009(3)。

学生觉得薪水不高，又受公司制度的多方约束，替他人打工，还不如自己当老板，择业不如创业。许多大学生毕业后，都选择了创业这条新时代的发展之路。

六、创业者的创业动机

大学生创业者的创业动机可以概括为以下几种：

（1）我所在的地区或者我的家乡有很多资源，可以整合起来进行创业。

（2）我想改变自己当前不满意的生活现状。

（3）我想证明我的能力。

（4）我想赚钱，我想有地位。

（5）我想自己说了算，自己当老板。

第二节 创业团队

创业团队是团队而不是群体，对成功创业会起到非常重要的作用。了解组建创业团队的思维方式、掌握管理创业团队的技巧、认识创业团队领导者的角色和策略、明确创业团队的社会责任，有助于创业的成功。

一、创业团队的含义

创业团队是联合起来创立一个企业的两个或两个以上的个体，他们技能互补，有共同财务利益，是经过构想，决定共同创业并付诸实践的一群人。[①]这个团队应该包括决策人，也可能包括一些占有股权的投资者。也有学者认为，所有参与且全身心投入公司创立过程，并共同克服创业困难和分享创业乐趣的全体成员就是创业团队。[②]一个完整的创业团队应具备四个要素，即人、目标、职能分配和创业计划。[③]

我国大学生的创业团队大多数是由好伙伴组成的，他们或有相似的理念和观点，或基于对某一技术的狂热而结合。有学者认为我国大学生创业团队有以下特点：有共同的理念和愿景；创业团队组织内部具有类似于企业的管理模式；成员在专业知识和技能上具有互补性。存在的问题是：初创阶段资金缺乏；无明确的利润分配等激励方案；随着创业团队规模增长，创业团队成员的学习能力不足；没有科学合理的管理制度。[④]

---

① 耿英刚:《大学生创业团队的结构分析——以武汉理工大学为例》,《当代经济》,2014(3):95-97。

② 陈飞，王安民：《创业团队理论研究文献综述》，《科技与管理》，2012，14(5):74-78。

③ 郭衍宏,刘忠敏:《创业教育在企业战略管理教学改革中的应用》,《现代交际》,2014(5):188-189。

④ 王年军：《大学生创业团队的理论与实证研究》，武汉：武汉理工大学博士学位论文，2012年。

二、大学生创业团队的优势劣势分析

（一）大学生创业团队的优势

（1）大学生经过学习与实践，具有较强的专业基础知识和技能，可以把专业与创业有机结合起来，从而取得成功。

（2）大学生的创新能力和创新意识较强，对创业充满了热情，他们充沛的精力、丰富的想象力和活跃的思维，都为成功创业增加了砝码。

（3）大学生们擅长于发现新事物、学习新事物，对商机有着较高的敏感度。

（二）大学生创业团队的劣势

（1）大学生并未真正走出社会，他们对市场把握的精准度比较欠缺。对市场的判断可能过于乐观，也可能对自己的能力和判断力不够自信，从而失去良机。

（2）大学生对社会认知不够，缺乏社会经验，思考问题趋于理想化，在创业实践中很容易产生纠纷和争议。在处理这些问题时，能力相对较弱，可能会造成团队的不稳定性。

（3）大学生的专业知识大多停留在理论上，没有转化成技术。在技术力量方面，对大学生团队提出了要求和挑战。尤其在民族地区，大学生更应多探索、多努力，通过实践将知识转化成技术。

三、创业团队的组建策略

组建创业团队，一定要树立正确的团队理念，确立明确的团队奋斗目标，有责、权、利统一的管理机制。

在人员方面，要慎重选择，一般控制在3~5人比较适宜。在组建团队时，要认真考察这些人员要加入的目的、能力特长、知识结构、价值观念，尤其还要关注其道德品质。

在一个团队中，其成员应该是技能互补的，至少包含三类：管理型人才、技术型人才和营销型人才。

创业团队的形式可以是合伙制或者公司制。合伙制是由合伙人订立合伙协议，共享收益、共担风险的形式，他们要共同负责出资和运营，并共同承担债务。公司制则是运用公司的运作机制和形式进行创业的一种方式，能有效集中资金进行投资活动，可申请进行改制上市，将股份公开转让并用所得资金进行循环投资。

四、创业团队的管理技巧和策略

（一）要有合理有效的组织架构

对于创业团队来说，在成立之初，很多权责分工不会细化，多数事情由团队成员共同决策和实施。但是，在逐步走向正轨后，权责必须分明，责任必须落实到位，分工要适当，以免造成推脱责任、互相埋怨等矛盾。

随着企业规模的不断扩大，创业团队必须成立一个专门负责新项目或重大项目的机构，在新项目和重大项目出现时，抽调合适的人选组成小组；项目结束后，小组解散，各自归队。如此滚动，可以充分发挥团队精神，提高工作效率。

（二）创业团队一定要有激励机制

企业若想长久保持团队士气，有效的激励机制是关键。激励可以是物质的，也可以是精神的。

（1）用团队文化进行激励。在快乐、积极、向上的氛围中，团队成员之间互相协作，一起向着共同目标努力，并尽最大可能满足成员的需求，这样会形成很好的合力。

（2）经济利益的激励。可以拿一部分股权分配给团队成员，这种做法能够很好地实现对团队成员的持续激励，有利于团队的稳定。此外，还可以建立奖励机制，比如将薪酬的 70%作为固定薪酬，30%为浮动薪酬，浮动薪酬与个人业绩和团队成果挂钩。这样，一方面激励了个人，另一方面又鼓励团队成员团结协作，把个人利益和团队利益有机结合起来。

（3）权力激励。权力和职位以及成就感对团队成员来说，远远超过了物质激励。所以，要将团队成员的工作成效和生涯发展以及地位提升有效地结合起来，使团队成员在各自的领域中发挥作用，获得成就感以及权力和地位上的满足。

（三）注重打造团队精神、塑造团队文化

要努力培养团队成员的学习精神、竞争精神、敬业精神，明确团队使命、团队价值观、团队愿景，充分调动成员们的团队意识，为实现团队目标服务。

五、创业团队领导者的角色与行为策略

创业团队领导者也称为决策者，是大学生创业团队决策活动的主题。领导者的素质、能力和水平直接影响创业团队的决策活动。领导者包括决策者个人，也包括领导集体。作为创业团队的灵魂，应该做到以下几点：

（1）创业团队领导者在做项目策划时，首先要弄清策划项目的价值、范围和限制因素以及服务定位，然后要指定策划小组负责人，并带领团队完成创业计划。

（2）创业计划完成后，领导者要组织团队成员实施。在计划实施的过程中，要关注创业环境的变化，适时调整方案，并集思广益，使工作能够朝着正确的方向运行。

（3）团队领导者要不断提高自身的领导力，学会用人，统筹兼顾。

（4）在创业计划运行的过程中，领导者要加强控制，及时评估整改目标和计划，对整个计划的进行有考核、有激励。

六、创业团队的社会责任

创业团队要对团队成员、股东承担法律责任，同时也对消费者、企业员工和环境等承担责任。创业团队的社会责任主要包括三个方面：

（1）经济责任。创业团队要在营利的同时，保证利益相关者的合法权益。

（2）法律责任。创业团队要在经营过程中遵守相关法律法规，同时要带企业员工及其他相关人员遵纪守法，共建法治社会。

（3）公益责任。创业团队的所有行动应对社会产生积极作用，保护环境，积极支持和帮助改善公共环境，为社会事业作出贡献。

此外，创业者们还兼顾有特殊的社会责任：

（1）要重视生态环境安全。积极参与生态环境保护建设，不浪费资源。

（2）创业项目涉及民族生产工艺和配方的，创业者要予以保护、传承和发展。

（3）通过创业来带动就业，增加群众的就业机会和经济收入。

第三节　创业素质及其养成

一、创业素质的内涵

创业素质是创业的基础，是创业行动和创业者所必需的要素。通常，创业者普遍具备的创业素质有：诚信、敏锐的直觉、能够把握机遇、不断追求创新、勇于竞争等。

二、大学生创业素质养成

（1）要增强竞争意识。大学生要树立正确的人生观，用积极向上的心态看待周围的事物，善待他人、悦纳自己。同时，要提高处事能力，不断培养竞争意识和开拓精神。

（2）要与社会紧密联系，不断寻找锻炼机会。大学生可通过到企业、公司参加社会实践活动，了解企业的运作方式和经营手段，丰富自己的生活经验和实践经验，学会在激烈的市场竞争中抓住机遇，走向成熟。

（3）要培养创业意识。大学生应该鼓励自己从就业走向创业，用奋斗和汗水来成就一番事业，既实现自己的人生价值，也为社会创造价值。

（4）要具备优秀的人格品质。人格魅力在创业过程中会发挥巨大作用，如正直诚信可以帮助创业者凝聚人心，赢得更多创业合作伙伴和顾客的信任与支持；坚韧执着可以帮助创业者在面对困境和逆境时坚定信念等。

（5）要有良好的人际关系，这可以帮助创业者化解矛盾、排除交流障碍，并在遇到困难时获得更多朋友的帮助。

（6）要有一定的专业、技术、管理等知识，这些是进行创业的基本要素。

三、大学生创业素质养成的途径

（1）大学生要积极参加创业大赛，尤其要注意结合本专业特色或者整合地方资源，以及“互联网+”创业。在参赛的过程中，可以获得老师和专家的指导。如果能够获得各级奖励，还有可能获得企业家的指导和投资。

（2）大学生要积极参加创业实践。如吉首大学为学生提供了“起点创业坊”这个平台，周末可以进行创业活动，提高学生的创业能力；提供了创业孵化基地，为大学生创业项目提供场地和资金支持。

（3）大学生可以通过参加社会实践来积累经验，提升个人综合素质。如“三下乡”社会实践，从中可以发现一些资源和商机，为创业提供灵感。

（4）大学生要不断培养创新精神，加强对专业的学习，将发明专利等转化为创业资源。

（5）大学生要不断积累人脉，可以通过校友会来丰富自己的人脉资源。

【案例导读】

必趣网张果：休学创业为孝家人 获百万天使投资

动机：创业只为孝敬家人

在汨罗市汨罗镇雁塘村，张果也算是一个“名人”。他首次被全村人记住是在2009年，张果考上了吉首大学通信工程专业，成为当时村上唯一一个考上大学的年轻人。只有小学文化的父亲对张果期望甚高，希望他能够上大学，念硕士、读博士，找一份稳定的工作。

然而，进入大学校园后，张果才发现原来大学有这么多的空闲时间。从小在外婆家长大的张果，决定利用空余时间创业多赚点钱，孝敬外公外婆。

2010年初，正在上大一的张果开始了自己人生中的第一笔生意。过年回家时，他的一个亲戚正为库存的健力宝饮料发愁，于是他决定到学校里推销健力宝，并给自己封了一个头衔——“健力宝校园总代理”，通过向每个寝室免费送货上门，先消费后付款的方式，他赚到了人生的第一桶金。

尝到甜头的张果又开始琢磨互联网。大二上学期，张果成立了吉首大学购物网和吉首大学校园网。

抉择：休学北上闯荡

对互联网情有独钟的张果，2011年，在大三到来前向学校递交了休学申请，决定赴北京学习编程技术。他通过电话将休学创业的决定告诉了父母，旋即遭到了家人的强烈反对，亲朋好友劝说电话不绝如耳。

咬定目标的张果不顾家人反对，从吉首坐了20多个小时的火车，独自一人来到北京“闯荡”，寻找创业机会。“一个人走出车站，看到‘北京西站’四个字，非常激动，感觉创业梦就要起飞了。”那天，他从北京西站坐地铁，来到位于天通苑的培训学校报到。

在培训学校学习了4个月PHP编程技术后，一次偶然和培训学校校长的谈话，张果萌生了创办微电影网站的想法。

2012年下半年，张果成功注册www.biquu.com。对于创业者来说，创业初期的资金是一道“门槛”。张果和朋友们除了自己掏腰包垫付外，也尝试过向银行申请无抵押贷款，但没有成功。

正在他有点迷茫时，他邂逅了“车库咖啡”。“车库咖啡”不仅仅是一个咖啡店，那里提供24小时的开放网络,很多初到北京的创业者云集在此,为自己的创业梦想拼搏。

奋斗：成功入驻中关村

经过半年多的努力，2013年4月，张果的北京必趣网络科技有限公司在中关村正式成立，这是一个致力于打造赏心悦目的微电影播放平台。“必趣，必须有趣，必须要去。”张果解释公司名字时说。

2013年5月，必趣网正式上线。6月23日，中央电视台一套和中央电视台新闻频道《朝闻天下》栏目并机播出了“出彩人生：中国梦，我的梦”系列报道《用梦想，致青春》，专程报道了张果和他的团队的创业故事。

之后，张果的创业之路越走越顺。2013年11月，张果和他的团队获得了一笔百万级的天使投资。这使他暂时不用为资金发愁，也被他视为一种宝贵的认可。他将更多的精力放到了必趣网平台本身的建设上。“许多微电影，都是在上面放视频，下面放评论。而必趣网的着力点是社交，把评论做得更有趣。”

梦想：成为行业标杆

2013年10月，必趣网主办的首届微电影创作者大会在北京成功举办，30多家微电影知名企业和上百名微电影制作名人及爱好者参加了这次大会。在这次会上，张果以发起人的身份，与众多专家学者一起畅谈微电影的未来。

“谁的青春没有梦，谁的未来没有可能。”接受记者采访时，张果表示他的目标是打造国内最好的微电影社交平台。“这次我做的是一个微电影的聚合平台，希望通过这样一个平台，让用户可以看到好看的微电影，公司、导演可以更好地知道观众的喜好。”张果表示，“希望在未来，我们的网站可以成为行业的标杆。”

（资料来源：http：//news.pedaily.cn/201404/20140410363111.shtml）

【案例讨论】

（1）读了张果的故事，你有什么感想？

（2）你觉得张果的故事有哪些经验可以借鉴？

【思考与实践】

1.你的创业动机是什么？

2.以你身边的创业团队为例，分析一下他们的组织架构和运行方式。

3.如果你是团队领导者，你会怎样激励团队成员？
4.你觉得创业者还应该具备什么素质？
5.你的创业团队组建方案是怎样的？
6.请你分析一下自己作为创业者的优势、劣势、机会和威胁。
7.请画出你的企业人员组织图。

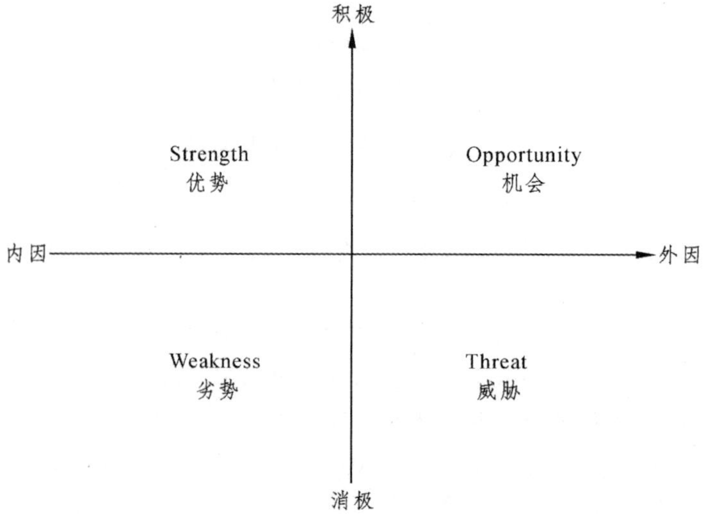

【本章参考文献】

[1] 孔蓉.本科生创新能力培养方法的思考与实践[J].重庆交通大学学报，2012（12）.
[2] 粘永昌.大学生创业动机与创业模式探析[J].法制与社会，2009（5）.
[3] 范晖.基于成就动机的大学生创业意愿影响因素研究[J].科技管理研究，2010（3）.
[4] 宋逸成，彭友.大学生创业动机探析[J].江苏经贸职业技术学院学报，2010（1）.
[5] 杨俊辉.国外创业团队研究综述[J].科技管理研究，2009（4）.
[6] 杜娟.新时期高校创业教育的研究[D].太原：山西农业大学，2014.
[7] 朱光辉.论大学生创业动机与创业模式之间的关系[J].成功教育，2009（3）.
[8] 王巍.大学生创业模式研究[D].长春：吉林大学，2004.
[9] 彭烨.创业团队是不是合久必分[J].企业研究，2003（9）.
[10] 王年军.大学生创业团队的理论与实证研究[D].武汉：武汉理工大学，2012.
[11] 方爱山.论大学生创业素质的养成[J].兵团教育学院学报，2003（13）.
[12] 关越.大学生创业素质及其培养研究[D].沈阳：东北大学，2008.

第三章 创业机会与创业风险

【名人名言】

人生颇富机会和变化。人最得意的时候，有最大的不幸光临。

——亚里士多德

由于过分审慎，人们对于时机就会重视不够，就会坐失良机。

——卢梭

【教学目标】

1. 使学生了解创业环境、创业机会。

2. 使学生找到适合自己的创业机会，了解创业机会的来源，掌握创业机会评价的方法。

3. 使学生认识到创业有风险，增强学生对机会风险的理性认识，提高防范风险的能力。

【教学要点】

1. 了解创业环境的要素。

2. 掌握大学生创业机会的识别过程。

3. 对机会风险的进行评估，努力防范和降低风险。

第一节 创业环境与机会

一、创业环境

（一）创业环境的概念

创业环境是指围绕企业的创业和发展而变化，并足以影响或制约企业发展的一切外部条件的总称。由于“创业”与“环境”本身是两个非常宽泛的名词，创业环境便成了一个内涵十分丰富、外延十分宽泛的新概念，不同的学者有不同的观点，表现出多种不同的创业定义和不同的分析框架。简单来讲，创业环境就是指影响人们开展创业活动的所有政治、经济、社会文化各要素；也指获取创业帮助和支持的可能性。创业环境就是这些因素相互交织、相互作用、相互制约而构成的有机整体。

（二）创业环境的特征

（1）整体性。环境是一个由各要素相互作用、相互联系而组成的有机整体，创业环境的各要素也是相互联系、相互影响的。在研究创业环境时，应该运用系统的原则和方法，从整体的角度来考察创业环境，不能割裂各要素之间的联系，应紧紧研究个体要素的表现。①

（2）主导性。在创业环境的各要素中，总有一个或几个要素在某一阶段的发展中居于主导地位，即在创业环境这个整体中规定和支配着别的要素。因此，对主导要素的研究具有特别重要的意义。

（3）可变性。区域环境和创业环境都是不断发展变化的，经济结构的调整、政治制度的优化、市场需求的变化、消费水平的提高等，都极大地影响着创业环境，使之处于不断变化之中，并且逐步趋于完善。只有用发展的观点来看待、研究创业环境，才能将创业与环境有效地结合起来。

（4）差异性。差异性是指地区的差异。创业环境是个空间概念，所在的区域不同，内容也不尽相同。区域政治、经济、文化等方面的差异，决定了创业环境的地区差异。②

（三）创业环境的要素

（1）政策环境。为了加快地区经济的发展，各省纷纷推出一系列优惠政策，这些政策共同构成了该地区的创业政策环境，如创业基金引导计划、税收优惠减免。

（2）资源环境。资源是当地人们赖以生存、发展的基础。各地具有独特的资源优势，无论是从矿产资源、水能资源、生物资源还是人文资源、劳动力资源，只要开发得当、利用得法、保护得好、资源优势就会变成无穷无尽的经济资源。

---

① 张丽莎：《转型经济下的北京市创业环境研究》，北京：首都经济贸易大学学位论文，2006年。

② 吴佳：《浙江省大学生创业环境研究》，杭州：浙江工业大学学位论文，2007年。

（3）物流基础设施环境。商业环境通常包含金融、会计、广告、商业计划、信息咨询等因素。中国自然资源丰富，人口密集，加上具有浓厚地域办学特色的高校，都为区域发展提供了物质保障和智力支持。随着我国公路、铁路、飞行航班等基础物流运输设施的完善，区域资源开发和利用加快，营造了良好商业与创业环境。

【案例导读】

湘西伢双十一卖腊肉卖了 200 万

互联网腊肉第一品牌“松桂坊”创始人杨琳文

“做腊肉的，我们最懂互联网；做互联网的，我们最懂腊肉。” 这是互联网腊肉第一品牌“松桂坊”创始人杨琳文经常挂在嘴边的一句话。

杨琳文从吉首大学毕业后曾留在吉首大学师范学院中文系任教师，后来创立了大学生社交网站，但由于缺乏经验和技术，第一次创业以失败告终。不甘心在创业路上就此失败的杨琳文，放弃教师职业，开始一心创业。

这次杨琳文选择好上手、门槛低，又是从小吃到大的湘西腊肉作为创业项目。腊肉在湘西地区十分出名且非常普遍，几乎家家户户都会做，带有浓厚的湘西特色和文化底蕴。他集结了五六个伙伴，从选猪肉、切肉、熏肉的火候，全部亲力亲为，家乡的乡亲们也在味道的稳定性方面给了大量的意见和支持。历经 5 年的发展，松桂坊网上订单从一天一个，到现在订单遍布全国任何一个有湖南人在的地方。2015 年“双十一”，松桂坊早在几个月前备好了货，11 月 11 日零点一到，后台的成交额蹭蹭往上涨，49%都是老顾客，一天之内销售额近 200 万元，这充分说明了消费者对地域特色农产品的认可，续写了连续四年全网腊肉制品销量第一的神话。

（资料来源：www. songguifang. com/index. php?m=content&c=index&a=show&catid=31&id=110，有删改）

【案例点评】

杨琳文挖掘湘西地区的创业资源，做好特色食品文章，发挥湘西地区的产品优势，从而获得消费者的认可。因此，在地方创业一定要适应创业环境，学会利用资源，发展优势产品。

（四）创业环境与创业的关系

创业环境在时间、空间和内容上直接制约着创业者的各种活动，不同国家和地区的社会制度、生产力状况、社会结构的特点、科技发展水平、教育事业发展程度以及民族习俗、阶级属性、社会传统和文明水平等，都会对创业产生影响。

良好的创业环境，对企业的成长和发展具有推动和促进作用；反之，则会限制和阻碍其发展。因此，大学生创业时，特别是到内地创业的大学生，应重视地区创业环境的研究，有效应对各种外部环境的变化，充分把握由地区环境所提出的挑战和提供的创业时机。

二、创业机会

（一）什么是机会

机会，是指具有时间性的有利情况。机会有时候也叫机遇。机遇对每个人都是均等的，但机会降临到头上，有的人却没有把握住。人生的机遇不会太多，而机遇是留给准备好的人。能否善于抓住机遇，是一个人成功与否的重要条件。

（二）什么是创业机会

卡森（Casson）认为，创业机会是指在新生产方式、新产出或生产方式与产出之间新的关系形成过程中，引进新的产品、服务、原材料和组织方式等，得到比创业的成本具有更高价值的状态。柯兹纳（Kirzner）认为，创业机会的初级形态是“未明确界定的某种市场需求，或未得到利用、也可能是未得到充分利用的资源和能力”。熊彼特（Schumpeter）指出，创业机会是通过把资源创造性地结合起来，以满足市场的需求，创造价值的一种可能性。蒂蒙斯（Timmons）认为一个创业机会“其特征是具有吸引力、持久性和适时性，且伴随着可以为购买者或者使用者创造或增加使用价值的产品或服务”。亚奇维利（Ardichvili）认为，从获取预期消费者的角度来看，机会事实上意味着创业者探寻到的潜在价值。

依据上面的定义，对创业机会可作如下理解。首先，创业机会包含创业想法。其次，创业机会可能带来一个或更多的新产品或新服务的产生。最后，通过一系列具体的经济行为（经济行为可以是新产品或服务，也可以是建立一个新企业或市场，或者一些新的规章制度的建立等）完成最终创业目标。

【案例导读】

有人曾在首都师范大学召开新闻发布会，隆重推出他自己研发的易拉罐式空气产品，推向市场。空气产品首期生产了 10 万罐，分成 4 元一罐和 5 元一罐，空气来自于台湾和安徽五河县长寿之乡的新鲜空气，虽然创意符合公众对环境的要求，从科学常识和逻辑的角度来看，“卖空气”几乎是一种炒作。创意如果不符合市场规律，也难以转化为创业机会。

（资料来源：http：//pinglun.eastday.com/p/20120917/u1a6866070.html，有改动）

（三）蕴含的创业机会

（1）地方自然资源丰富，乡村振兴背景下农林牧副渔传统产业加快升级，大力发展生态农业，营造了良好商业与创业环境。

（2）挖掘地区资源，大力发展加工业，发展特色优势产业，促进资源优势向经济优势转化，努力形成传统优势产业、新兴产业和现代服务业协调发展等产业，这些为创业者提供了创业方向。

（3）可以把地区教育、科技、文化、医疗卫生、就业、社会保障等社会事业，以及交通、供水、供电、居住环境等基础设施建设，作为创业的着力点。

（4）不断加大基础设施建设力度，推进生态环境保护和建设，铁路、公路、机场、能源、水利、供电、供水等大型项目蕴含众多创业机会。

（四）创业机会的特征

1. 客观性和偶然性

创业机会客观存在于一定的市场环境之中。然而，对某个新企业来说，创业机会并不是每时每刻都显露，机会的发现具有一定偶然性。新企业要努力寻找，从市场环境变化的必然规律中预测和寻找创业机会。

【案例导读】

浙江舟山有一个农民，在老家安徽时，他家里穷得连买炒菜的油钱都没有。2000 年他来到舟山打工，2001 年 3 月的一天，一场大台风即将登陆，他为了抢收一批货物，累倒在水泥台上，结果掉进了大海，上岸后，他身上挂满了鱼的下脚料，浑身臭气熏天，但他却发现了一个商机。他联系了一家饲料加工厂，这个工厂愿意收购这些没有人愿意要的下脚料。一年的时间下来，他竟积累几百万财富。

（资料来源：http：//www.qncye.com/baodao/shipin/10231860.html，有改动）

【案例点评】

案例启示我们，不是缺少创业机会，而是缺少发现商机的眼睛。因此，创业机会是客观存在的，需要创业者去发现和捕捉。

2. 时效性和不确定性

创业机会具有很强的时效性。俗话说，机不可失，时不再来。机会稍纵即逝，不可复得。新企业如果不能及时捕捉，就会丧失机会。另外，机会和威胁是一个事物的两个方面。在一定范围内，创业机会随着环境的变化而产生，并随着时间的推移而减弱、消失甚至演变为威胁。因此，创业机会难以预料，具有不确定性。

3. 均等性和差异性

创业机会在一定范围内对同类新企业是均等的，但不同新企业对同一创业机会的认识会产生差别。而且，由于新企业的素质和能力不同，利用同一创业机会获益的可能性和大小也难免存在差异。另外，创业机会对某类新企业来说是环境变化，对于其他新企业则可能构成环境威胁。

（五）创业机会可识别性分类

1. 根据创业机会可识别性分类

根据创业机会的可识别性，可将创业机会划分为显性创业机会和潜在创业机会。在市场上存在着的未被满足的某种需求称为显性创业机会；而隐藏在现有某种需求背后的某种需求称为潜在创业机会。见表 3-1。

表 3-1　创业机会可识别性分类

可识别性分类	识别点	创业案例
显性创业机会	需求明显	美团网、“饿了么”
潜在创业机会	挖掘需求	“空气净化器”研发公司

2. 根据创业机会来源分类

根据创业机会的来源，可以将创业机会划分为行业创业机会与边缘创业机会。出现在新企业经营领域内的创业机会称为行业创业机会；出现在不同行业的交叉点、接合部的创业机会称为边缘创业机会。见表 3-2。

表 3-2　创业机会来源分类

创业机会来源分类	识别点	创业案例
行业创业机会	经营领域内	滴滴打车
边缘创业机会	不同行业的交叉点	智能停车 App

3. 根据创业机会影响时间分类

根据创业机会的影响时间，可以将创业机会划分为现实创业机会与未来创业机会。目前市场上存在的尚待满足的某种需求称为现实创业机会；目前市场上还没有或仅表现为少数人的消费需求，但预期在未来某段时间内未来大量出现的需求称为未来创业机会。见表 3-3。

表 3-3　创业机会影响时间分类

创业机会时间分类	识别点	创业案例
现实创业机会	尚待满足需求	月嫂公司
未来创业机会	未来会出现的需求	新能源开发公司

4. 根据创业机会主体分类

根据创业机会主体，可以将创业机会划分为社会机会和个别机会。社会机会是指在一个特定的历史时期由于社会或经济形势的某种变化所形成的有利客观因素，是一个系统性、全面性的机会，不需要考虑某一社会活动主体的自身条件，而以全体社会成员为对象。个别机会是针对个别创业者在特定时间的良好机遇而言、从事某一社会或经济活动的个别创业者所需要的创业机会，所以也称个人发展机会。见表 3-4。

表 3-4　创业机会主体分类

创业机会主体分类	识别点	创业案例
社会机会	全面性的机会	传统的吃、住、行公司
个别机会	机遇的把握	满足了特定时间阶段要求

5. 根据创业机会客体分类

根据创业机会客体，可以将创业机会划分为市场创业机会和技术创业机会。市场创业机会是指市场机会及环境中存在的未被充分满足的市场需求，这些未被充分满足的市场需求是客观存在的，并不是创业者创造的。技术创业机会是指技术商业化的机会，创业者首先拥有技术资源，然后为这些技术资源寻找市场。见表 3-5。

表 3-5　创业机会客体分类

创业机会客体分类	识别点	创业案例
创业机会划分	市场存在未被充分满足	土特产公司
技术创业机会	技术资源寻找市场	桑树皮萃取技术

三、创业机会的来源

（一）问题

创业的根本目的是满足顾客需求。而顾客需求在没有满足前就是问题。寻找创业机会的一个重要途径是善于去发现和体会自己和他人在需求方面的问题或生活中的难处。比如，上海有一位大学毕业生发现远在郊区的本校师生往返市区交通十分不便，创办了一家客运公司，就是把问题转化为创业机会的成功案例。

【案例导读】

“兼职猫”用互联网的方式帮人找兼职

只要创意够好，即使你是身在象牙塔的“90后”大学生，一个点子也能获得上百万元的风投资金。广州中医药大学大四的王锐旭，在大学校园里观察到，大学生找兼职有着巨大的市场需求，决心自己研发一个平台。一个点子由此而来，具有执行力的王锐旭立刻将创业热情投入其中。出于对互联网的热忱，他决定投入手机应用开发。他开启了组建团队进行创业的征途，成立了广州九尾信息科技有限公司，并开发了一款名为“兼职猫”的手机应用，专门帮大学生找兼职，并参加了创业大赛获得了企业成长组一等奖，也吸引了百万元的投资。如今，“兼职猫”已经在“北上广”等城市拥有20万的用户，还在不断进行市场拓展。半年前，王锐旭的身份还是广州中医药大学的大四学生。如今，他是广州九尾信息科技有限公司的“王总”。

（资料来源：http：//www.up72.com/article/2015-03-03/detail_52834.html）

（二）变化

创业的机会大多产生于不断变化的市场环境，环境变化了，市场需求、市场结构必然发生变化。著名管理大师彼得·德鲁客将创业者定义为那些能“寻找变化，并积极反应，把它当作机会充分利用起来的人”。这种变化主要来自于产业结构的变动、消费结构升级、城市化加速、人口思想观念的变化、政府改策的变化、人口结构的变化、居民收入水平提高、全球化趋势等方面。比如，居民收入水平提高，私人轿车的拥有量将不断增加，这就会派生出汽车销售、修理、配件、清洁、装潢、二手车交易、陪驾等诸多创业机会。

（三）创造发明

创造发明提供了新产品、新服务，可以更好地满足顾客需求，同时也带来了创业机会。比如，随着电脑的诞生，电脑维修、软件开发、电脑操作的培训、图文制作、信息服务、网上开店等创业机会随之而来，即使你不发明新的东西，你也能成为销售和推广新产品的人。

（四）竞争

如果你能弥补竞争对手的缺陷和不足，也能使你获得创业机会。看看你周围的公司，你能比他们更快、更可靠、更便宜地提供产品或服务吗？你能做得更好吗？若能，你也许就找到了机会。

（五）新知识、新技术的产生

许多新技术的产生都有两面性，即在给大家带来某种新的利益的同时，也会带来某些新的问题，这就会迫使创业者为了消除新技术的某些不利影响，开发新技术并使其商业化，从而带来新的创业机会。技术变革使人们可以从事新的事业或者以更有效率的方式从事以前的事业，如因特网技术的出现，改变了人们沟通的方式，使沟通更快捷、更有效。当然，不是所有的新技术都对新企业有利。研究发现，小规模、个性化生产的柔性制造技术和数字技术更适合于新企业的建立。

【拓展阅读】

三位大学生回乡创业，只为振兴家乡品牌小塘麻鸭

在湖南省邵阳市新邵县小塘镇马埠江村，返乡创业大学生何美凤、陈艳玲、毕涛颇有名气。2019年，他们流转400多亩稻田种植优质稻，同时养殖5万多羽小塘麻鸭，带动当地100余名贫困户增收。放弃城市优越条件回到家乡，他们只为一个质朴的情怀：把家乡的老字号品牌——小塘麻鸭振兴起来。

“白领”变“潮农”

这三个返乡创业大学生中学历最高的是何美凤。1989年出生的她毕业于湖南农业大学，本科专业是水产养殖，研究生专业是水生生物。

“马埠江村依山傍水，有水质清澈的石马江，又有被评为中国地理保护标志产品的小塘麻鸭。这么好的农业品牌，一直缺农业人才发展振兴它。”何美凤说，自己2016年毕业后一直从事教育培训工作，工资待遇也还不错，但在她的心中一直有个美丽乡村梦，希望将自己所学应用到振兴家乡中。

2018年，她把这个想法与同是湖南农业大学毕业的陈艳玲分享，两人一拍即合。在她们的“游说”下，同村学过机电专业的“90后”大学生、退役士兵毕涛也加入其中。三个昔日城市的“白领”变身新时代“潮农”，他们分工明确，学种养专业的何美凤是团队的“技术专家”，学人力资源的陈艳玲负责整个合作社的人员配备和调剂，毕涛则扛起了农机操作和维修的“大旗”。

2018年底，三人成立新邵县城山头生态农业合作社，2019年采取村民入股分红的模式，流转土地种植了400亩优质稻，养殖小塘麻鸭5万多羽。

成群的鸭子在水中嬉戏（童中涵 摄）

“新农民”的苦与甜

万事开头难。刚从事农业生产时，繁重的农活压得三人喘不过气来，就连既当过兵又当过健身教练的毕涛都有点扛不住了。2019 年 5 月插秧时，为抢抓播种时节，毕涛开着插秧机在地里从早上一直忙到天黑，晚上一到家就躺在椅子上动都不想动，连饭也吃不下。但一想到，如果唯一懂机械操作的自己累趴下了，插秧就会错过时节，所以再苦再累也逼着自己去干完。

一分耕耘，一分收获。2019 年，他们种的优质稻，由于采取的是鸭粪育肥、生物方法防虫害，稻米在市场上供不应求。他们养的小塘麻鸭采取传统散养模式，吃的是石马江里的小鱼小虾、稻田里的虫子和田螺，而且足足养够四个月才销售，一上市就因肉质劲道、口感好而销售火爆。

更让他们欣慰的是，村里不少贫困户到合作社务工后，彻底改变了生活。70 多岁的贫困户刘素娥，因丈夫瘫痪一直生活拮据，2019 年在合作社务工就赚了 2 万多元；50 多岁的刘梨花腿部有残疾，走路一瘸一拐，在合作社负责看鸭子后，每年也有 2 万元左右的收入。

“他们有时在山上采了蘑菇，就拿来感谢我们，这些细节让我很感动，觉得自己做了一件很有意义的事。”陈艳玲说。

愿与有志青年一道打造“麻鸭小镇”

2019 年小试牛刀后，三个大学生的创业故事在当地传为美谈。不少村民慕名而来，纷纷投资这支“潜力股”，成为合作社股东，目前共有 106 名村民入股合作社。他们进一步扩大种养规模，流转新田铺、小塘、巨口铺三个乡镇的 5000 余亩土地种植优质稻，小塘麻鸭的养殖规模也达到 20 万羽以上。

“一路走来，真的要感谢小塘镇政府和新邵县民政局驻村扶贫工作队的支持，尤其是新邵县商务局先后组织我们前往长沙等地参加大型展销会，让我们的小塘麻鸭走出新邵，俏销省内外。”陈艳玲说，三人的梦想是，以后人们想吃鸭子，就会想到小塘麻鸭。

除了扩大种养规模外，三人还发挥特长，自编自导以小塘麻鸭为主题的短视频，通过抖音等网络平台销售家乡特产。

“虽然每天忙起来可能只睡五六个小时，但只要有时间我们就想文案、拍视频、编段子。”何美凤说，拍视频的目的一方面是展示小塘麻鸭，同时也希望展现新时代农村青年的活力，吸引更多有志青年回乡创业，一起把小塘麻鸭品牌做大做强，未来把马埠江村建设成一个“麻鸭小镇”。

（资料来源：惠农网，https：//news.cnhnb.com/zxsd/detail/422930/）

【案例点评】

三位大学生发挥自身专业优势，借助乡村大舞台，寻找到与创业团队非常匹配的创业机会，整合资源，将养殖业与种植业有机结合，最终创业取得较好的经济效益。因此，创业实践出真知，创业机会是可以创造的。

【思考】

1. 你所在的地区存在哪些创业优势？
2. 结合创业机会来源谈下你的创意。

第二节 创业机会的识别与把握

创业是发现市场需求、识别创业机会，并通过经营新企业满足特定市场需求的活动。机会的识别对于所有的创业者都是均等的，每个创业者都曾与创业机会面对面。结果是，有的创业者在机会来临的时候，抓住不放，其事业发展出现转机；而有的创业者在面对机会的时候却不知所措、无动于衷，其事业仍没有起色。这当中的一个关键差别是对机会的识别有所不同。

一、创业机会的识别

创业机会识别本质上是对客户需求的识别，由于客户需求的复杂性、多元化和动态性，创业机会识别也成为一个复杂的过程。创业机会识别就是从创意中筛选出具有客户需求的创意。而大学生创业机会的识别即综合考虑创业地区对创业者主体的要求和创业地区创业环境等方面因素的前提下，建立创业机会识别的标准，通过对创业地区市场环境的系统分析以及一般的行业分析来判断该创意是否属于有利的创业机会，从而筛选出具有市场需求的、有价值的创意。

【案例导读】

湘西有枚湘小伍——张家界创业创新达人朱万璋

张家界有一枚湘小伍——朱万璋，他是一开始就把产品和品牌放在同样重要的位置上，甚至把吆喝放在首位的湘西创业创新达人。湘小伍这个品牌名称，亲切可爱，以土家族小伙子为造型，把自己的俊朗作为卖点，自信且有个性。包装设计朴实又具有现代气息，打通了文化元素和商品关联的通道。这一套组合拳，使得湘小伍这个产品迅速赢得市场，在众多湘西产品中独占鳌头。湘小伍从品牌建设中尝到甜头，在自己的旗舰店二楼，建了一个高规格的文化场所，每周在此开展读书、讲座、音乐欣赏、培训，或邀请高人聚会，用文化慢慢蕴积品牌内涵。

湘西永顺老司城成为世界文化遗产，湘小伍的主人朱万璋就投重金到广州请高人设计他的三下锅品牌，叫“第二十五世·土司”，这是一个创意极为大胆的案例，反映了朱万璋他独特的思维和作为一个生意人敏锐的商业嗅觉，这是他创业成功的关键所在。

（资料来源：http：//www.wtoutiao.com/p/16432rh.html）

【案例点评】

案例中朱万璋善于识别创业机会，时刻不忘产品的设计与推广，并且善于利用湘西地区周边资源，挖掘商机。这种思维是创业者要具备的。

二、创业机会识别的关键影响因素

创业机会识别的影响因素可分为两方面：一是内部因素，主要指的是创业者，包括个人和团队；二是外部因素，主要指创业机会识别的环境，包括技术环境、市场环境和政策环境三个部分。

（一）创业者与创业团队

创业者的人格特质是会影响创业成败的关键因素，在业界具有良好声誉，重视诚信、正直、无私、公平等基本为人处世原则的创业者。对于创业者而言，除了具有一般人格特质，还应具备创业情怀，在识别其创业机会时通常都具有显著的加分效果。一般认为，创业机会与个人目标的契合程度越高，则创业者投入意愿与风险承受意愿自然也会越大，创业目标最后获得实现的概率也相对越高。

创业团队特质和能力既包含团队的总体能力，也包含团队成员个人的生产与技术经验，以及正直性、个人诚信等方面。创业者与他的团队成员对于所要投入产业或所处的地区资源的相关经验、知识与了解程度的多寡，也会影响创业机会的识别。

【案例导读】

"运满满"创始人张晖在看到"司机跑上千公里就是来看一块小黑板"的"落伍"的商业模式，一眼看穿了货运物流行业的痛点。张晖的 "互联网+物流"不是简单地将小黑板的内容搬上互联网，他用了2年时间，借着移动互联网的东风，解决了货运物流双边信息不对等的行业症结，几乎重构了整个干线货运的行业生态。2012年11月于扬首次提出"互联网+"模式，现在"互联网+"已经成为社会上创新创业的热门词汇和重要方向，是创业的主流方向。张晖及时发现了这样的机遇，创造了一个"货运滴滴"。

（资料来源：http：//www.cankaoxiaoxi.com/society/20160226/1085859.shtml）

【案例点评】

案例中的张晖善于思考，对大家司空见惯的"落伍"的商业模式产生问题，从而想办法去解决问题，创业机会也就此诞生。这个案例告诉我们，创业机会的识别离不开创业者自身的素质。

（二）技术环境、市场环境和政策环境

影响创业机会识别的外部因素主要为环境，环境影响因素包括技术环境、市场环境

和政策环境三个部分，其中任何一个环境因素或多个环境因素的变化，都可能对创业机会的识别造成影响。与发达地区相比，欠发达地区的技术环境、市场环境和政策环境由于环境各要素的变化而独具特点，也将形成独特的创业机会。

1. 技术环境

创业者应对所涉及行业的技术变化趋势有所了解和把握，应考虑一定时间和空间的技术需求，技术的进步可以极大地影响企业的产品、服务、市场、供应商、分销商、竞争者、客户、工艺、营销方法及竞争地位等。当市场上现有的技术通过新的组合方式得到新的运用时，往往就可能催生新的产品或服务，从而创造新的创业机会。

2. 市场环境

从现有的市场中发现创业机会，往往是创业者最先作出的选择。市场环境的分析可以从市场开放程度来进行。市场开放程度对创业机会的影响主要有：第一，“市场上出现了与经济发展阶段有关的新需求”。第二，当期市场供给缺陷产生的创业机会。第三，从中外比较中寻找差距，差距中往往隐含着某种创业机会。可以与先进国家或地区比较，看看别人已有的哪些东西我们还没有，所没有的就是差距，从中就有可能识别出某种创业机会。

3. 政策环境

认识和把握国内外经济发展趋势与地区经济政策，是发掘和识别创业机会的关键，地区创业政策对创业机会识别影响包含两层含义：其一是定量方面，如激励更多的人创建企业，提高初创企业的存活率。其二是定性方面，即塑造更好的创业环境，为新企业提供更好的创业机会等。

三、识别创业机会的一般过程及行为技巧

（一）掌握信息

创业机会来源于某种信息，创业者或潜在创业者平时要能养成不断留意、收集各种有关机会信息的好习惯，这对创业者事业发展会有帮助。创业者要想有计划地掌握创业机会信息，通常有以下渠道。

1. 消费者

消费者是企业的产品或服务的最终购买者。如何直接接触消费者，让消费者表达自己的观点，据此分析消费者的市场需求特征，是创业者要走的重要一步，同时也是创业机会的重要信息来源。很多创业者认为很了解新企业面对的细分市场的消费者，往往以自身的感觉替代了消费者的感觉，或者以点代面，不能客观地、系统地分析消费者的市场需求，导致自身的产品市场不对路。很多创业者都是通过和消费者的交流来获取意想不到的创业机会和信息。

【案例导读】

小米作为科技界的一匹黑马，其发展壮大模式使其成为众人皆知新品牌。保持产品的透明度和良好的口碑，是小米初步取胜的秘诀。从 MIUI 开始，小米就牢牢扎根于公众，让公众（尤其是发烧友）参与开发，每周五发布新版本供用户使用，开发团队根据反馈的意见不断改进，此后的米聊和小米手机皆如此，而且还鼓励用户、媒体拆解手机。2014 年 1 月 2 日，小米科技创始人雷军在其个人微博上发布了 2013 年全年公司的“成绩单”。2013 年，小米共销售手机 1870 万台，销售量同比增长 160%，实现含税销售额 316 亿元，同比增长 150%，超额完成了年初供货 1500 万台的承诺。对于小米科技公司这三年来说，不得不说这是中国企业发展史上的一个奇迹。从成立到现在，小米每一年都在给我们带来惊喜。

（资料来源：http：//chuangye.cyz.org.cn/1970/0101/46356.shtml）

【案例点评】

案例中小米科技就是典型的以消费者为中心，大量搜集消费者的需求信息，有针对性地研发产品，提高产品的性价比，从而在市场上占据有利位置。这个案例启示我们，创业机会来源于各种信息，消费者是获得信息的重要渠道。

2. 现有企业

创业者在初步确定了自己的创业方向后，创办的企业所处产业内的现有企业是创业机会的另外一个重要信息来源。创业者对产业内现有企业的产品或服务进行追踪、分析和评估，能够找到现有企业的产品或服务存在的可能缺陷，从而有针对性地制定更加有效的改良手段，或者发掘产业内现有企业尚未涉足或者相对比较弱的领域。创业者不仅可以在现有企业的市场中发掘有关创业机会的信息，而且也可能发现其他领域的相关创业机会信息。例如，一家汽车整车厂商，往往能给某个区域提供零配件产业和物流业的创业机会；一家商场的开业，意味着周围地区的电影业、餐饮业、娱乐业等行业的创业机会。现有企业可能是新企业的竞争者，同样也可能是新企业的消费者或者合作者。对现有企业的分析，必须做到细致、系统、客观，才能发现其他人难以发现的创业机会。

3. 政府机构

政府本身并不参与市场，但新企业的经营是处于政府的种种法律、法规管制之中的，政府的法律和政策是人们发生经济行为的指针，特别是利用地区资源创业的，创业者更要顺应法律和政策的动向，去寻找和把握创业的机会。例如，我国实行的“家电下乡”政策，就是为了应对全球性的金融危机而采取的扩大内需举措的一部分，这为许多创业者提供了难得的机遇。政策所提供的创业机会要求创业者对政府政策变化十分了解，把握住每次政策变动所带来的创业机会。

4. 研发机构

研发可以是在大学、科研机构、企业中进行，也可以是个人行为。很多科研机构或者大学都拥有很强的研发能力，但由于种种原因而没有实现产业化，或者没有发挥有关研究成果的最大效用。创业者将其重新包装和推出，往往可以取得出人意料的效果。

【案例导读】

安徽机电职业技术学院工业设计专业学习的杨杰成功设计了“道路 LED 行人护墙”和“智能型多功能电动轮椅”，这两项设计分别获得了国家知识产权局的发明专利和实用新型专利的授权。在老师的指导下，杨杰利用孵化基地为创业者提供的各种支持，率先投资成立了“芜湖市巨能百利网络科技有限公司”，从事智能化科技产品的研发、营销工作，带动了 10 余名大学生就业。随后，他还凭借优异的表现和丰硕的创业成果，成功入围芜湖市年度经济人物——创业富民先进典型“创业之星”20 强。

（资料来源：http：//epaper.wuhunews.cn/whrb/html/2013-01/04/content_48558.htm?div=-1）

【案例点评】

案例中的大学生杨杰属于技术研发创业型，并通过孵化基地注册公司，从而走上创业之路，这是很多大学生的创业模式。但是目前大学科研机构大量科研成果并没有被产业化，产学研如何有效对接成为将来高校创业工作的重点和难点之一。

（二）善于观察

对于总体市场变化情况的分析，通常可以从下列几个方面来观察。

1. 他人的成功经验

许多创业者在有了自己的创业梦想后，常常会陷入不知道如何观察、分析创业机会或无从下手的境地。虽说成功创业者的经验不能放之四海而皆准，但学习成功创业者的优点与长处可以使创业者的思维更开阔，遇到创业机会也更容易把握。

2. 市场竞争情况

观察分析潜在竞争者、替代品竞争者、行业内原有竞争者的基本情况，确切地了解新企业是否能赢得赖以维持经营所需的足够数量的客源、销售额乃至利润。现实中，一旦某个创业机会显露出来，就会有不少创业者、竞争者蜂拥而至，这是经常会出现的现象。但是，倘若某个创业者想利用特定机会并获得创业的成功，他就必须具备与其他创业者竞争的能力。

【案例导读】

美国沃尔玛（wal-mart）连锁店公司成本领先战略

美国沃尔玛（wal-mart）连锁店公司是美国最大的也是世界上最大的连锁零售商。1962 年，沃尔玛的创始人山姆·沃尔顿在美国阿肯色州的罗杰成立了第一家沃尔玛门店。

1990 年，沃尔玛成为全美第一大零售企业。2002 年，沃尔玛全球营业收入高达 2 198 112 亿美元，荣登世界 500 强的冠军宝座。沃尔玛每十年上一个新台阶，最终在其第一家沃尔玛门店成立 40 年后，坐上了令世界无数企业仰慕的头把交椅。沃尔玛能够取得今日的成就，其中一个重要原因就是成功地实施了成本领先战略。沃尔玛把节约开支的经营理念作为实施成本领先战略的先决条件，将其物流循环链条作为实施成本领先战略的载体，利用发达的高科技信息处理系统作为成本领先战略实施的基本保障。即在采购、存货、销售和运输等各个商品流通环节想尽一切办法降低成本，使其流通成本降至行业最低，商品价格保持在最低价格线上，然后利用成本优势打开市场，扩大市场份额，最终取得同等市场条件下的超平均利润，成为零售行业成本领先战略的经营典范。

（资料来源：http：//wenku.baidu.com/view/50faa5e79b89680203d82561.html）

【案例点评】

沃尔玛连锁店公司成功的经验就是成本战略，从而在市场竞争中居于有利位置，这种战略是基于长期对市场行情的观察研究作出的。作为创业者，你不可能独占市场，但是你必须想尽办法让自己占有一定的市场份额，否则你就很难可持续发展。这就需要善于观察，对同行竞争者进行分析，走出自己独特的发展之路。

3. 创业机会的现实性

即使某个创业机会是一个很有前景的机会，但对于特定的创业者而言，仍然需要进一步分析机会的现实性，判断“这一机会是否是自己能够加以利用的创业机会，是否值得自己开发”。

对某个创业者而言，要作出理性的判断，必须回答以下几个问题。

第一，自身是否拥有利用创业机会所需的资源？

第二，自身是否能够“构建网络”跨越“资源缺口”？

第三，观察利用特定机会，存在的风险是否可以承受？

（三）冷静分析

创业者想要及时了解市场变化情况，或者说对市场变化保持敏感的触觉，唯一的办法就是做好经常性的市场调查分析工作，正视顾客的消费需求，不断创新。见图 3-1。

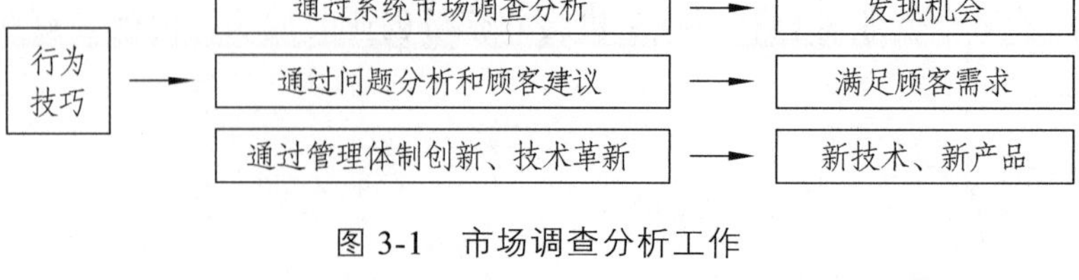

图 3-1　市场调查分析工作

（四）及时捕捉

在市场经济条件下，宏观供求总是有一定差异的，这些差异正是创业者的创业机会。见图 3-2。

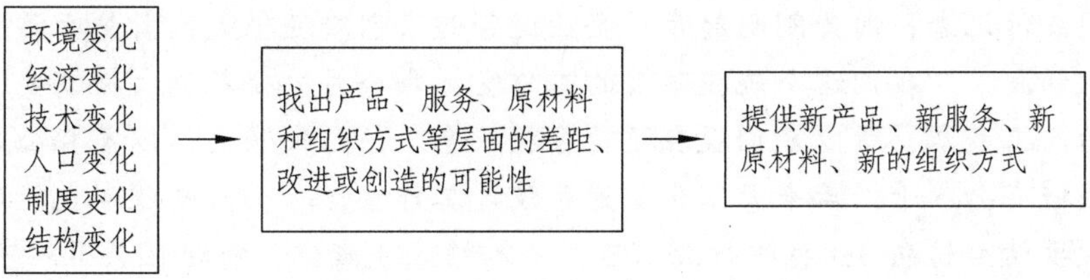

图 3-2　宏观环境创业机会识别

除了从企业的宏观环境（政治、法律、技术、人口等）的变化中发现创业机会外，微观环境（顾客、 竞争对手、供应商等）也是发现创业机会的重要渠道。见图 3-3。

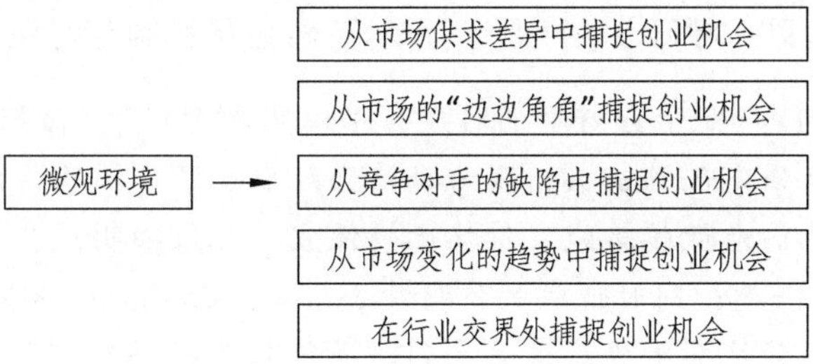

图 3-3　微观环境创业机会识别

【案例导读】

福州 3D 打印合伙人：辞去高薪来创业

3D 打印技术正逐步为世人所熟悉，越来越多的人开始喜欢这个充满乐趣的高科技手段。在福州就有一家 3D 打印设计工作室，而这个工作室的主人，是三个刚走出大学校门不久的年轻人。近日，记者探访了福州市首家 3D 打印设计工作室，了解“3D 打印合伙人”的创业梦。

工作室的主人是福建工程学院毕业生张细明和他的两个同学。在涉足 3D 行业之前，张细明和他的伙伴们创办了一家设计工作室。工业设计专业毕业的他们在毕业后，都找到了一份收入不错并且稳定的工作。在工作了一年积攒了不少设计产品的经验后，他们决定自己创业，于是创办了一家设计工作室。

创办工作室初期，他们主要负责给客户做工业产品设计。一次偶然的机缘让他们接触了 3D 打印。有一次，有个客户想定制一个市面上还没有售卖的卡通玩偶送给女朋友作为生日礼物，于是他就和张细明合作，设计三维图形，用 3D 打印机打印出来，最后抛光上色。这件独一无二的玩偶得到了客户的好评。从这次经历后，他们开始关注 3D 打印，也渐渐触及个性化定制这个业务。

有勇气：辞去高薪来创业 入不敷出仍然乐观

“我的梦想是希望能成为国内 3D 行业的佼佼者。” 张细明说，目前国内从事 3D 打印行业的企业还很少，省内更是屈指可数，所以在这个朝阳行业中，自己和伙伴们愿意做先吃螃蟹的人。

张细明告诉记者，因为刚刚起步，企业运营起来困难还很大，首先面临的挑战就是高成本和低利润。“我们这个规模不大的工作室，每个月办公花销大概需要 1 万元，再加上大家的人工成本，所以我们现在还是亏损状态。”张细明说，以前在公司上班一个月的收入大概有七八千，后来大家合伙开了设计工作室，每个人的收入也能过万元，但是自从把主要精力转向 3D 打印行业以后，收入明显地减少，有时候甚至入不敷出。

尽管工作室的经济状况还很拮据，但谈起 3D 打印行业，张细明还是自信满满。他说，任何一个朝阳行业起步都是很困难的，一旦这个行业的规模扩大了，比较早入行的就有优势，希望能成为这个行业的佼佼者。

有远见：呼吁 3D 行业运行规范 希望尽快制定行业标准

当人们还在对 3D 行业十分好奇的时候，张细明却看到了 3D 行业存在的潜在危机：这个行业的发展有未强先乱的苗头，因为目前已经出现了“山寨”的情况。“山寨的打印效果不好，但是他们走低端路线，价格比较便宜。”张细明说，这样一来会让许多消费者对 3D 打印失去兴趣；同时低端的价格冲击，还会让正规的 3D 打印企业无法生存。

“行业的规范运营特别重要，这关系到一个行业是否能长足发展的问题。”张细明呼吁相关部门尽快出台 3D 打印的行业标准，同时他也希望政府部门能够出台一系列扶持 3D 打印行业的政策，如建设 3D 打印创业园，帮助这个刚刚起步的行业走上正轨。

（资料来源：http：//www.3dpmall.cn/news/20131031/10259_1.html）

【案例点评】

案例中的创业团队毅然辞去高薪而选择新颖的 3D 打印行业，坚定地认为这个新生事物能创造一番事业。在经营过程中碰到许多困难，如市场混乱、行业运行不规范、成本高利润低等。这个案例告诉我们，创业者面对新的创业机会，困难与机会并存，需要冷静思考之后作出选择，一定要持之以恒，创业的关键在创。

【思考】

1. 你具备哪些发现商机的能力？请举例。
2. 你有提高自己对机会的识别与把握能力的办法吗？
3. 结合身边实际，你觉得校园中有哪些创业机会？

第三节　创业风险的识别与防控

一、创业风险的定义

对创业风险的界定，目前学术界还没有统一的观点，大多数国内外学者都只针对自己研究的领域或角度来界定，并没有将其一般的概念提炼出来。Timmons 和 Devinney

将创业风险视为创业决策环境中的一个重要因素，其中包括处理进入新企业或新市场的决策环境以及新产品的引入。赵光辉主要从创业人才的角度界定创业风险，认为创业风险就是指人才在创业中存在的风险，即由于创业环境的不确定性，创业机会与创业企业的复杂性，创业者、创业团队与创业投资者的能力与实力的有限性，而导致创业活动偏离预期目标的可能性及其后果。①

【案例导读】

刘同学在大学期间开办了一个电子商务平台，主要瞄准校园市场，卖学生需要的商品。最开始在武汉本地做出了一些效益，项目被杭州的一个老板看中，并表示有投资意向。当时项目急缺发展资金，刘同学就冒失地把市场逐渐转向杭州。由于缺少融资谈判的经验，在合作初期，团队就一直处于被动，话语权逐渐被老板掌握。在老板急功近利的策略压力下，业务的推动越来越吃力。坚持了大半年，杭州的市场没有按预期计划打开，钱花了不少，后来财务也出现了问题，团队最终解散。

（资料来源：http：//chuangye.umiwi.com/2011/1107/47139.shtml，有改动）

【案例点评】

案例中的创业风险来源于团队内部对项目的驾驭能力，没有作出科学的远景规划。同时，与投资人合作缺少经验。这个案例启示我们，创业风险无处不在，识别和防控风险的能力强不强，决定了创业能否成功。

二、 创业风险的特征

（一）客观存在性

创业风险是客观存在的，是不以人的意志为转移的。在创业的过程中，由于内外部事物发展的不确定性是客观存在的，因而创业风险也必然是客观存在的。客观性要求创业者采取正确的态度承认和正视创业风险，并积极对待创业风险。当然，客观性并不否认创业风险的存在也有主观的一面。②

（二）不确定性

创业的过程往往是将创业者的某一个“奇思妙想”或创新技术变为现实的产品或服务的过程。在这一过程中，创业者面临各种各样不确定因素，如可能遭受到已有市场竞争对手的排斥，进入新市场面临着需求的不确定，新技术难以转化为生产力等。此外，在创业阶段投入较大，而且往往只有投入没有产出，因而可能面临资金不足的困境，从而导致创业的失败。也就是说，影响创业的各种因素是不断变化难以预知的，这种难以

① 黄晓勇：《基于结构化视角的农民工返乡创业研究——以重庆为例》，重庆：重庆大学学位论文，2012年。

② 赵光辉：《论人才创业风险的来源与控制》，《当代经济管理》，2005（4）。

预知就造成了创业风险的不确定性。[①]

（三）损益双重性

创业风险对于创业收益不是仅有负面影响，创业者如果能正确认识并且充分利用创业风险，则会使收益有很大程度的增加。

（四）相关性

创业者面临的风险与其创业行为及决策是紧密相连的。同一风险事件对不同的创业者会产生不同的风险，同一创业者由于其决策或采取的策略不同，会面临不同的风险结果。

【案例导读】

某高校食品科学系6名研究生自筹资金20万元，在成都著名景观——琴台故径边上开起了“六味面馆”。第一家店还未开张，六位股东已经把目光放到了5年之后，并准备两年内在成都开20家连锁店，到时候跟肯德基、麦当劳较量较量。原本想以“研究生”之名来制造广告轰动效应，但事情的发展却出人预料。“研究生面馆”开业不久，6名研究生就一个个被学校领导找去谈话，要他们在学业和面馆之间作出选择：要么退出，要么退学，最终面馆长时间处于无人管理和经营欠佳的状况，投资人已准备公开转让。这家当初在成都号称“第一研究生面馆”的餐馆仅仅经营了4个多月，就不得不草草收场。

（资料来源：http：//www.rs66.com/a/5/23/2638.html）

【案例点评】

案例中6名研究生没有认真考虑学业与创业的矛盾关系，没有做好风险评估，导致半途而废。

三、创业风险的分类

（1）按风险来源的主客观性划分，可分为主观创业风险和客观创业风险，见表3-6。

表3-6　风险来源的分类

风险来源的分类	内　容
主观创业风险	创业者的身体与心理素质等
客观创业风险	市场的变动、政策的变化、竞争对手、创业资金缺乏等

（2）按创业风险的内容划分，可分为技术风险、市场风险、政治风险、管理风险、生产风险，见表3-7。

① 许之春：《高技术企业创业风险识别、评价与控制研究》，南京：南京财经大学学位论文，2008年。

表 3-7　风险内容的分类

风险内容的分类	内　容
技术风险	知识产权的保护以及技术方面变化的不确定性
市场风险	权益风险、汇率风险、利率风险以及商品风险
政治风险	战争、国际关系变化或有关国家政权更迭
管理风险	信息不对称、管理不善、判断失误等影响管理的水平
生产风险	原材料、设备、技术人员、生产工艺及生产组织等方面

（3）按风险对所投入资金即创业投资的影响程度划分，可分为安全性风险、收益性风险和流动性风险，见表 3-8。

表 3-8　创业投资的影响分类

创业投资的影响分类	内容
安全性风险	投资方财产的安全存在危险
收益性风险	投资方的资本不会蒙受损失，预期收益有损失的可能性
流动性风险	资金有可能不能按期转移或支付，造成资金运营的停滞

四、创业方向的识别与防控

（一）系统风险的识别与防控

系统风险是指某种全局性的共同因素引起，创业者本身控制不了或无法实施影响，并难以采取有效方法消除的风险。如政策风险、法律风险、自然风险、宏观经济风险等，属于系统风险。见表 3-9。

表 3-9　系统风险

系统风险	识别点	防范措施
政策风险	关注、预测国家的政策走向	改变企业的运营方式适应政策的变化
法律风险	法律、法规的制定和修改	知法守法，自觉运用法律、法规来规范自己的经营行为
自然风险	气候灾害引发的生态、环境、地质、经济等继发性灾害	事先做好准备工作，关注对自然灾害的预报，购买保险
宏观经济风险	宏观经济状况、产业政策、利率变动以及汇率的变化	能够快速响应，采取措施使新企业适应这一变化

（二）非系统风险的识别与防控

非系统风险是指由特定创业者自身因素引起，只对该创业者与企业产生影响的风险，如市场风险、生产风险、技术风险、财务风险、管理风险等。

1. 市场风险的识别及其防范途径

由于市场各种因素的复杂性、变动性的影响，新企业进入的实际后果与市场进入的事前预期发生背离，由此导致利益损失的可能性，就是市场进入风险。市场风险的识别一般可以从以下两个方面进行。一是产品能否被消费者接受。在现实市场中，人们对传统技术产品司空见惯，而新产品或服务对消费者来说是新鲜的，它的市场多是潜在的、待成长的。在这种情况下，创业者就很难预先判定市场是否会接受自己推出的某一新产品，包括接受能力和接受速度。二是新企业生产的产品有不少是高新技术或技术创新产品，由于产品技术本身的前瞻性，新企业无法得到相对准确的市场预期，对市场的接受度、产品导入市场的时间、市场的需求量等都难以估测，因而存在着较大的风险性。

市场风险的防范途径有以下几个。

首先，市场是一个巨大的系统，是由众多提供各种产品的子市场系统和区域市场系统构成的，任何一个新企业都没有能力进入所有的市场，即无法为所有的客户服务，只能根据自己的优势和特长，进入某一细分市场，在其目标市场上确定自己的竞争优势。因此，新企业进行进入区位选择时，既要考虑竞争者，又要考虑消费者，做到消费者导向和竞争者导向有机结合。

其次，新企业应妥善处置专用性资产、设备购置、无形资产等，企业一旦经营失败退出市场以前是无法预期和弥补的，也是企业在整个生命周期内所无法收回的。

最后，树立以市场为导向的整合营销理念，在产品规划、价格制定、销售渠道选择上以市场为导向，从客户的需求出发。确定价格时，低价不是向顾客表明优质产品的最好方式，尤其对于技术含量比较高的产品而言，顾客对产品质量的要求使得新企业不能采用牺牲品质的低价策略。加上市场的不完全竞争，新企业更应积极主动控制价格。

【案例导读】

两个月就关门的食品杂货店

小刘大学毕业后一直想自己做老板，看到邻居在小区里开了一个食品杂货店且收益一直不错，颇为心动。于是，小刘租了小区内一个库房做店面，开了一家食品杂货店。但是经营了两个月后，小刘的食品杂货店就撑不住了，不得不关门。为什么同样是食品杂货店，邻居可以干得红红火火，小刘的店就经营惨淡呢？原来，小刘为了突出自己食品杂货店的特色，没有像邻居一样进茶、米、油、盐等大众用品，而是将经营范围锁定在沙司、奶酪、芝士等一些西餐调味食品上。但是小区里的居民对她的货品需求少，加之她店面的位置在小区边缘，而且营业时间不固定，由着她的性子，很多邻居都不愿意绕道过去，所以生意不红火。小刘在创业之初，没有对市场进行充分调研，导致提供的商品不被消费者青睐，最终只能以失败告终。

（资料来源：http：//news.pedaily.cn/chuangye/201312/201312201316166_all.shtml）

2. 生产风险的识别及其防范途径

生产风险是指新企业在创业过程中，由于生产环节的有关因素变化的不确定性而导致创业失败或利润受损的可能性。对于新企业来说，由于企业刚刚起步，生产人员的配备、生产要素的供给、各类资源的配置等容易出现问题。这在创业阶段都需要尝试和摸索，故存在着较大的风险。生产风险的识别应从生产技术人员构成、生产设备与工艺水平、生产资源的配置状况、原材料供应状况四个方面加以识别。①

企业在生产经营过程中，面临着众多风险，其中就包括企业生产风险。在实际的安全生产管理中，为了达到管控好危险源，企业首先就得做到“管安全”。企业也应该通过管控危险源，调动全部员工做好安全生产，才能较好地控制好安全生产风险。同时，针对生产目标管理制订出严密的生产计划和作业计划，明确生产及其管理的具体要求，对生产要素的组织，使各生产要素在生产过程中能迅速有效地结合起来，形成一个有效的整体。创业时，还要综合考虑原材料及能源供应，公司的地址要接近原材料产地，且能源供应充足。

3. 技术风险的识别及其防范途径

技术风险的识别通常从以下四个方面进行。一是技术成熟度。新颖、独创、先进的技术可以为新企业带来独特的优势，技术成熟度的判断标准一般根据国内外同类技术达到的水平参数指标来确定。二是技术适用性。技术的适用性描述了技术适用的范围，推广和实施的难易程度。三是技术配套性。在新企业创业初期必须确认与该技术配套的工程技术和产品生产技术是否已经完善，是否达到标准。四是技术生命周期。高技术产品如果不能有效地提高技术的更新速度并维持更新成本或防止技术老化的能力，并在技术生命周期内迅速实现产业化，收回初始投资并取得利润，新企业就将蒙受损失。

新企业可通过市场化运作方法引进民间资本、风投等方法，使技术风险由投资者、投资机构以及企业共同承担，从而实现部分技术风险的转移。新企业也可以联合其他企业共同参与技术创新的活动，在利益共享的前提下实现资源的优势互补和风险共担，达到防范技术风险的目的。

4. 财务风险的识别及其防范途径

财务风险的实质是财务收益的一个相对概念，是指未来财务收益不可能实现的概率，是财务活动和经营活动过程中各种不确定性的综合反映，是中小企业风险的货币化的集中体现。财务风险包括融资风险、资金营运风险、收益分配风险。财务风险的防范途径如下。

一是增强创业者的风险意识。新企业的市场风险和经营风险最终都会在财务风险上有所体现，可以说财务是新企业经营的末梢神经。财务风险是新企业最外在的风险，也是最后的风险，因为财务风险会直接导致企业创业失败。

二是保持资产流动性。新企业应降低整体资产中固定资产的比重，缩短应收账款周转期，以保持良好的资产流动性。这样就可以防范企业的经营风险和财务风险。

三是加强财务会计制度的建设。新企业要按照科学规范、职责分明、监督制约、财务核对、安全谨慎和经济有序的原则建立严密的财务会计制度。

---

① 刘骅：《民营高科技创业风险研究》，武汉：武汉理工大学学位论文，2006年。

四是建立合理的收益分配体系。在中小企业的利益分配中，不能紧盯着自己的利益，而忽视投资者利益，少分配或者不分配股利则会挫伤投资者的热情，也会影响中小企业融资能力，甚至出现中小企业股东之间尖锐的矛盾，从而影响中小企业经营的稳定性，降低其竞争力，以致降低中小企业抵御财务风险的能力。

【案例导读】

2007 年从某工程大学电子信息专业毕业的小舒是“陕西××科技发展有限公司”的创办人。小舒和同学、朋友等 8 人筹资 7.8 万元，成立了这家环保防水手电陕西总代理公司，但公司成立 9 天后就陷入困境。当初承诺办理公司注册手续的代理公司在拿了他 1 万元后杳无音讯，一时资金短缺成了这家刚刚起步公司的绊脚石。几经周转，但是小舒还是不能摆脱资金短缺的困境，最终通知媒体，宣告公司“破产”。创业初期，资金链是创业能否长期运行的关键因素，也是各位创业者必须重视的重要问题。

（资料来源：http：//www.795.com.cn/wz/93197.html）

【案例点评】

案例中的初创公司没有对财务风险进行科学防范，最终难逃倒闭的结局。这个案例启示我们，初创公司一定要准备好风险资金，在企业走上正轨前没有一定的保障资金是比较危险的。

5. 管理风险的识别及其防范途径

管理风险就是通过风险识别、风险评估以及风险管理方案的实施，实现风险成本最小化和企业利润最大化的管理过程，中小企业面临的风险是多种多样、纷乱繁杂的。怎样才能有序地辨识中小企业的管理风险呢？纵观各时期中小企业的风险研究，中小企业的风险可以分为两大类，即不可控风险和可控风险。不可控风险指的是由于中小企业外界环境因素（自然灾害、宏观政治、经济形势变化等）的突发性变化而给企业带来的投资收益上的不确定性和投资损失的可能性；可控风险企业经营管理风险包括组织结构设置、发展战略制定、投资决策选择。对于企业而言，如何识别管理风险中的可控风险就显得尤为重要。管理风险的防范途径如下：

一是建立、健全现代企业制度。建立科学的决策和监督机制是新企业防范管理风险的前提，企业应当形成股权结构多元、股东行为规范、内部约束有效、运行高效灵活的经营机制。

二是提高员工自身素质。对新企业中高层管理人员的使用必须坚持德才兼备的用人标准，同时还应加强员工的职业道德教育和业务培训工作。

三、基于风险估计的创业收益预测

如果创业者知道未来可能呈现出多种风险，但对其出现的概率全然不知，那么在预测创业收益时，就只能根据主观选择的一些准则来进行。

（一）等可能性准则

这种方法假定各种风险状态发生的可能性是相同的，通过比较每个创业方案的收益平均值来进行创业方案的选择。在利润最大化目标下选择平均利润最大的创业方案；在成本最小化目标下，选择平均成本最小的创业方案。

比如某新企业有三种产品待选，估计销路风险状况和收益情况如表 3-9 所示，用等可能性准则选择最优产品方案。

表 3-9　收益表　　单位：万元

状态	甲产品	乙产品	丙产品
销路好	40	90	30
销路一般	20	40	20
销路差	−10	−50	−4

计算各产品在三种风险状态下的平均收益值：甲产品为 16.67 万元，乙产品为 26.67 万元，丙产品为 15.33 万元。可见，乙产品的平均收益值最大，所以乙产品为最优方案。

（二）乐观准则

如果创业者比较乐观，认为未来会出现最低的风险状况，所以不论采用何种方案均可能取得该方案的最好效果。那么决策时，就可以首先找出各方案在各种风险状态下的最大收益值，即在最低风险状态下的收益值，然后进行比较，找出在最低风险状态下能够带来最大收益的方案作为决策实施方案。仍以上个题目为例，由于甲产品最大收益为 40 万元，乙产品最大收益为 90 万元，丙产品最大收益为 30 万元，所以 90 万元对应的乙产品为最优方案。

（三）悲观准则

与乐观准则相反，创业者对未来比较悲观，认为未来会出现最高的风险状态。因此创业者不论采取何种方案，均只能取得该方案的最小收益值。所以在决策时，首先计算和找出各方案在各种风险状态下的最小收益值，即与最高风险状态相应的收益值，然后进行比较，选择在最高风险状态下仍能带来“最大收益”（或最小损失）的方案作为实施方案。仍以上个题目为例，由于甲产品最小收益为−10 万元，乙产品最小收益为−50 万元，丙产品最小收益为−4 万元，所以−4 万元对应的丙产品为最优方案。

（四）折中准则

这种方法认为应在两种极端中求得平衡。决策时，既不能把未来想象得如何光明，也不能描绘得如何黑暗。最低和最高的风险状态均有可能出现。因此，可以根据创业者的判断，给最低风险状态以一个乐观系数，给最高风险状态以一个悲观系数，两者之和为 1。然后，用各方案在最低风险状态下的收益值与乐观系数相乘所得的积，加上各方案在最高风险状态下的收益值与悲观系数的乘积，得出各方案的期望收益值。最后据此比较各方案的经济效果，作出选择。仍以上个题目为例，设销路好的系数为 0.7，销路差的系数为 0.3，通过计算得到期望收益值，如表 3-10 所示，由于乙产品的期望收益值最大，所以乙产品为最优方案。

表 3-10 期望收益表 单位：万元

状态	甲产品	乙产品	丙产品
销路好（0.7）	40	90	30
销路差（0.3）	−10	−50	−4
期望收益值	25	48	19.8

（五）后悔值准则

创业者在选定方案并组织实施后，如果遇到的风险状态表明采用另外的方案会取得更好的收益，创业者在无形中遭受了机会损失，那么创业者将为此感到后悔。后悔值准则就是一种力求使后悔值尽量小的准则。根据这个准则，决策时应先算出各方案在各风险状态下的后悔值（用方案在某风险状态下的收益值去与该风险状态下的最大收益值相比较的差），然后找出每一种方案的最大后悔值，并据此对不同方案进行比较，选择最大后悔值中最小的方案作为实施方案。仍以上个题目为例，计算后悔值，得表 3-11。由于甲产品最大后悔值为 50 万元，乙产品最大后悔值为 46 万元，丙产品最大后悔值为 60 万元，在其中再取最小的，所以 46 万元对应的乙产品为最优方案。

表 3-11 后悔值收益表

状态	甲产品	乙产品	丙产品
销路好	50	46	60
销路一般	20	0	20
销路差	6	0	0

【拓展阅读】

创业失败最常见的八大原因

一般来说，从创业初期的资金分配与调度、人才招募、营销策略、管理技巧，以及继之而来的市场潮流变化、竞争、应对策略……都有可能导致所创办的企业遭受无法继续生存的命运。以下便是创业过程中最常见的失败原因。

1. 资金短缺

创业者低估了财务上的需要，财务预算有缺失，同时在营运或生产上无法有效运用资金，因此难以创造盈余。

许多人在创业之初并没有考虑到流动资金的重要性，所以在没有足够的流动资金的前提下就贸然创业。殊不知，很多人在创业后经营不是很顺利的时候，需要坚守一段时日时，因为没有充足的流动资金而不得不提前关门。如果创业者在创业时没有充足的流动资金维持半年以上的运作，最好不要轻易去创业。

2. 市场资讯不足

包括不是真正了解潜在市场的需求量，错误预估占有率，对销售渠道和竞争对手的情况了解不清等。

许多创业者并不去了解竞争对手的经营运作情况，也不去仔细分析竞争对手的经营策略，不清楚对手下一步将有什么措施和手段。特别是不去分析双方的优劣，一味凭自己的感觉行事，到头来往往吃尽苦头。

3. 不良产品太多或不良率太高

由于不良产品太多，或者不良率太高，成本和损耗都过大，加上创业之初产品缺乏知名度，导致产品滞销，造成大量库存。

4. 错误的策略

不当的企业价值观、无效的经营管理及销售策略、对竞争者估计错误，包括创业理念与竞争策略的错误，关系到一个企业的生死存亡。一旦创业者发生较大的错误或事变时，对于初次创业者来说，造成的损失就可能是巨大的。

5. 产品淘汰率太快速

如果产品的生命周期太短，或者生产出来的产品不合潮流，产品面世不久就遭到淘汰。这种不合潮流容易被淘汰的产品，在创业之后，短期内就很可能遭到失败。

通常针对年轻人的流行产品一般都是寿命很短的，创业者一定要摸清这个规律。当某个流行产品大行其道的时候，你再去投资想分一杯羹时就要特别小心，可能你的新产品上市之时，就是该产品不再流行之时。

6. 管理不当

创业者管理经验不足，朝令夕改，常常在错误中学习，但耗费了公司的许多资源，无法建立一套合理、具弹性与有效率的制度。比如用人不当，造成不必要的内耗；比如财务制度有漏洞，让员工有损公肥私的机会；比如不重视安全生产，造成重大的人员伤亡事故等。

7. 在不恰当的时机创业

受季节因素的影响，你的创业可能遭受挫折。或者创业不久就受到国家、地方新颁布的行业管理条例限制，从而造成资源浪费或无法经营。

8. 不了解国家的有关规定

国家有规定许多的行业是不能由私营业主经营的。也有一些行业原先允许经营，因政策改变而受影响，甚至会无限期对某个行业进行停业整顿等，这些都要了解清楚。

（资料来源：http：//www.ggsgg.com/news/201208/336645.shtml）

【本章参考文献】

[1] 陈震红，董俊武. 创业风险的来源和分类[J]. 财苑，2003（1）.

[2] 张玉利，薛红志，杨俊. 论创业研究的学科发展及其对管理理论的挑战[J]. 外国经济与管理，2007（1）.

[3] 邓学军，夏宏盛. 创业机会理论研究综述[J]. 管理现代化，2005（3）.

第四章 创业资源的开发与整合

【名人名言】

工业的发展，也应该考虑到当地的资源条件。

——陈云

你自己本身就是资源，你如果不把自己当资源，你就不可能把资源聚拢过来。你必须把自己变成一个吸铁石，你才能把周围的东西都吸过来。

——俞敏洪

【教学目标】

1. 使学生了解创业资源的内涵及其类型，理解影响创业资源获取的内外因素。

2. 使学生了解创业资源开发策略，掌握创业资源开发的一般策略和资源整合策略。

3. 使学生了解创业融资分析和测算的方法，了解创业融资的主要渠道。

【教学要点】

1. 创业资源的内涵、基本类型和影响因素。

2. 大学生学会创业资源开发与整合。

3. 掌握创业融资分析、融资测算和融资渠道。

第一节　创业资源概述

【案例导读】

蘑菇里的创业与工厂里的创新

如同种子的生存离不开阳光、水分、土壤和空气一样，具有活力的创业离不开创业人群、商业机会、制度环境、良好资源等。而在创业人群中，在校大学生创业的占比正逐年增加。

“我从大二就开始进行创业实践，当过中国移动的销售员、餐厅的采购，也经营过酒吧、淘宝店等，积累了不少的创业经验。一次机缘巧合，我发现食用菌存在着很大的市场，于是毕业后就选择了回农村种蘑菇。”梁亚说。

毕业于安徽理工大学理学院的梁亚是一位“90后”创业者，在大多数同龄人还处于找工作的情况下，他已在2014年10月注册成立了淮南绿威食用菌种植合作社，自己当起了老板，并已带动了38名农村富余劳动力就业。

梁亚告诉《中国经济时报》记者，他的合作社主要采取“互联网+农民”的模式，即合作社提供给当地农民相关的食用菌培养技术，在培育出产品后，再从当地农民手中收购产品，并深加工成食用菌罐头来销售。

与许多大学生创业者一样，缺少社会经验和资源的梁亚，在创业初期也遭遇了许多难题。

例如融资问题，合作社初始投资为160万元，其中一半是梁亚大学期间的创业所得，剩余一半则是靠多方筹集，而银行贷款仅仅占10万元左右。梁亚说，虽然当前的创业扶持资金很多，但银行大多只认抵押，作为缺少资源的大学生创业者，想要在银行贷款非常困难。

所幸，虽然创业困难重重，但是相关的创业扶持同样不少。

例如，当地政府为梁亚提供了相关的创业咨询、指导服务和资金扶持，协调其租用培育食用菌所需的土地等；安徽理工大学理学院则为梁亚提供了“互联网+”的平台，帮助采购企业实现购销一体化的互动网络平台，增加其农产品附加值的同时，也使生产者和消费者能通过“互联网+”的模式来进行交流和交易。

梁亚认为，抓准了社会需求和市场，只要想创业、敢创业、能创业，在当前“大众创业、万众创新”的大环境下，即便前路坎坷，也没有理由不去试一试。

同样是“90后”创业者，毕业于皖西学院的孙益博并不像梁亚一样，在大学期间就开始进行创业实践，而是选择一边学习一边进行发明创造。仅在校期间，他就获得了40多项发明专利。

孙益博告诉本报记者，大学毕业后，他先是在一家不错的国企任职。“虽然工作轻松、福利优厚，但这样按部就班的生活毫无挑战性，我一眼就能看到我老了的样子。而在这个能拼能闯的年纪，最不应该过这种生活。”

此后，孙益博辞去国企的工作，在六安大学科技园创立了六安智奇工业设计有限公司，以专利设计、产品研发生产、工业产品设计为经营内容，致力于实现皖西地区高校和企业之间的资源互补和技术对接，增进校企合作，打造沟通桥梁。

孙益博说，在创业初期，当地政府的相关政策支持给予了他们很大帮助。例如，符合条件的企业和大学生创业团队，可享受房租减免、租房补贴、科研经费扶持、成果奖励等。当地政府还主导设立了“大学生创业扶持资金”（500 万元）、“种子资金”（2000 万元）、“天使基金”（1 亿元）等专项资金，用于对大学生创业的扶持。

此外，一些如大学生创业服务平台、投融资服务平台、人力资源服务平台、技术服务平台、中介服务平台、公共服务平台等服务体系也正在为其保驾护航。

人力资源社会保障部就业促进司创业指导处处长柴海山介绍说，中央九部门启动的大学生计划已经考虑到创业初期的教育及培训，将建立中国青年创业辅导制度，从拥有丰富行业经验的企业家、天使投资人、职业经理人当中，选拔一批有社会责任感的创业导师帮助创业者成长。

总之，在“双创时代”，创业人群逐渐向多元化发展，年龄分布也趋向年轻化。随着相关政策的不断出台，创业环境的逐步改善，在拥有好的创新思路与创业条件时，我们有何理由不去拼一拼？或许，创业创新并没有想象中的那么艰难。

（资料来源：《中国经济时报》，2015-08-03）

【案例思考】

梁亚和孙益博在创业过程中整合了哪些创业资源？

美国北森商学院蒂蒙斯教授指出，创业的三要素是资源、机会和团队。[①]资源在创业要素中是处于第一位的，是创业活动必不可少的条件。

一、创业资源的内涵

资源，属于经济学范畴，是指一个国家或地区所拥有的自然资源、社会经济资源的总和。阳光、空气、水、土地、森林、草原、动物、矿藏等属于自然资源；人力资源、信息资源、技术资源以及经过人的劳动创造的其他资源属于社会经济资源。资源是为了创造财富而投入生产活动中的一切要素。[②]

创业资源是创业者在创业过程中所拥有或所能支配的各种要素之和，这些要素能够为创业者的创业活动带来持续的竞争优势。创业者只有将这些要素进行有效组合，才能确保新创企业或创业活动持续经营发展。理解创业资源的内涵，应把握以下几个方面。

第一，创业资源具备价值性、稀缺性、不完全模仿性和持久性四个基本特征，能够

① Timmons，J A. New venture creation. 5th Ed. Singapore: McGraw-Hilh，1999.

② Hoskisson et al Strategy in emerging economy. The Academy of Management Journal, Vol. 43， No. 3. (Jun.，2000)：249-267.

为创业者带来持久的竞争优势。[①]

第二，创业资源不是仅指创业者所拥有的资源，还包括创业者所能支配的所有资源。创业，往往是创业者在没有资源或资源不充足时寻找资源、整合资源的情况下发生的。创业资源的关键在于不求“为我所有”，但必定“为我所用”。

第三，创业资源可以转化为某种满足顾客需求的产品或服务。任何创业资源，无论表现形式如何，将最终通过各种形式转化为具体的产品或服务。因此，创业者对任何有形的或无形的有用之物都必须足够重视。

二、创业资源基本类型

第一，从资源来源分，创业资源可分为自有资源和外部资源。见表 4-1。

表 4-1　创业资源按来源划分

资源类型	基本形态
自有资源	自有资金、自有技术、创业机会信息、自建营销网络、控制的物质资源、经营管理才能等
外部资源	亲戚朋友、合作伙伴或投资人的资金、空间、设备或其他原材料等

第二，从资源属性分，创业资源可分为实物资源、资金资源、人力资源、技术资源、信息资源、经营管理资源、人脉资源七种类型。见表 4-2。

表 4-2　创业资源按属性划分

资源类型	基本形态
实物资源	厂房、办公场所、经营店面、机器设备、原材料等
资金资源	用于购买半成品、原材料、机器设备、办公用品等所需资金，雇佣员工所需工资和费用等，租赁厂房、办公场所、店面等租金，支付融资费用、利息、开办费用等资金，应对经营风险所需储备金等
人力资源	生产、采购、销售、管理、财务等相关专业人才
技术资源	科学技术、工艺流程、作业系统、劳动技能、工作方法以及相应的生产设备、工具和其他物资设备，同时还包括知识产权（商标、专利、著作权、已登记注册的设计）
信息资源	外部信息：政治法律信息、政策信息、社会文化信息、科技信息、全球大环境、潜在进入者的威胁、现有企业的竞争、供应商及购买者的讨价还价能力、替代品的威胁 内部信息：企业内部的人、财、物等资源信息及经营管理现状等
经营管理资源	企业的组织结构、作业流程、工作规范、信息沟通、决策系统、质量系统、计划活动等
人脉资源	政府人脉、金融人脉、行业人脉、技术人脉、思想智慧人脉、媒体人脉、客户人脉等

① Barney，J . B.1991. Firm resource and sustained competitive advantage. Journal of Management，17(1):99-120.

三、创业资源影响因素

（一）外部因素

影响创业资源的外部因素是指那些可能会给创业带来机会或威胁的主要社会力量，主要包括政治法律因素、经济因素、社会文化因素、科技因素、市场因素五个方面。见表 4-3。

表 4-3　影响创业资源的外部因素

影响因素	主要内容
政治法律因素	社会制度、政治结构、政府政策、政治形势、法律规定、法令条文等
经济因素	社会经济结构、经济体制、宏观经济政策、生产力布局、人口因素、市场发育程度、区域经济发展水平等
社会文化因素	社会结构、人口分布、文化传统、生活方式、风俗习惯、教育水平、宗教信仰、民族特征、价值观等
科技因素	新产品的开发情况、知识产权与专利保护、技术转移与技术换代的周期、信息技术发展、国家及企业研发资源的投入比例等
市场因素	市场规模、市场供需情况、市场竞争激烈程度、竞争者与潜在竞争者的数量及质量、目标顾客群、消费者习惯、消费者购买力等

（二）内部因素

影响创业资源的内部因素主要是指项目本身对资源的影响，包括项目团队、项目价值、商业模式和共赢机制四个方面。见表 4-4。

表 4-4　影响创业资源的内部因素

影响因素	主要内容
项目团队	创业者及其团队的意志力品质、创业意愿、对待风险的态度、对待困难的态度，创业者及其团队经营管理能力、社会网络等
项目价值	项目本身是否有价值、是否有新的价值主张、创新程度高低等
商业模式	以什么样的方式获得持续营利，常见的商业模式有营利模式、免费模式、标准模式、创新模式、混业模式、上位模式、虚拟模式等
共赢机制	创业者如何构建合作共赢机制，实现各个利益相关者的利益

第二节　创业资源的开发与整合

【案例导读】

“蔺家人”深挖民族地区特色食品资源

俗话说“靠山吃山、靠海吃海”，鄂伦春自治旗位于呼伦贝尔市东北部、大兴安岭南麓、嫩江西岸，属于寒温带半湿润大陆性季风气候，四季变化显著。这样山水相连的地理环境，孕育了丰富的自然资源。鄂伦春自治旗豫蔺山产品有限责任公司成立于2006年6月，总投资1.2亿元，是一家专门从事肉制品、蔬菜干制品和食用菌制品生产的企业。拥有蔺牌野生黑木耳、猴头菇、山蕨菜等山珍，涉及5大系列78个品种。该公司遵循生态化、可持续发展的原则，更是把呼伦贝尔的独特地方资源优势完美地转化成了经济优势。

豫蔺山产品有限责任公司始终秉承“精专勤坚永续经营”的企业宗旨，严格按照食品药品监督管理部门的生产加工制度，把控生产过程，保证产品的质量安全，坚持绿色、天然的传统生产加工方式，将产品质量放在首位。法定代表人张淑兰多次提出“公司要以开发民族地区优势特色天然绿色食品资源为主”的要求。该公司以提供优质放心的产品为己任，采用现代化生产的流水线工艺及现代高效的加工设备，精选原料科学配方，确保质量。

豫蔺山产品具有内涵丰富的品质，又有浓郁的地方文化。原材料取自鄂伦春自治旗，由农户及牧民自行采摘收集，公司派出专人到户收购。加强质检团队建设、人才引进及培训制度，强化质量意识和诚信意识。为了保证采购队伍的业务能力，公司聘请高级工程师2人、中级技术人员3人，专门负责生产技术的研发和食品质量的把控工作。从原材料采购开始，自行建立跟踪档案，并实行双人签字责任制，从源头抓起，确保食品质量的第一关口。加强硬件建设：专门成立抽检实验室、出厂检验实验室、产品多项测试实验室等专业检测部门；工厂生产透明化，政府监督人员及民众随时都可进行参观指导。每出厂销售的一件产品都可以知道它的产地、生长过程，真正让顾客了解自己吃的每一份野菜来自哪里、经过哪些流程。

企业的责任就是要致力于把具有民族地区优势特色的绿色食品推荐给崇尚绿色、环保、健康的消费群体。张淑兰表示，公司生产的豫蔺山产品采用物理压缩工艺，在营养成分无流失的情况下，降低产品的体积，便于携带和储存，不仅让顾客吃得健康，更追求食以养性，注重饮食文化。

走进豫蔺山产品有限公司，可以看到多项质量体系认证。2008年，该公司通过了QS全国工业产品生产许可证，并先后被呼伦贝尔市工商联评为优秀民营企业，荣获鄂伦春自治旗人民政府、鄂伦春自治旗委员会颁发的绿色食品开发一等奖和绿色产品加工二等奖以及内蒙古（扎兰屯）第四届绿色食品交易会优秀产品奖等。

该公司在不断分析消费者消费心理的同时，深度挖掘民族地区优势特色天然绿色食品资源，2012 年 6 月公司注册“蔺家人”商标。将具有地方民族特色的豫蔺山产品文化元素植入产品的包装上，并根据不同的消费群体，设计出不同的产品包装，采取直营及网络销售同步，设市场跟进部及专职服务人员服务消费者。“我们坚持从生产环节开始就配合电商平台搞技术和服务创新，将生产、销售及品牌服务有机结合起来，从而赢得了更多消费者对之良好口碑传播效应。”豫蔺山产品有限责任公司销售部相关负责人介绍。

该公司深刻认识到新型电商的消费者需求比传统市场需求更加挑剔，因此在苦练自身基本功的同时不断增强对消费者的专业服务能力，提高品牌的信赖度，培养忠诚的客户群体。年轻而充满活力的豫蔺山产品在当地食品监管部门的严格监管和配合下，正插上电商翅膀，让千年山珍再放异彩。

（资料来源：《中国食品安全报》，2016-04-19，http：//paper.cfsn.cn/content/2016-04/19/content_37258.htm）

【案例思考】

“蔺家人”创业是如何开发利用民族地区资源的？

一、创业资源开发策略

创业需要资源，即使在经济发展相对落后的地方，也蕴藏着十分丰富的各类资源。下面以在民族地区创业为例，介绍大学生开发创业资源可采取的策略。

（1）依托民族地区丰富的自然资源进行创业。民族地区在自然资源上具有较大的优势。据统计，内蒙古的天然气、煤炭、铬矿、铜矿、铅矿和锌矿在全国排名都是前三位。广西的锰矿、钒矿和铝土矿分别占全国的 41.03%、19.54%和 45.84%，其中锰矿和铝土矿为全国第一。贵州的锰矿和铝土矿非常丰富。云南的有色金属极其丰富，铜矿、铅矿、锌矿分别为全国的第三、第二和第一位。西藏的铬矿占全国的 42.89%，位列全国第一。新疆的石油、天然气、煤炭分别占据全国的 16.94%、21.29%和 6.63%，分别排在全国的第一、第二和第三位。[①]大学生由于资金、经验、技术等方面存在欠缺，直接开发自然资源困难很大，但可以依托这些丰富的自然资源进行创业，如为当地自然资源的开发提供物流、技术改进、环境保护、人员培训、设备维护保养等方面的配套服务，为从事自然资源开发工作的工作人员提供医疗保健、休闲娱乐、学习成长相关产品和服务等。

（2）依托民族地区丰富的人口资源进行创业。民族地区人口资源丰富，具有明显的特征：第一，民族地区教育水平普遍不高，大学生可在科学文化知识培训、劳动技能培训、民族文化传承培训等方面进行创业；第二，民族地区医疗保健条件较差，大学生可在医疗、保健、卫生、营养等方面进行创业；第三，民族地区人们普遍能歌善舞，且

① 数据来源：国家统计局，http://data.stats.gov.cn/easyquery.htm?cn=C01&zb=A010502&sj=2013。

熟悉民族手工艺、民族文化艺术、民族文化传统，大学生可发掘民族地区的这些优势进行创业。

（3）依托民族地区丰富的民族文化资源进行创业。民族地区有着数量众多、保护较好、表现形式多样的民族文化资源。青海的五凉文化、西藏古格王国文化、内蒙古成吉思汗文化、云南古滇文化、四川巴蜀文化、湘鄂渝黔苗土文化等民族文化成为民族地区独特的民族文化优势。陕西、四川、云南、贵州、广西、内蒙古、新疆、青海、西藏等省区的特色文化产业已经成为当地发展的重点，正逐步显现出巨大的市场空间和广阔的发展前景。大学生可在民族文化的开发、保护、传承等方面进行创业，也可以在发展旅游展现优秀民族文化方面进行创业，还可以在开发民族文化派生出的产品和服务方面进行创业。

（4）依托民族地区丰富的旅游资源进行创业。民族地区各省市区都有不同类型的旅游资源分布，自然景观与人文景观交相辉映。据统计，我国 5 个民族自治区分布了世界遗产地 14 个、5A 级景区 677 个、国家重点风景名胜区 66 个、优秀旅游城市 85 个、国家级自然保护区 136 个、国家森林公园 113 个、国家地质公园 69 个、国家湿地公园 24 个、国家水利风景区 98 个、国家重点文物保护单位 591 个、国家历史文化名城 30 个。① 大学生可直接开发当地的旅游资源进行创业，也可以开发富有民族地区特色的旅游纪念品、旅游服务产品进行创业。

二、大学生创业资源开发一般策略

（1）广交朋友，开发人脉资源。第一，平时要注意人脉资源的积累，不要等到事到临头了才想到找人帮忙。今天是你的朋友，明天可能就是你的客户。第二，人脉资源可以通过合作、交流、关心、帮助、友情、亲情等进行维护和巩固，不去维护就会变得疏远。第三，要学会通过朋友去认识更多的朋友。第四，要积极参加各种社交活动、公益活动、社团活动，在活动中广交朋友。第五，人脉资源要注重质量，而不能只一味追求数量，要多结交有“正能量”的人。

【拓展阅读】

一个推销员拜访一位成功人士，问他：“您为什么取得如此辉煌的成就呢？”成功人士回答：“因为我知道一句神奇的格言。”推销员说：“您能说给我听吗？”成功人士说：“这句格言是：我需要你的帮助!”推销员不解地问：“你需要他们帮助你什么呢？”成功人士答：“每当遇到我的客户时，我都向他们说：我需要您的帮助，请您给我介绍 3 个您的朋友的名字，好吗？很多人答应帮忙，因为这对他们来说只是举手之劳。”闻听此言，推销员如获至宝，他按照那位成功人士的经验，不断地复制“3”的倍数，数年之后，他的客户群像滚雪球一样越滚越大，通过真诚的交往和不懈的努力，他终于成为美国历史上第一位一年内销售超过 10 亿美元寿险的成功人士，他就是享誉美国的寿险推

---

① 邓光奇：《民族地区旅游资源的空间分布结构分析》，《北方民族大学学报》，2013(6)。

销大师甘道夫。

（资料来源：李家华、郑旭红、张志宏主编：《创业有道大学生创业指导》，高等教育出版社，2011：66）

（2）开源节流，开发资金资源。“开源”，可通过利用寒暑假、双休日等课余时间打短期工、兼职、做小生意等方式赚钱；“节流”，意味着不该花的钱坚决不花，能少花的钱尽量少花，养成良好的节约习惯。

（3）收集整理，开发信息资源。创业者了解分析竞争对手、政府、行业、合作伙伴、客户等的信息，才能做到“知己知彼，百战不殆”“有的放矢”。一方面，可以通过自身的观察、体验、感受、实验和调查获得直接信息；另一方面，可通过阅读书籍报刊、听广播看电视、浏览网站、阅读微信微博等获得间接信息。

（4）实践实习，开发经验资源。大学生要通过参加社会实践和实习等途径积累创业经验和行业经验，如机会识别与评估、资源获取、公司组织化、行业规范和规则、供应商和客户网络等。

三、创业资源整合

（一）资源整合内涵

所谓资源整合，是指通过对原有资源体系的重新构造和配置，获取新的或更多的资源，或使现有资源发挥出新的更大的作用，从而达到形成新的核心资源体系的目的。资源整合是一个识别——获取——配置——利用的循环过程，见图 4-1。

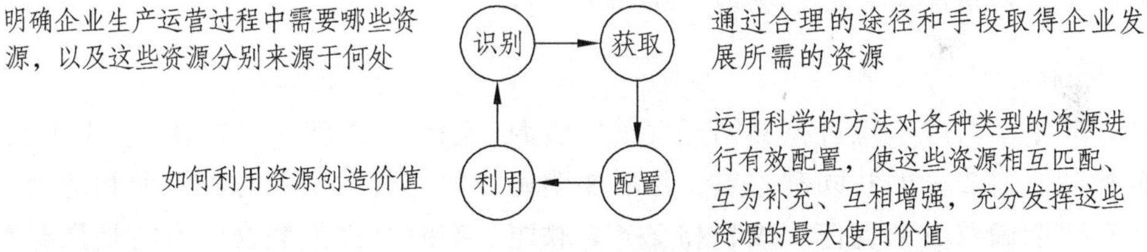

图 4-1　资源整合的循环过程

资源整合的关键在于构建一个能实现长期合作互惠、共同发展的共赢机制。第一，要准确地识别出利益相关者及其利益。利益相关者既可以是具有共同利益的人，也可以是利益互补之人。不同的利益相关者，他们的利益要求是不一样的，如银行贷款要求的是利息回报，而风险投资家要求的低风险高收益，股权人要求的是股份收益。第二，要明确利益相关者各自的利益该如何实现，如双方出资各占多少比例、利润如何分成，投资回收期有多长、投资收益有多大。同时，有利益分配比例问题，还有利益分配先后问题、责权利匹配问题等。第三，要构建一个长期合作的长效机制。能否实现长期合作，一是看利益分配是否合理，二是看是否建立起了长期合作的信任关系。信任既建立在情感交流之上，也建立在制度的保障性之上。

【拓展阅读】

借力修天桥

国际商场是天津市第一家上市公司，邻南京路，是一条十分繁忙的主干道，对面就是繁华的商业街。在国际商场开业时，门口并没有过街天桥，行人穿越南京路很不方便，也不安全。应该修天桥！估计经过那里的人都会产生这样的想法，但政府一直没有行动。

有一天，一个年轻人没有认为这是政府该干的事情。他找到政府商量，提出用自己的钱修天桥，但政府要允许他在天桥上挂广告牌。

不花钱还让老百姓高兴，政府觉得不错，就同意了。这个年轻人拿到政府批文，立即想到找可口可乐那样的大公司洽谈广告业务。

在这样繁华的街道上立广告牌，这是大公司求之不得的事情。很快，这个年轻人从大公司那里拿到广告的定金。他用这笔钱修建了天桥还略有剩余。天桥修建好了，广告也挂上了，年轻人从大公司那里拿到余款，获得了第一桶金。

（案例来源：http：//www.chinavalue.net/Management/Article/2008-7-6/122973. html）

（二）创业资源整合途径

1. 购买

绝大部分的外部资源可以通过市场交易的方式获得。一种是支付全款获得该资源的所有权，如购买机器设备、原材料、专利、技术等；另一种是支付部分款项获得该资源的使用权，如租赁厂房、办公场地、雇佣员工等。

2. 联盟

联合其他个人或组织进行共同开发某项资源，这种方式就叫“联盟”。要实现联盟，首先要找到联盟双方的共同利益点，然后要明确如何实现联盟双方的资源和能力的优势互补，还要明确双方的责任、权利和义务。联盟，有时是强强联合，有时是强弱互补，关键是要实现双方的优势互补。

3. 资源吸引

创业者通过有价值的商业创意、全新的商业模式、优秀的创业团队、吸引人的发展前景等吸引他人或组织机构投入资源，如风险投资、天使投资就是属于资源吸引。还有些创业者频繁参加各类创业比赛，这也是提高关注度和吸引资源的一种有效途径。

（三）创业资源整合策略

1. 步步为营策略

创业者分多个阶段投入资源，并在每个阶段或每个决策点投入最有限的资源，这种做法被称为“步步为营”。步步为营策略有两个明显的优势：一是降低经营风险，二是降低管理成本。如创业之初不先购买或租赁自己的办公场所，而是到各类创业孵化基地寻求免费或低价办公场所；有些创业者创业之初并不雇佣正式员工，而是雇佣一些临时工或实习生。各地方往往会有很多非常优惠的创业政策，大学生选择创业地点就可以采用步步为营策略，首先选择某个地区，然后向周边辐射。

2. 变废为宝策略

创业者将别人淘汰的、废弃的、认为没有用的资源经过自己的重新改造之后再进行利用，即“变废为宝”。由于人们认识不到位，欠发达地区非常多的优质创业资源被废弃，大学生创业应将这些“宝贝”捡起来，如中医药、传统手工艺、地方文化艺术等。

3. 资源拼凑策略

学会拼凑，要学会将就使用，旧的能用不买新的，小的够用不买大的，能共同使用的坚决共享，所谓“缝缝补补，新三年旧三年”。学会拼凑，要学会将零散的资源系统化，个别零散的资源可能没有任何作用，但将他们收集整理起来可能是一笔宝贵的财富。学会拼凑，要学会对现有资源加入新的元素，改变它们的结构，使之发挥出新的价值出来。大学生在创业过程中应将当地的自然资源、人口资源、文化资源、旅游资源等整合起来。

4. 资源杠杆策略

发挥资源的杠杆作用，一是可以用一种资源弥补另一种资源，机器设备不足时可以用人力来弥补，经营管理困难时可聘请专业的管理人才；二是可以用一种资源撬动和获得其他资源，出让技术可以获得资金，出让股权也可以获得资金，宝贵的人脉资源可以获得意想不到的收获；三是可以发挥资源的多重效用，如一个综合性人才既懂技术又会管理。当然，最容易产生杠杆效应的是创业者、创业者团队及其所拥有的人力资本和社会资本。人力资本包括创业者、创业者团队的受教育背景、知识技能、以往的工作经验及个性品质特征等。社会资本主要是指创业者及其团队所拥有的社会关系。例如，创业地区人力资源受教育程度不高，因而大学生在组建创业团队及雇佣员工时，就要注意内外结合，既要聘请懂技术、懂管理的专业人才，也要聘请对当地熟悉的本土人才，既要外聘，也要内部培养。

5. 稳定调整策略

创业者对已有资源进行细微调整和小范围的变动来保持企业核心资源的稳定性的方式，称为“稳定调整”。稳定调整策略是基于现有资源和能力基础而进行的一种稳健改进的方法，如创业者逐步调整股本结构、人员结构、管理模式等。大学生创业应根据当地政府政策的调整、创业资源的变动、人们需求的变化、风俗习惯等情况进行及时调整。

6. 细化丰富策略

创业者通过企业不断学习新的知识、技能或者得到新的资源来提高原有资源的丰富程度，这种方法称为“丰富细化”。丰富细化的方式既包括整合原有的资源，也包括获取新的资源，但手段上更偏向于扩展和细化。如技术出身的创业者学习企业管理知识，雇佣专业技术人才充实各个工作岗位等。

第三节 大学生创业融资

【案例导读】

创业咖啡屋

仝鑫和李艳是某高校的大二学生，两人合伙租用了一间学校的空房，开了间“创业咖啡屋”。咖啡屋每月的租金1000元，装修费用5000元，需购买一台价值13824元的咖啡机、3000元的咖啡桌椅和一个小展示柜、1500元的咖啡壶、2580元的咖啡杯，咖啡屋从装修到正式运营需要1个月的时间。开办咖啡屋之前创业者要参加相应的培训，二人的培训费合计2000元。

咖啡屋的顾客基本上为在校学生。

咖啡屋每天开业六小时，由两人轮流值班。根据市场调查，二人估计前3个月每天平均可以出售80杯原味咖啡，每杯30ml的原味咖啡售价5元，成本2元（其中，材料成本1.55元）。此后，随着咖啡屋名气的上升和更多学生的认可，顾客量会有较快增长，估计销售的咖啡数量可以达到平均每天100杯原味咖啡。同时，创业者会增加咖啡种类，在出售原味咖啡的同时出售卡布奇诺咖啡等新的产品品种，预计卡布奇诺咖啡的平均售价为12元，每杯的成本大约4元（比原味咖啡多出的2元成本为添加的牛奶等辅料的成本），每天大约可销售20杯。

创业者每人每天的工资为60元。

每月的宣传费用在100元左右。

为鼓励学生的创业实践，学校免收咖啡屋的水电等其他配套费用。

为了保证咖啡屋业务的正常开展，二人决定雇佣两名同学帮其负责咖啡屋业务的宣传及卫生等事项，两名雇员的工资合计为每月1000元。在开业之前需购入第1个月所需的生产咖啡的原材料，需要资金大约4000元。

创业资金有以下渠道可供筹集：两位创业者自己出资，创业者要求的投资报酬率为8%；也可以选择小额贷款筹集资金，贷款的年利率为5%。

（资料来源：刘帆：《大学生创业指导教程》，中国传媒大学出版社2009年版）

【案例思考】

案例中两位创业者创办的咖啡屋要正常运营并实现盈利的话，共需要筹集多少资金？他们该作出怎样的筹资决策？

大学生创业尤其需要科学的融资方式。从整体上说，欠发达地区金融资产总量小，来源少，资金缺口大，资金结构性供需矛盾突出，融资品种与渠道单一，融资风险大，金融机构、投资机构积极性不高，金融约束与金融抑制现象严重。

一、创业融资分析与测算

（一）创业融资分析

1. 融资成本

创业者“求金若渴”，往往会忽视融资成本，或重视程度不够，而导致融资失败，即使融资成功，也会导致资金成本过高而造成利润的流失，有时直接导致资金链断裂。见图 4-2。

融资成本
- 资金成本：筹集资金和使用资金所产生的费用
- 时间成本：融资等待过程所造成损失
- 信用成本：因创业者需他人提供担保、质押等条件才能获得资金而付出的
- 交易成本：融资过程中信息整理、协商、谈判、签约、监督资金发放等活动所产生的费用

图 4-2　融资成本构成

2. 融资方式与融资风险

创业融资主要有股权融资和债权融资两种方式。不同的融资方式，融资风险的表现形式不同，风险大小也不一样。一般来说，还本付息风险从小到大顺序一般为：股票融资、财政融资、商业融资、债券融资、银行融资。见表 4-5。

表 4-5　融资方式及其风险

融资方式	形式	风险
股权融资	个人出资、政府有关部门投资、吸收直接投资、与其他企业合资、吸引投资基金以及公开发行股票等	企业控制权的改变或丧失
债券融资	发行债券、银行借贷等	破产

3. 融资能力

影响创业企业融资能力的因素主要有企业自身因素、资金供给方因素和市场环境因素。见表 4-6。

表 4-6　影响创业企业融资能力的主要因素

影响因素	表现形式
企业自身因素	创业企业的信用状况、资产规模、财务状况、创新能力、组织形式及管理团队的素质，所需资金的用途，投资项目的风险的大小，资金需求规模及时机，有无担保方及担保方的实力等

续表

影响因素	表现形式
资金供给方因素	资金来源、提供资金的期限、偿还方式、融资方式的成本与风险、组织形式及合作合作意愿等
市场环境因素	经济发展程度、制度政策环境、为供需双方提供各种服务的中介机构等

（二）创业融资测算

创业者进行融资，首先就是要进行融资测算，确定合理的融资规模。资金不足会影响创业活动的正常进行；资金过剩则会影响资金的使用效果，增加融资成本，增大财务风险。所以，创业者应根据创业活动的实际需要，按照合理、节省的原则，确定融资总额，做到既保证创业活动的顺利进行，又不造成资金的浪费。

1. 测算启动资金

启动资金可分为运营前支出和运营前期支出两类。运营前支出是指企业筹备到正式运营期间所必须支出的资金，包括建设或租赁厂房、购买机器、购置办公设备、企业开办费、开业前的广告宣传费用等；而运营前期支出是指企业从开始运营到营利能弥补开支期间所必须支付的资金，包括材料费、工资福利费、销售费、设备维修费、水电费、保险费、税收、工商管理费等很多项目，一般预算期限为 6 个月。将所有运营前支出和运营前期支出用表格形式一一列举，是一种有效而合理的方法，见表 4-7。

表 4-7 创业启动资金预算表

项目	开业	第1个月	第2个月	第3个月	第4个月	第5个月	第6个月
建设、租赁厂房							
购买、租赁机器							
办公设备							
装修费							
开业前宣传							
企业开办费							
产品研发费							
材料费							
创业者工资							
员工工资							
设备维修费							
办公费							
销售费用							
保险费							

续表

项目	开业	第1个月	第2个月	第3个月	第4个月	第5个月	第6个月
水电费							
公关费用							
管理咨询							
……							
合计							

其中，企业开办费主要包括企业注册登记费、营业执照费、市场调查费、咨询费和技术资料费等，可以根据相关部门收费标准或参考同行业情况进行测算；销售费用包括产品销售过程中发生的各种费用，主要包括广告宣传、销售人员佣金、运输费、装卸费、储存费、各种促销费用等，可以根据预测的销售量和制订的销售计划，按照相关收费标准进行测算加总。

2. 编制财务计划

企业的可持续发展要求合理地预测利润和控制成本，即编制合理的财务计划。一般以资产负债表、损益表、和现金流量表来编制财务计划。资产负债表是反映某一时期创业企业全部资产、负债和所有者权益的情况，用于评价和预测创业企业资本结构和偿债能力，见表 4-8。损益表主要反映企业在一定时间内生产、经营的收益和成本费用情况，用于评价企业的生产经营成果，见表 4-9。现金流量表是反映企业在一定时期内现金流入和现金流出动态状况的报表，主要反映企业经营活动、投资活动和筹资活动对企业现金流入流出的影响，见表 4-10。编制财务计划表格，既是为创业者融资和使用资金提供依据，也是为投资者提供评价投资风险、投资收益的依据。

表 4-8　资产负债表

项目	初期	第一年	第二年	第三年
一、流动资产				
货币资金				
应收账款				
存货				
其他				
流动资产合计				
二、固定资产				
固定资产总值				
减：累计折旧				
固定资产净值				
资产合计				

续表

项目	初期	第一年	第二年	第三年
三、流动负债				
应付账款				
应付税金				
其他应付款				
流动负债合计				
四、长期负债				
负债合计				
所有者权益				
负债和所有者权益总计				

表 4-9　损益表

项目	第一年	第二年	第三年
一、销售收入			
减：销售成本			
二、销售利润			
减：销售与管理费用			
减：折旧			
三、税前利润			
减：所得税			
四、净利润			

表 4-10　现金流量表

项目	第一年	第二年	第三年
一、经营活动产生的现金流量：			
销售商品、提供劳务收到的现金			
现金流入小计			
购买商品、接受劳务支付的现金			
支付给职工以及为职工支付的现金			
支付的各项税费			
支付的其他与经营活动有关的现金			
现金流出小计			
经营活动产生的现金流量净额			
二、投资活动产生的现金流量：			
购建固定资产所支付的现金			

续表

项目	第一年	第二年	第三年
投资活动产生的现金流量			
三、筹资活动产生的现金流量：			
吸收权益性投资所收到的现金			
现金流入小计			
分配股利所支付的金额			
现金流出小计			
筹资活动产生的现金流量净额			
四、现金流量净额			

二、大学生创业融资渠道

（一）自筹资金

自筹资金包括创业者个人打工积蓄、家庭积蓄、亲友借款等。创业者在创业初期的资金来源，80%来自个人家庭积蓄或亲戚朋友借款。其优势在于向亲友借钱一般不需要承担利息，资金成本小、速度快、风险小。向亲友借款时，创业者也应该遵循市场经济游戏规则，以法律规定的形式和途径来规范自己的融资行为，保障各自利益，避免不必要的纠纷和损失。

（二）融资租赁

融资租赁是指通过租赁如机器设备等长期性、价值高的资产的方式来维持生产或扩大发展，资产所有权可转移，也可以不转移。融资租赁可取得急需资产的使用权，解决了创业之初资金紧张的困境，是一种门槛较低的融资方式，特别适合资金规模小、设备使用价值高的创业企业。

（三）银行贷款

目前，银行贷款有抵押贷款、担保贷款、信用贷款、贴现贷款等多种方式。银行贷款主要是建立在创业者的信用积累和偿还能力之上，需要创业者提供抵押、担保或保证，并且能证明自己有足够的偿还能力。抵押可以是土地、房屋等不动产抵押，也可以是股票、国债、企业债券、金银珠宝等可动产抵押，担保可以是自然人和专业担保公司担保。同时，银行贷款除了到期要归还本金之外，还需要按月支付利息，因而对创业者的资金管理能力要求较高。

（四）风险投资

风险资本的投资对象一般是处于创业期未上市的新兴中小型企业，尤其是高新技术产业。风险投资不仅为企业提供资金，还提供金融、管理等方面的增值服务。苹果电脑、Google、雅虎等显赫的上市公司都曾成功获得过风险投资的支持。风险投资希望获得高风险投资的高回报，因而对目标企业的考察非常严格。据不完全统计，风险资本所接触的企业中只有 2%~4%能最终获得资金。一般来说，风险投资家首先看重的是创业者及其团队的素质和结构，然后是创业项目本身的价值主张、盈利模式等。

【拓展阅读】

在我国较著名的风险投资

名称	主要投资领域	主要成功案例
IDG技术创业投资基金	软件产业、电信通信、信息电子、半导体芯片、IT服务、网络设施、生物科技、保健养生	腾讯、搜狐
软银中国创业投资有限公司	IT服务、软件产业、半导体芯片、电信通信、网络产业	阿里巴巴、盛大
红杉资本中国基金	网络、通信、数字娱乐、IT、传媒、医疗健康、环保、新能源、保险、动漫产业、生物科技	甲骨文、思科
高盛亚洲	为企业、金融机构、政府、高净值个人等各领域的众多客户提供一系列金融服务	双汇集团
摩根士丹利	医疗、信息	蒙牛
美国华平投资集团	消费、工业和服务、能源、金融服务、医疗保健以及技术、媒体和电信	哈药集团、国美电器
鼎辉资本	日用消费、网络产业、电子通信、环保节能	南孚、蒙牛
联想投资有限公司	软件产业、IT服务、半导体芯片、网络设施、网络产业、电信通信	科大讯飞、人人网
浙江浙商创业投资股份有限公司	电子信息、环保、医药化工、新能源、文化教育、生物科技、新媒体	华数传媒、贝因美

（五）天使投资

天使投资其实也是风险投资的一种，是自由投资者或非正式风险投资机构，对处于构思状态的具有专门技术或独特概念的原创项目或小型初创企业进行的一次性前期投资。天使投资资金来源大多是民间资本，如曾经的创业者、大型高科技公司或跨国公司的高级管理者等。天使投资的门槛较低，有时即便是一个创业构思，只要有发展潜力，就能获得资金。目前，我国专业的天使投资机构并不多，九合创投、真格基金、天使湾创投等是其中的优秀代表。

【拓展阅读】

2019 年度中国天使投资人 TOP30

投资人	机构名称	投资人	机构名称	投资人	机构名称
王啸	九合创投	曾李青	德迅投资	田江川	初心资本
徐小平	真格基金	吴运龙	零一创投	李浩	中科创星
赵贵宾	凯风创投	祁玉伟	接力基金	王淮	线性资本
王东晖	阿米巴资本	李竹	英诺天使	甘世雄	盛山资产
陈向明	银杏谷资本	李祝捷	不惑投资	高燃	风云资本
张野	青山资本	郑靖伟	靖亚资本	谭群钊	丰厚资本
王明耀	联想之星	吴世春	美好创投	李侃	风物资本
蒋舜	盈动资本	方爱之	真格基金	李论	熊猫资本
胡明烈	远瞻资本	庞小伟	天使湾创投	黄维	合鲸资本
董占斌	青松基金	凌代鸿	旦恩资本	孙敬伟	腾业创投

（资料来源：https：//xueqiu.com/7410422581/135872046）

（六）政府机构扶持基金

各级政府为了优化产业结构，鼓励创业，支持新创企业的发展，提供了大量的政策性支持，利用包括财政补贴、优惠贷款、税收优惠、专项基金等方式为创业企业提供支持。如针对大学生创业的创业小额贷款（如共青团中央和国家开发银行联合推出的“中国青年创业小额贷款项目”）、小额担保贷款、针对科技型中小企业的创新基金（如国家的“863 计划”“973 计划”“星火计划”“火炬计划”等）、鼓励青年创业推出的 YBC 基金项目等。

【拓展阅读】

我国政府创业投资引导基金相关政策列表①

政策文件	发布时间	发布单位	基本内容
《创业投资企业管理暂行办法》	2005年11月	中央十部委	规定国家与地方政府可以设立创业投资引导基金，通过参股和提供融资担保等方式扶持创业投资企业的设立与发展

① 朱文莉，刘思雅：《政府创业投资引导基金发展现状、问题及对策》，《会计之友》，2014(2)。

续表

政策文件	发布时间	发布单位	基本内容
《财政部国家税务总局关于促进创业投资企业发展有关税收政策的通知》	2007年2月	财政部 国家税务总局	规定创业投资企业采取股权投资方式投资于未上市中小高新技术企业2年以上（含2年），凡符合条件的，可按其对中小高新技术企业投资额的70%抵扣该创业投资企业的应纳税所得额
《科技型中小企业创业投资引导基金管理暂行办法》	2007年7月	科技部 财政部	规定引导基金通过引导创业投资行为，支持初创期科技型中小企业的创业和技术创新。其中创业投资引导基金阶段参股方式的启动对科技金融创新具有非常重要的示范意义
《关于创业投资引导基金规范设立与运作的指导意见》	2008年10月	国家发改委 财政部 商务部	从17个方面明确了引导基金设立的性质和宗旨，设立和资金来源，运作原则和方式，管理及对引导基金的监管和引导，对政府引导基金各方面的问题都作出了规范

湖南青年创业就业基金会
大学生创业专项扶持资金管理使用办法

第一条　湖南省大学生创业专项扶持资金由省人民政府设立，专项用于扶持大学生创业工作。为加强专项资金的管理，保证专项资金使用的科学、合理、公开、公正，切实提高专项资金的使用效益，根据《国务院办公厅关于加强普通高等学校毕业生就业工作的通知》（国办发〔2009〕3 号）和《湖南省人民政府办公厅关于加强普通高等学校毕业生就业工作的通知》（湘政办发〔2009〕24 号）精神，制定本资金管理办法。

第二条　大学生创业专项扶持资金的使用分配将主要考虑以下因素：

（一）大学生开展创业的行业分布情况。

（二）大学生在创业就业领域所需帮助的类型和特点。

（三）大学生中各类典型性群体的群体需求。

（四）服务大学生创业就业项目的投入产出效能评估。

第三条　大学生创业专项扶持资金的使用方向。专项资金坚持专款专用的原则，在下列范围内使用：

（一）用于为大学生创业提供项目资金扶持。

（二）用于为大学生创业领域的各类培训项目和相关服务项目提供资金扶持。

（三）用于为大学生创业园和创业孵化基地的培育和建设提供资金扶持。

（四）用于为大学生创业领域的各类金融服务项目提供资金扶持。

第四条　大学生创业专项扶持资金扶持对象。

专项扶持资金主要用于为湖南省辖区内普通高校毕业生，包括毕业两年以内的本专科生、研究生和湖南省外普通高校毕业两年以内、并为派遣回湘的湘籍全日制本专科毕业生、研究生的创业就业活动提供扶持。

申请大学生创业扶持资金的对象应同时具备以下条件：

（一）品学兼优，具有一定组织协调能力、科技创新能力和自主创业能力。

（二）申请项目符合国家产业导向，具有一定的技术先进性和开发价值，市场前景较好。

（三）依法登记并取得工商管理部门核发的经营许可，具有健全的财务规章制度和固定的营业场所，担任所创办企业的法人代表。

（四）无不良信用和违法记录。

申请大学生创业扶持基金的对象不能在省、市州重复享受相关政策。

第五条　对城镇零就业家庭、低保户家庭、残疾人家庭和农村贫困家庭高校毕业生自主创业项目，给予重点扶持。

对具有自主知识产权、节能降耗、出口创汇和劳动密集型的创业项目给予优先支持。

第六条　专项资金的支持方式

专项资金采用无偿资助的支持方式进行。

第七条　专项资金的扶持标准

（一）对于大学生自主创业项目，根据创业项目的经济和社会效益、科技含量、市场前景等择优扶持，确定扶持额度。项目须经各市州团委、省直团工委、高校团委推荐报送，项目所在市州劳动部门审查确认，报湖南青年创业就业基金会终审后一次性拨付。

1. 从事个体经营的大学生，单个项目资金扶持额度不超过 3 万元。到基层担任大学生村官和选调生立足派驻地开展创业的，单个项目资金扶持不超过 5 万元。

2. 大学生或大学生创业团队创办企业的，单个项目资金扶持额度一般不超过 20 万元。大学生或大学生创业团队自筹资金比例不得低于项目扶持金额的 30%。项目实施周期一般不超过 2 年。

3. 大学生自主创业的科技项目获得国家和省有关部门资助资金的，按上级部门资助金额 30% 的比例给予配套扶持，一般不低于 3 万元，最高不超过 20 万元。对获得国家和省有关部门立项的项目或创新成果但未获得资金支持的，给予 5 至 10 万元的一次性资金扶持。

4. 鼓励大学生以创业项目为平台积极争取国家和省各种资金支持，争取社会风险投资和银信机构融资。专项资金按照所争取资金或融资总额 30% 的比例给予支持（单个项目最高不超过 20 万元），帮助创业主体降低融资风险。

（二）对于大学生创业各类培训，由各市州团委、省直团工委、高校团委将计划开展的培训项目报湖南青年创业就业基金会确认后，根据实施情况，实行据实拨付。

1. 市州团委、省直团工委组织大学生创业培训班；选拔和培训创业项目带头人；招募和培训服务大学生创业的志愿者，组织创业经验交流活动所需经费，由专项资金给予据实补贴。

2. 湖南省内普通高校组织有创业意愿和创业能力的在校大学生参加创业培训，按参与培训的大学生人数由专项资金给予据实补贴。

（三）对于大学生创业领域的各项金融服务，根据金融机构所提供的大学生创业贷款数额，给予一定额度的贴息支持。

对符合条件的大学生创业者在团组织帮助下实现的青年创业贷款项目，且贷款项目运行满一年的可提交贴息支持申请。湖南青年创业就业基金会将审核相关合同文件和证明材料，召开评审会议确定贴息支持项目和额度，大学生创业金融贴息补助将一次性发放，单个项目贴息额度最高不超过 5 万元。

第八条　专项资金的申请与拨付

湖南青年创业就业基金会根据拟定的大学生创业扶持项目开展情况，制定专项资金使用计划。在专项资金使用计划内受理大学生创业领域各项资金扶持的申报。专项资金实行按项目受理和审核的工作机制。在同一年度内，同一资金申请人原则上只能申请一个资金扶持项目、一种支持方式。

（一）大学生创业扶持资金的申请与拨付。

大学生创业扶持资金申请人须填写《湖南省大学生创业扶持资金申请表》（以下简称《申请表》），提供创业计划书、申请专项资金使用计划、申请人的投入资金有效证明、资本及其相关证明和其他所需材料。

大学生毕业离校后 2 年内在大学生创业园（高新技术开发区或科技园等）内创业的，其专项资金申请材料提交企业创办所在地园区管委会，经园区管委会初审签署意见后，由园区管委会提交所在市州团委或省直团工委、高校团委和劳动部门审核。在其他地方创办企业的，其专项资金申请材料提交所在地街道或行业主管部门初审签署意见后，由本人提交所在市州团委或省直团工委、高校团委和劳动部门审核。

湖南青年创业就业基金会将组建大学生创业项目评审专家库，组织专家对申报的项目进行评审，确定扶持项目。评审出的项目向社会公示后，与创业项目扶持资金申请人签订专项资金使用协议书，再由基金会将扶持资金拨付至申请人提供的银行账户。

（二）大学生创业培训扶持资金的申请与拨付。

申请组织大学生创业培训扶持资金须提前申请立项，并报送培训服务计划和经费支出明细，由湖南青年创业就业基金会审定后开展。培训结束后，由市州团委、省直团工委、高校团委上报申请审批文件、培训计划、学员名单、经费支出明细表、学员创业培训合格证明等凭证资料，经基金会验收合格后，将扶持资金拨付至相应银行账户。

（三）创业园及创业孵化基地建设扶持资金的申请与拨付。

凡经团省委、湖南青年创业就业基金会认定的大学生创业园及创业孵化基地申请扶持资金，由其创办者提交资金申请报告、园区（基地）相关资料、市州劳动部门和团组织证明材料、吸纳大学生创业人数等申请材料，向湖南青年创业就业基金会提出扶持资金申请。经审核后，由基金会将扶持资金拨付至创办者提供的银行账户。

（四）金融贴息项目资金的申请与拨付。

大学生创业金融贴息项目申请人必须填写《湖南省大学生创业基金金融贴息项目申请表》，提供项目计划书、贷款合同、本年度贷款利息支付凭证及相关证明材料。

金融贴息项目需提交创业园区（街道、乡镇）或行业主管部门签署初审意见，贷款发放金融机构签署审核意见，再提交所在市州团委（省直团工委、高校团委）、工商、人社部门审核。

湖南青年创业就业基金会将组建大学生创业贴息项目评审专家库，随机抽取专家召开评审会议确定扶持项目，并根据其产业和需要确定资助额度，评审出的项目向社会公示后，由基金会将资金拨付至申请人或企业的贷款银行账户，专项用于贷款利息支付。

第九条 专项资金的使用管理

专项资金使用必须遵守国家和省有关法律、法规和财务管理规章制度，遵循“突出重点、讲究效益、科学规范、专款专用”的原则。

湖南青年创业就业基金会负责确定专项资金的年度支持方向及重点，负责受理专项资金的申请、审批、监督、检查等日常工作，对专项资金扶持对象进行跟踪、指导和管理。省财政厅、省人力资源和社会保障厅、共青团湖南省委将按年度对专项资金的使用进行检查和审计。

第十条 专项资金的监督管理

专项资金扶持对象必须按照本办法的有关规定，严格专项扶持资金的使用，确保专款专用。任何单位和个人不得以任何形式、任何理由截留、挪用专项扶持资金。在资金使用年度内，专项资金扶持对象必须定期向湖南青年创业就业基金会上报年度资金使用情况报告、财务报告、工作进展情况，自觉接受管理和监督。专项资金扶持对象违背协议使用专项资金，湖南青年创业就业基金会有权强制收回扶持资金，并取消申请人和推报单位的专项资金申报资格。

因客观原因，创业项目承担人和单位对创业项目的计划目标进度和经费使用进行调整及撤销的，必须提出书面申请，经湖南青年创业就业基金会审查同意后执行。

因运行不良或破产的创业项目，须履行清算核销手续，报湖南青年创业就业基金会批准。

创业项目验收由项目承担人、承担企业在合同到期后，向湖南青年创业就业基金会报送有关项目验收的必要材料，由湖南青年创业就业基金会组织验收审查。

对违规使用专项资金的单位和个人，视其情节轻重，按照《财政违法处罚处分条例》进行严肃处理，构成犯罪的，依法追究刑事责任。

第十一条 本办法由共青团湖南省委负责解释。

第十二条 本办法自下发之日起施行。

（资料来源：http：//www.hnqch.org.cn/file/2014/0714/20.html）

（七）知识产权融资

知识产权融资是指知识产权所有权人用商标专用权、专利权、著作权等知识产权获得资金支持的融资行为，包括知识产权作价入股、知识产权质押贷款、知识产权信托、知识产权资产证券化等几种方式。知识产权融资的关键是创业者拥有独特的、有价值的知识产权，一方面要求创业者注重技术研发，创造出有市场价值的知识及其技术，另一方面要求创业者注重自身知识产权的保护。

【本章小结】

1. 资源是创业活动必不可少的条件，创业资源有多种基本类型，对于资源不求“为我所有”，但必定“为我所用”。

2. 大学生创业要采用科学的策略对创业资源进行开发和整合。

3. 大学生创业要进行科学的融资分析和测算，选择恰当的融资渠道。

【思考与实践】

一、思考题

1. 如何理解创业资源的内涵？

2. 创业资源有哪些类型？

3. 资源整合的过程是什么？大学生创业资源整合有哪些策略？

4. 如何进行融资分析？如何进行融资测算？

5. 大学生的主要融资渠道有哪些？

二、实践操作题

1. 小王是一名会计学专业毕业的大学生，想自己开办一家会计公司。在开办公司前，他进行了大量的市场调查，发现这个行业有很大的市场。同时，他还对开办公司的必要支出进行了估算，大致如下：

租 1 间 20 平方米左右的办公室，大约每月需要租金 3000 元；购置两台电脑，每台 5000 元；购置 1 套最基本的财务软件，大约需要 3000 元；购置 3 套办公桌椅，一般的办公桌椅价格都在 300 元 / 套；购置两台打印机，1 台针式打印机用来打印输出的会计凭证和账簿，另 1 台打印一般的办公文件，两台打印机大概需要 3500 元。购置 1 台税控机，价格 3000 元；传真机 1 台，需要花费 1000 元；事先需购置一些办公用品及办公耗材，需支出 1000 元；饮水机 1 台，500 元，每月大约需要 4 桶水，每桶水 15 元；电话费、网费每月 320 元左右；水电费每月 200 元。

同类的会计服务公司广告费每月一般在 1200 ~ 2000 元，小王决定只能是平均花费，所以准备每月 1500 元；需要雇佣 1 名会计和 1 名外勤人员，两人的工资每月合计为 3 500 元，社会保险费合计每月 1000 元。

尽管现在国家对大学生创业进行了税费减免，但是开户、刻章直至办完整套开业手续，大约需要一个月的时间，需要的注册登记等开业前的基本费用 1000 元。

对于日后的收入，小王也进行了调查。大约每增加 1 家客户可以取得每月 250 元的收入，为每户服务的基本费用大约为 20 元 / 月。另外，客户在 60 户以内时基本上不用增加会计和外勤人员。

请帮小王计算一下开办这样的会计公司大概需要多少资金？

（资料来源：刘帆：《大学生创业指导教程》，中国传媒大学出版社 2009 年版）

2. 风险融资知识测试

本测试对风险投资的一般知识进行测试，如果您通过了测试，就可以进行风险投资接洽了。否则，先去了解风投吧。

（1）VC具有什么特点？

A. 低风险低回报　B. 低风险高回报

C. 高风险低回报　D. 高风险高回报

（2）VC的投资金额一般在多少？

A. 几十万到几百万　B. 几百万、几千万或者更多

C. 只要有高回报率多少金额都可

（3）您认为VC为什么会投资一家企业？

A. 看好公司前景，希望控股　B. 找机会退出获得大量套现

（4）以下退出机制中，哪一种能使资本得到最大限度的增长？

A. 兼并、收购　B. 首次公开募股

C. 股份回购　D. 破产清算

（5）您认为VC对您的项目投资多少比较合适？

A. 根据公司阶段性发展需要，够用就好

B. 只要VC愿意，投得越多越好

（6）您对投资商有所选择吗？

A. 优先选择在此行业内具有经验的投资商

B. 投资商只是供应资金，无所谓哪一家

（7）以下哪些内容对您在VC面前成功有效展示您的项目是必需的？

A. 必须要有半小时以上说明时间

B. 必须让投资商看过项目详尽计划书

C. 必须突出个人及团队优势

D. 必须要把项目全部细节都说清楚，尤其是技术细节

（8）谈及融资金额时，应该怎么办？

A. 让VC决定应该投多少数额

B. 自己提出需要多少数额

（9）以下关于投资回报的描述中风险投资一般更青睐哪一种？

A. 年回报率在20%以上

B. 3年内实现1000万元以上的回报

C. 3年内企业总资产增长10倍以上

D. 以任何方式在3年内得到3倍以上的现金回报

（10）以下要素中你认为VC最为关注的是哪一点？

A. 市场总容量及可获得的市场份额

B. 主要领导人及主要管理团队的素质

C. 公司历史经营及财务状况

D. 公司发展计划及商业模式

【答案及解释】

（1）答案 D——VC 的本质是高风险高回报，以下我们对此观点作些补充。VC 的高风险是相对于其他投资方式而言的。只有企业价值增长了 VC 的投资才能得到回报，如果企业倒闭，VC 很有可能血本无归。它投资成功的可能性在国际上基本在 1/5 以内。然而值得注意的是，这一点在中国的情况却大不一样，有统计显示，中国风险投资成功的概率远远高于国际水准，也就是说国内风险投资多半会选择拥有较好现金流风险较小的公司投资。这应该是国内与国际上风险投资最大的不同点之一。至于高回报，准确地说应该是高预期回报，如果投资成功，风险投资得到的回报会在 3 倍、6 倍甚至 10 倍以上更多，但是投资企业成功的毕竟是少数，有一大半的投资是无法实现高回报的。这就是风险投资的精髓，也就是说在少数项目获取暴利的情况下，可以允许大多数项目微利、持平或者亏损。

（2）答案 B——风险投资几百万元人民币的项目也有案例，但还是属于相当小额的，一般 VC 投资金额都在几千万以上。按美元计算投资金额在 50 万美元以上。当然，投资也是有上限的，依据每家投资机构的基金总量和投资策略而不同，如联想投资的单项投资金额控制在基金总额的 10%以内。

（3）答案 B——VC 投资的根本性目的就是现金回报。很少有专业的 VC 会为了控制一家公司而投资。恰恰相反，VC 在投资企业的过程中并不希望由于自身控股导致创业团队的积极性丢失，历史上由于 VC 控股导致公司中途退出导致投资危机也不乏先例。无论如何，VC 的最终目的就是通过资本的作实现资金的增值，而创业企业对于他们来说只是达成目的的 一个手段控股通常不是高明之举。

（4）答案 A——首次公开募股的确是风险投资最佳退出途径，它能使投资者获得 3~10 倍或者更高的回报。当风险企业发展到一定程度之后必然选择在证券市场上市，首次进入证券市场发行股票称为 IPO。美国最主要的风险投资上市渠道是 NASDAQ。实现 IPO 的风险投资在度过一定期限的禁售期（NASDAQ 是六个月）后可以将其持有的股份抛售变现获得收益，这是风险投资获得回报最高的退出方式。需要指出是，我们说 IPO 是最佳的退出方式是就其投资收益率而言的，但事实上就数量而言，IPO 并不是主要的风险投资退出方式，即便是在美国大约也只有 10%至 20%左右的风险企业能够实现 IPO，其他超过 60%甚至更多的企业采取并购方式作为退出方式。

（5）答案 A——在很多创业者还认为钱拿得越多越好的时候，您已经认识到够用就好的原则，这太棒了。一般来说，企业一次融资所参考的是企业一年左右时间扩张发展所需的资金量，经过 2~3 轮的融资后最终推动企业上市。

（6）答案 A——挑选投资商时研究投资商的背景和实力是相当重要的，其中包括关注行业的不同，本土与国际的不同，历史投资案例的不同，管理机制的不同等等，这些通通是企业家需要考虑在内的因素。而熟悉此行业的人可能与创业者更有共同语言，更能理解创业思路，有更强的行业敏锐性。

（7）答案 C——您认为企业最重要的因素是人，而这与几乎所有的风险投资家的观点也是一致的：投钱就是投人。人或者说团队的优势其实是最重要的因素，模式是死的，产品是死的，只有人是活的。对的人能把不对的事情做对，不对的人会把对的事情做错。

（8）答案 B——清楚企业发展需要多少资金，并清楚这笔资金应该由您自己而不是投资商提出。我们这里补充一点，一般来说我们会参考企业阶段性发展（可能是 1 年左右）所需的资金数量，并且需要给投资人一个清晰的方案来说明如何使用这笔资金。

（9）答案 D——VC 最终关心的就是现金回报而不是其他任何东西，没错，只要把握好这点就有了打开 VC 金库的第一把钥匙。一般照经验来看，VC 做一笔投资会在 2~5 年的时间里获得应有的回报，而回报的数量也不一而同，行业平均值为 2~3 倍，10 倍已经属于高回报，而历史中也有达到几十倍甚至上百倍回报案例（如 Compaq 达到 38 倍，Lotus 达到 63 倍，苹果计算机的投资回报高达 235 倍）。

（10）答案 D——您与您的团队才是 VC 最为关注的要点，这是完全正确的，只有对的人才能做对的事。但也不要忽略其他的因素：市场容量、历史经营数据、发展规划等，只有综合起来才能 真正获得 VC 青睐。

（资料来源：http：//baike.baidu.com/view/14957317.htm）

【本章参考文献】

[1] Timmons J A. New venture creation[M].5th Ed. Singapore： McGraw-Hilh， 1999.

[2] Hoskisson etal. Strategy in emerging economy[J]. The Academy of Management Journal，2000，43（3）：249-267.

[3] Barney J B. Firm resource and sustained competitive advantage[J]. Journal of Management，1991，17（1）：99-120.

[4] 邓光奇.民族地区旅游资源的空间分布结构分析[J]. 北方民族大学学报，2013（6）.

[5] 刘帆.大学生创业指导教程[M].北京：中国传媒大学出版社，2009.

[6] 朱文莉，刘思雅. 政府创业投资引导基金发展现状、问题及对策[J].会计之友，2014（2）.

第五章 创业模式与创业计划

【名人名言】

没有事先的计划和准备，就不能获得战争的胜利。

——毛泽东

凡事预则立，不预则废。

——《礼记 · 中庸》

【教学目标】

1. 使大学生了解创业模式，学会在创业地区选择有效的创业模式。

2. 使大学生了解创业计划书的基本内容，认识创业者在创业过程中准备创业计划书的原因，了解撰写创业计划书所需要开展的准备工作。

3. 使大学生了解撰写创业计划书的方法技巧。

【教学要点】

1. 了解创业模式设计和开发的思路，决定创业模式的关键因素。

2. 创业计划是创业的行动导向和路线图。

3. 准备创业计划书的过程实质上是信息的搜集、风险评估与预测。

4. 撰写商业计划是创业者（团队）反复思考、理性推理并讨论的过程。

第一节 创业模式

我国拥有丰富的自然资源，可开发的创业资源极其丰富，开发潜力大，创业前景非常看好。大学生未来创业，须因地制宜，采取恰当的创业模式，寻求商机，充分整合和开发地方资源，创造价值。

【案例导读】

天成宜居：领跑乡村建筑 2.0 时代，打造乡村建房“独角兽”

在长沙，一家由古建筑建设转型乡村建房领域的企业，将建筑美学、民俗文化、科技元素相结合，定位做全屋精装交付的标准化住宅，获得业内首肯。从带有民俗特色的新中式乡居，到布局整个乡村建房产业链，这家定位“美丽乡村建设者”的公司在下多大一盘棋？

天成宜居创始人、董事长王炼，吉首大学 2011 届校友

瞄准乡村住房市场“空挡”和行业风口

《中国农村自建房行业消费数据与发展白皮书》显示，随着新农村建设的推进和乡村居民消费意识的觉醒，高品质的私人住宅越来越受人们欢迎。房屋的外形和建造质量被赋予高要求，传统建房采取的自己找施工队的生产方式难以紧跟市场需求。

2019 年 2 月，住建部发布了《住房和城乡建设部办公厅关于开展农村住房建设试点工作的通知》。随后，乡村自建房行业迎来了一波新的发展高潮。

但同时，乡村自建房与出自设计师之手、布局合理的“城居”不同，有着难以言说的痛：施工队伍不专业、规划设计不合理、安全监督缺乏等。而一些从事乡村建房服务的企业大多只提供如图纸设计、土建施工工程对接等环节化的服务，这也导致乡村自建房的效果无法有质量上的保证。

一方面是巨大的万亿乡建市场，另一方面是成规模建制的乡居建筑团队少之又少。在这样的行业环境下，这家名为天成宜居的企业应运而生。2019 年 5 月，曾有过地产经验的毕业于吉首大学的“85 后”创业者王炼和毕业于清华美院的建筑设计师田军联合创立了天成宜居，立志通过乡村建筑的美学设计、建造管理和技术升级、乡建乡旅商业模式创新等方面，来改变中国乡村民居产业生态。

据介绍，湖南天成宜居科技有限公司专注于乡村建房领域，为在乡村有宅基地的客户提供全屋精装交付的标准化产品和高端中式院子定制的解决方案。公司深度挖掘中华乡愁文化，结合传统建筑美学、民俗文化与时尚元素，打造集“宜居”“德居”和“美居”于一体的乡村别墅和院落。

“当前乡村建房市场存在一个很大的问题，不少企业看到乡建市场的海量需求后，更多的是把目光和焦点放在如何做大企业规模，占据更多的市场份额，而真正深度思考乡村住宅特点，注重房屋品质的企业却很少。”公司创始人王炼认为，面对庞大的蓝海市场，天成宜居选择回归到乡村建筑的本身，回归到乡村民居的舒适宜居和家业传承的原生需求。

“中国乡村的自然环境、人们的生活习惯、当地的风土人情等，都决定了乡村和城市，是截然不同的两个大生态系统。我们首先思考的是如建造符合乡村环境生态的宜居住宅。”王炼表示，随着建筑技术的不断革新，乡村建房的产品也愈发多样化。比如，市面上常见的传统砖混结构、装配式建筑和速建的轻钢别墅等产品类型。无论什么样的产品，无论什么样的技术，都离不开以人为本，离不开乡村生态这个基础。在乡村建设市场这个“风口”之上，更要能沉下心来研究产品。

业内首推框架结构，领跑乡村建筑 2.0 时代

“我们把新中国成立以后的以砖混、砖木为主的乡村房屋称为乡村建筑 1.0 版，这一代的建房主要存在结构不稳定、裂缝漏雨、功能设计不合理、屋面易倾斜等痛点。乡村建筑 1.0 已经完全不能适应现代人对乡村居所的需求，升级换代已到刻不容缓的时候。天成愿意成为领头人，率先进入到乡村建筑 2.0 时代！”王炼对此信心满满。

他介绍说：“舍弃传统砖混建造方式，而采用城市超高层建筑常用的框架结构，能有效解决因不同地质环境造成的地基沉降、墙体开裂和结构不稳等问题，达到百年传承的标准。这方面，我们是业内第一个站出来说只做钢筋混凝土框架结构的企业。”

天成宜居的乡村住宅设计案例

此外，天成宜居采用隔热防漏的现浇屋顶屋面，防潮架空层、保留传统农村建筑必不可少的储藏阁楼、科学安全的现浇楼梯、防堵塞不锈钢水管和水电照明厨卫系统解决方案等一系列升级标准及措施，都是直指 1.0 时代的乡建痛点，以达到乡村建筑全面升级换代的效果。

“做乡村建筑 2.0 时代的领跑者，不仅需要有站出来做领头人的勇气，更需要有自身过硬的底气。”建筑无外乎设计、材料及施工三大板块。作为乡村建房提供一站式系统解决方案的企业，天成宜居将房屋设计、施工、装修、建材等几大服务环节打通。

背靠建筑技术权威，开创美丽乡居新标准

“我们综合分析了上千个客户的意见，对于具有共性的意见，都直接融入设计图纸中去，而一些个性化意见，如果不影响房子整体效果且令居住舒适性更佳，也会在设计中体现出来。”天成宜居创始人之一、天成设计院院长田军介绍。签约建造天成院子的客户，可获得三个确定性：建房效果确定，图纸所见即建成落地效果；工期确定，6 至 8 个月房子可以精装交付；造价确定按合同价付款，施工中途无任何增项费用。

相比其他同类企业，天成宜居不仅成立了专门的建筑施工企业，还背靠建筑技术权威构建了独有的核心资源竞争力。2020 年 7 月，天成宜居与湖南省建筑设计院达成战略合作，以求在宜居建筑的美学与功能性统一上寻求突破，改变目前乡建市场粗放型的局面。为此，天成宜居还和湖南省建筑设计院联合成立了美丽乡村设计研究所，在建筑标准、市政规划、乡村景观等方面构建技术平台。

“美丽乡村建设的最大问题就是乡村建筑，它是后房地产时代必须解决的难点和痛点，是我们精专化研究的方向。”湖南省建筑设计院艺术总监彭丹表示，合作便是基于双方对乡建未来发展方向的共识。乡村建筑的研发需要结合乡村文化需求、现代人居理

念、建筑智能化和数据化应用，该院将会携手天成，共同担起乡村建筑产品从研发到市场化转化重组，从而实现建设美丽乡村、建造宜居乡居的理想。

（资料来源：湘江财经，2020 年 9 月 24 日，内容有删减）

【案例点评】

创业模式的选择不是随随便便的，是与时代大背景、创业项目和创业者息息相关的，创业模式的运用始终服务于创业项目的发展与创业者的最大利益，一个与创业项目、创业者完美结合的创业模式会推动创业者走向成功。案例中的创业模式对你有何启发？

一、大学生创业模式

（一）按时间划分

根据大学生所处的不同阶段，大学生创业可分为兼职创业、休学创业、毕业后创业三种模式。关于休学创业，国务院办公厅 2015 年印发的《关于深化高等学校创新创业教育改革的实施意见》已明确提出："实施弹性学制，放宽学生修业年限，允许调整学业进程、保留学籍休学创新创业。"

（二）按类型划分

根据大学生创业所依托的资源，大学生创业可分为知识技术型、创意创新型、网络媒介型、积累演进型创业模式。大学校园里的创客就是具有创新理念、依托知识技术和创意自主创业的人，大学生创业有别于其他群体创业。

（三）7 种创业模式

大学生常见的 7 种创业模式分别是网络创业、加盟创业、兼职创业、团队创业、大赛创业、创意创业、依附创业。

加盟创业，一般的方式是加盟开店。也就是说，加盟商（受许人）与连锁总部（特许人）之间的一种契约关系。根据契约，连锁总部向加盟商提供一种独特的商业经营特许权，并给予人员训练、组织结构、经营管理、商品采购等方面的指导和帮助，加盟商向连锁总部支付相应的费用。加盟创业选择合适、可靠的品牌，保障加盟店稳步发展、持续盈利。

兼职创业，即在工作之余再创业，可选择与自己职业相近的行业进行兼职创业，也可以选择与自己知识与能力相关的行业进行兼职创业，也可以选择自己熟悉的行业进行投资创业。

团队创业，是指目标和价值取向一致，在知识、技能、资源等方面具有互补性的创业者组成团队进行创业。

大赛创业，即利用政府、行业、协会等组织的各种商业创业大赛，获得资金、创业指导老师、创业顾问、政策扶持等创业所需资源。如上海启步教育集团董事长马梅，就是通过考核选拔，在 2009 年 12 月获得上海杨浦区 YBC5 万元创业孵化基金，并获得全国资深创业导师李肖鸣博士的指导，从而把公司做大做强。Yahoo、Netscape 等企业都是从商业竞赛中脱颖而出的，因此也被形象地称为创业孵化器。

创意创业，即凭借创意、点子、想法创业。同时，这些超常规的想法还必须具有可操作性，而非天方夜谭，能获得创业专家和业界认可，使之成为有价值的创业机会。

依附创业，是在企业公司的支持下，有创业想法的员工承担公司内部的部分项目或业务，并且和企业共同分享劳动成果的过程。这种创业模式的优势就是创业者无须投资就可获得很广的资源，这种依附式模式成为很多创业者青睐的方式。

二、常见的几种创业模式

（一）通用型创业模式

一般包括知识技术型、创意创新型、网络媒介型、积累演进型、大赛创业型、创意创业型等。

（二）比较实用的创业模式

1. 按资源开发类型分

（1）自然资源开发型。这是指将自然物质输入生产过程，或通过公司的商业行为直接进入市场消费过程，将自然资源变成有用途的，或能给人以舒适感，从而产生经济价值以提高人类当前和未来福利的商业行为。

自然资源可划分为生物资源、农业资源、森林资源、国土资源、矿产资源、海洋资源、气候气象、水资源等。有句话叫“靠山吃山，靠水吃水”，科技、基础设施落后的民族地区，拥有大量的自然资源，等待着被合理开发，地方百姓也因为缺少资金、知识、技术等，没法利用这些资源创造财富。在创新创业的时代背景下，将创业的目光聚焦民族地区的自然资源，能带来不一样的财富机会。知名的帕米尔冰川矿泉水，就是采用中国新疆维吾尔自治区喀什地区塔什库尔干塔吉克自治县慕士塔格峰冰川水生产的矿泉水产品。

（2）人文资源开发型。人文资源是人类社会有史以来所创造的物质的、精神的文明成果总和。如语言文字、文化传统、历史遗存、思想观念、科学技术，现实世界中的资产、资本、权力、关系都可称为人文资源。

人民创造了大量宝贵的文化遗产，这些文化资源有些是少数民族的文化地理标志。以湘西土家族苗族自治州为例，全州现有非物质文化遗产项目 1065 项，仅国家级非物质文化遗产就有 24 项、省级非物质文化遗产 50 项，有国家级非物质文化遗产代表性传承人 22 人、省级非物质文化遗产代表性传承人 44 人，拥有中国民间文化艺术之乡 36 个、省民间文化艺术之乡 12 个。同时，还建立了“土家族文化生态保护基地”“苗族文化生态保护基地”。以贵州铜仁市为例，全市共有国家级非物质文化遗产保护名录 7 项、省级非物质文化遗产保护名录 38 项 41 处、市级非物质文化遗产保护名录 70 项。这些非物质文化遗产大多具有市场开发价值，可以满足旅客的各种需求。[①]

民族地区的人文景观极其丰富，这些独特的人文景观、山寨、村落、民俗表演、歌舞、节日习俗在时下的旅游市场中具有强大的吸引力。在“互联网+”时代和自驾游时代，如何开发这些养在深闺人不识的人文资源，是一个前景看好的创业课题。目前已经有创业团队开始开发乡村游。例如，大学生创业团队湖南启能新媒体科技有限公司自主研发的一款乡村旅游社交 App“下乡客”就是湖南首款专业乡村旅游 App。其口号是：“从享受出发：享受好环境 / 享受慢生活 / 享受静能量 。以呵护落脚：呵护自然乡村 / 呵护纯朴乡亲 / 呵护美丽乡愁。”下乡客 App，2015 年 4 月在各大安卓市场开始上线公测，4 月底正式登录 IOS 苹果。

（3）农特产品开发型。民族地区的农特产品极其丰富，具有较强的地域特色，这些农特产是民族地区自然环境、人文环境的浓缩精华，具有特殊含义和文化价值。但是，目前这些农特产品往往散落于村寨，没有成体系，没有形成规模生产，产品没有被开发，处于原生态状态，缺少文化包装、宣传和品牌价值提升。中央电视台播出的著名美食类纪录片《舌尖上的中国》就是以各地美食为内容进行拍摄，播报了大量的各地美食，引起了社会各界的广泛关注，也成为推介各地饮食文化的宣传片，新疆“切糕王子”阿迪力的新疆美食切糕经过《舌尖上的中国 2》播报后，生意红红火火。其实，民族地区还有大量的像切糕一样的美食，期待着被世人发现和开发。

【拓展阅读】

湘西严德忠黄牛养殖带动农民致富

严德忠，苗族，今年 46 岁，养殖湘西黄牛已有 3 年，目前养殖场共有母牛 2200 头、公牛 155 头。湘西黄牛，又称巫陵牛，是我国优良的地方品种，湖南省湘西地区特有的黄牛品种，具有肉役兼用的特点。由于湘西特殊的地理条件与自然环境，湘西黄牛的品质比较独特。2009 年 12 月，“湘西黄牛”获得农业部颁发的《农产品地理标志登记证书》，成为湘西土家族苗族自治州首个养殖业地理标志农产品。湘西黄牛主产于湖南省湘西北地区，性情温驯，耐粗饲、耐热，体形中等，四肢强壮有力，是我国优良的地方品种。早在 1982 年，湘西黄牛就在香港市场受到欢迎，一度被畜牧专家称为国宝。日本、德国等国的专家给予了极高评价，认定其为世界上少有的优良基因库，已被列入国家畜禽遗传资源保护名录。

严德忠身兼残联副主席等职务，但与目前的辉煌成就相比，他的童年非常悲伤。由于肌肉萎缩，他很自卑，但他通过努力刻苦学习，希望能够改变命运。高中毕业之后，严德忠在当地供销社有了一份工作，但因为受病痛困扰，他仍然抬不起头，直到 1996 年，已经 31 岁的严德忠终于等来了改变命运的机会，当时香港医院来到当地帮助残疾人治病。偏了 20 多年的头就这样被治愈了。欣喜之余，他请亲朋好友大喝了一场。

① 黄文辉：《湘西非物质文化遗产项目的整理与保护研究》，《中南大学学报（社会科学版）》，2012（18）。

当时一批批当地人通过开采矿业成了百万富翁，通过几年拼搏，他也成了远近闻名的千万富翁，富裕起来的他第一件事就是回报社会，聘请了几百名残疾人来工作，受到了大家的爱戴。随着时间的推移，严德忠的事业越做越大，回报社会的能力也越来越强，他不再只是想着帮助残疾人，而要帮助大家致富。

这一年，严德忠带着大家去吃饭，有一道菜是神户牛排，880 元。就是这道菜，让他看到了商机。牛肉这么贵，他想起湘西黄牛也很好吃，感觉这个生意可以做，去发展湘西黄牛养殖，让当时只有 20 多元一斤的湘西黄牛能够发展起来。

向专家咨询过后得知，湘西牛肉无论是品质、口感、营养等都不亚于外国牛肉。除此之外，湘西环境优美，牧草丰富，但是当地都以散养为主。严德忠想，如果能够因地制宜，调动当地农户的积极性，那肯定很有前景。不过他的想法不被亲戚朋友看好，大家都觉得养牛没效益，而且周期长。

严德忠的矿场生意很好，每年能有几百万的利润，但他具有居安思危的意识，矿产资源总有开发完的一天，于是他投资了资金建起了养殖场，收购了不少湘西黄牛进行养殖。

严德忠的德农牧业的发展目标非常大，6 万头肉牛良种繁育与清真（屠宰）深加工项目建成以后，可实现人工种植优质牧草 5 万亩；改良天然草场 12 万亩，年产鲜牧草 53 万吨；实现年出栏肉牛 6 万头，杂交改良 10 万头，存栏良种母牛 3500 头；年产清真（屠宰）良种肉牛 6 万头，产牛肉系列产品 1.5 万吨；制品 7 种共 100 吨，生物有机肥 2 万吨，胚胎 5 万枚，可实现年产值 50 亿元的发展目标。而且，通过“龙头企业+合作社（养殖大户）+基地（改良草场）”这一发展模式，届时可以安置 3500 人就业，每期培训养牛技术人员 6000 人次，带动武陵山区片区 30 多万农民从事养牛业，带动农民增收 4 亿多元。

（资料来源：根据湘西土家族苗族自治州人民政府网站资料整理，有改动）

【案例点评】

严德忠有两次创业，在第一次创业中因地制宜选择开发本地矿产资源，成为千万富翁。第二次创业养殖开发湘西少数民族地区黄牛，再次成功。此案例告诉我们在农村创业若能因地制宜，因势利导，选择开发地方自然资源，其实是非常不错的创业模式。

2. 按经营模式分

（1）个体户型。这种门店型个体户在民族地区比较多，在旅游景区比较常见。通常以经营某种特定产品居多，优势是成本小，经营管理较简单，风险小。其局限性在于生意发展空间一般不大。在产品市场口碑好、供不应求的情况下，通常也会开连锁店，或者注册公司进行规模生产和销售。我国有很多知名品牌小吃就是这样做起来的，比如贵州陶华碧的“老干妈”辣酱，就是从摆摊开始，最终做成国内知名品牌。湘西土家族苗族自治州吉首市的“王婆醋萝卜”起步于一个小门面，目前已经建立厂房，规模化生产，年产值达 700 万元。因此，作为初创期的创业者，以个体户的模式起步是比较理想的模式。

（2）团队合作型。在民族地区开展团队合作创业，其优势是非常明显的。团队的力量远远超过个体的力量，这是毋庸置疑的。这种模式适合于从事项目开发，如旅游景区的开发、农特产品的开发、非物质文化遗产的市场开发等，这些项目一般需要投入较多的资金和技术。

（3）企业+农户型。这种模式的前提是先成立企业，企业以技术、销售为主体，结合地方农村资源优势，将产品的原材料或者半成品、种子等分散到农户，进行分散生产，由企业进行指导、包装、销售。这种模式需要较高的技术，依托一定的自然资源，需要开辟广泛的销售市场。这种模式可以弥补民族地区在知识、技术方面的不足，适合于大学生创业。

（4）企业+合作社+农户型。合作社是劳动群众自愿联合起来进行合作生产、合作经营所建立的一种合作组织形式。所谓合作经济组织，首先强调的是“合作”，然后是“经济组织”，这是两个基本要素，是一种有效的经济模式。从国家相关部门得到的权威数据显示：截至2015年10月底，全国农民合作社数量达147.9万家，入社农户9997万户，各级示范社超过13.5万家。农民专业合作社以其成员为主要服务对象，提供农业生产资料的购买，农产品的销售、加工、运输、贮藏以及与农业生产经营有关的技术、信息等服务。企业+合作社+农户模式可以降低成本，减少风险，实现企业与农户双赢，并且可以获得地方政府的各种支持，是目前在农村开展创业比较可行的创业模式。

【拓展阅读】

2016年国家对农业合作社的最新政策是什么？

政策一：加强规范化建设。对合作社加强“审查”，对有名无实的农民合作社劝其申请注销退出，达不到规范化要求的合作社，不得承担财政投资项目，不得享受政府相关扶持政策。

政策二：加强服务能力建设。鼓励发展联合社，扩大合作社信用合作试点，大力发展专业合作、股份合作等多元化多类型合作社。

政策三：加强农业产业链建设。发挥合作社的组织功能，开展农产品加工流通、农业休闲观光业务，积极运用“互联网+”发展电子商务，注重培育农产品品牌，提高农产品附加值。

（资料来源：土流网，http：//www.tuliu.com/read-19781.html）

【案例导读】

立华以“企业+合作社+农户”打造养殖航母

洛阳立华公司成立于2011年7月27日，为江苏立华牧业有限公司在河南省投资的第一家子公司，也是河南省第二批重点招商引进项目，系洛阳市农业产业化重点龙头企业，总投资额5亿元。该公司计划在5年内建成年产饲料20万吨的饲料厂一座，种鸡场3至4个，存栏种鸡40万套，建成年孵化苗鸡4000万羽的孵化场一个和年销售商品鸡3500万羽的肉鸡中心一个。届时将带动周边地区1000户加盟公司合作养鸡，年销售收入达到6亿元以上，扶持农户获益7000多万元。

立华公司办公中心坐落于伊川县水寨镇上天院村，毗邻伊川东高速路口，占地160亩，集饲料生产、苗鸡孵化、分析化验、办公管理、日常生活于一体。公司第一种鸡场——白元种鸡场位于该县白元乡土门村，已于2013年4月投入使用。公司销售平台于2014年11月投入使用；孵化场于2015年2月投入使用；饲料厂将于2015年底建成投产。截至2015年5月，公司已经发展合作农户170余户，建成标准化鸡舍350余栋；2014年出栏商品鸡700万只，销售收入达到1.5亿元，帮助合作农户增加收入1200余万元。

立华顾问姜建民向笔者介绍说，农户想与立华公司合作其实很简单，那就是凭本人身份证向公司服务部索取申请表格，填好后交公司审批；公司派人员到农户处实地测量场地、了解相关信息，经服务部审核鸡舍符合公司饲养标准后，签订养殖合同。

据该公司运营部经理白松颖介绍，立华总部有800多名相关的专业人才随时为合作者提供服务，其中博士3名、硕士39名、一般科研人员98名，具有中高级职称者41人；同时与中国农业大学、扬州大学、南京农业大学、中国家禽研究所、河南农业大学等有长期的合作关系。公司总部还成立了家禽研究所，形成了一整套完善的饲养操作规程，以及强有力的防疫体系，在整个养鸡过程中可以提供全程技术跟踪服务。

自创建以来，公司始终坚信“诚信、合作、创新、规范”的经营理念，倡导“精诚合作、共同富裕”的企业精神，大力推行“龙头企业+合作社+农户”的发展模式，实行八个统一：统一棚舍标准，统一供应鸡苗，统一供应饲料，统一供应药品，统一供应疫苗，统一提供饲养技术，统一提供防疫技术，统一回收成品鸡。公司承担市场风险和养殖风险，农户在承担部分养殖风险的基础上获得相对稳定的平均收益，公司与农户形成了紧密的利益共同体，风险共担利益共享。当市场低迷时，公司切实保护农户的利益。2013年4月至5月底以及2014年1月至3月，是H7N9流感疫情肆虐期，这期间全国肉禽养殖包括立华公司在内全部出现了巨额亏损，洛阳市的其他养禽户几乎赔得无法生存。但与立华公司合作的农户却可以鸡照常养，钱照常赚，充分显示了广大农户与公司合作发展优质鸡的优越性。据不完全统计，这两次疫情使洛阳立华公司亏损额达到1000余万元，但像胡俊卫、申光才这样的伊川众多农户却几乎未受到影响，反而蓬勃发展起来，实现了2100万元的喜人收入。

（资料来源：和讯网，http：//news.hexun.com/2015-06-24/176985318.html）

【案例点评】

立华公司大力推行“龙头企业+合作社+农户”的发展模式，找到了一条适合企业发展的模式，从而在市场上立足、发展。这个案例启示我们经营模式的重要性。

【拓展阅读】

大学生创业的五种模式

（联合电讯社/广东）如今，越来越多的大学毕业生选择创业，那么对于没有丰富的大学生来说创业要注意什么呢？人人创业网（rrcyw.com）认为，大学生在开始创业前首先要做的是找到一个自己能把现有资源有效整合的创业模式，具体可以参考以下五种创业模式。

一、白手起家打天下——积累演进模式

成功是积攒出来的，积累就是让大家首先从小生意做起、从基础做起，在创业的过程中学习积累，把自己的知识和经验像滚雪球一样逐渐滚大，由量变引起质变，最后成就一番事业。

年轻没有失败，大学生的资本就是年轻，较低的起始门槛会使大学生们走很长一段弯路，经历无数的挫折和失败，期间也会有很多的机会与陷阱。这也就意味着必须要付出代价，付出更多的努力，交更多的学费，承受更多的孤独，遭受更多的误解。但你应该感谢这些失败与挫折一次又一次推动你向前更进一步。道路虽然坎坷，但尽头就是光明，它将一直指引着你。

二、站在巨人的肩膀上——依附式创业模式

大学生如果以未来自主创业为目的，首先要做好正确的选择。充分利用好公司或企业的平台资源，广泛结交和积累人脉资源和其他资源。就算比较成熟以后也不要盲目地、急迫地脱离这个平台。尝试利用现有的平台资源为自己做点事，先在职创业，打好自己的事业基础，等各方面条件充分成熟以后，再开创自己的事业。

与个人创业比起来，连锁加盟能够为大学生创业者提供已有的品牌、规范的运营模式、健全的市场机制等一系列成熟的经营模式。它分享品牌资源、分享经营诀窍、分享资源支持的特点为大学生创业者省去诸多的创业烦恼，并且提高了创业的成功几率。

三、卖大脑无限空间——知识风险模式

知识风险模式就是大学生将自己拥有的专长或技术发明转化为直接的生产力，通过知本+资本的方式发展成企业。知本就是指的大学生创业者所具备某一专业、技术特长，或成功研制的一项新产品、新工艺；资本指的就是投资者的风险投资。

资本助力成功，知识型创业模式主要集中于电子信息、生物技术、高科技农业等技术含量高、知识密集型的行业。

四、大树底下好乘凉——模拟孵化模式

如果你已经下定决心创业，创业大赛将为你提供锻炼的机会和展示的舞台。你可以通过这个平台熟悉创业程序、储备创业知识和经验，接触和了解社会。

企业孵化器由于具备创业的良好物理空间和服务体系，是大学生自主创业的沃土。

五、不走寻常路——网络创业模式

随着网络在我国的飞速发展以及网络经济的迅速崛起，网络经济所蕴含的巨大商机和良好的发展前景使得网络成为时代宠儿。主要步骤包括创办网站、网上开店、从事网上自由职业。

人人创业网（rrcyw.com）强调，不同的创业模式要求的素质是不同的，准确判断自己的优势和劣势，选择最适合自己的创业模式，可以化解很多的不利因素。海阔凭鱼跃、天高任鸟飞，只要你有一个坚定的创业梦想和一双勤劳的手，大学生创业者就能闯出一片属于自己的天地。

（资料来源：http://huaxue.yznu.cn/2016/1130/cq82a67137/page.htm）

第二节 创业计划

一、创业计划的内涵和本质

创业计划中的“计划”在本质上说是一种创业介绍或投资申请。因为创业计划不仅仅用来指导创业者和组建创业团队，更重要的是还让投资方明白这个项目值不值得他们去投资。

创业计划，英文名称为 Business plan，又称“商业计划”。创业计划是创业者为某一项产品或服务取得风险投资的可行性商业报告，是与创业项目有关的所有事项的总体安排。

实际上，创业计划是创业者创业理想的具体化，是初创企业的蓝图构想，是创业顺利进行的基本前提。

二、创业计划的基本原则

创业计划如同创业一样，不能草率为之。创业者只有经历了市场调查、项目分析、成本预算、盈利测评之后才能做出完整、成熟的创业计划。做好创业计划，应该遵循以下原则。

（一）价值原则

创业项目到底有没有价值，直接关系到创业企业的盈利程度。从项目本身看，首先要考虑项目在市场中的位置。如果产品或服务在市场上从未出现过，则要看该项目能否满足市场上某些消费者的需求。其次要看项目能否被创业者驾驭。如果项目能被创业者驾驭，这样的项目才可能执行。

（二）真实原则

创业活动面临很大的不确定性，尽管市场信息预测、利润预测、资金预测等受一定的限制，但创业计划一定要确保真实，不能为了吸引投资方的眼球故意造假，否则有可能失去一次投资机会。此外，投资人都很精明，他们不会因为创业者的一面之词就盲目进行风险投资。

（三）有序原则

创业者必须清楚，哪些该做、哪些不该做，哪些先做、哪些后做。对此，有“世界创业教育之父”之称的美国国家创业委员会的特别顾问杰弗里·蒂蒙斯给创业者提出了一系列的建议，见表 5-1。

表 5-1　蒂蒙斯的创业建议

应该	不应该
①让所有管理团队参与创业计划准备	①管理团队中不要有伪命名的神秘人物，如现就职于其他公司、后加入本公司的人
②投入足够的资金和时间来准备	②不要讲模棱两可、不能肯定的话语
③分析存在的风险以及在这种情况下创业的可能性	③言语不要过于专业化
④分析企业存在的现实问题和潜在问题	④不要过分讲究创业计划的包装而忽略了其本质内容
⑤从市场需求出发，把顾客放在首位	⑤遇到现实需求时，不要把时间浪费在撰写计划上
⑥将假设建立在以现实的市场和销售预期来驱动财务报表的基础上	⑥资金未入账，不要假定自己已经成功了
⑦分析可供选择的融资渠道	
⑧分析股权结构和投资者获益的方式	
⑨研究如何引起潜在投资者的关注和兴趣，编制条例清楚、内容完整、简洁明快的创业计划，尽快行动	
⑩研究目标投资者群及其喜好，将计划付诸实施	

【案例导读】

张华的创业计划

张先生毕业于某名牌大学。工作之余，他倾心于室内环境污染治理研究，并取得了重要突破。考虑到该突破性研究的广阔前景，张先生辞去工作自己创业。苦于资金缺乏，他在注册公司后无力招聘员工和购买实验室材料。出于无奈，他想到了风险投资，但多次与一些风险机构或个人洽谈后并没有实质性的进展。每次商谈，张先生只是凭三寸不烂之舌强调技术的广阔前景和未来丰厚的回报。对方总会问，你的市场需求量是多少？一年的销售量预计多少？盈亏平衡点几何？此时的他往往无言以对。

这时，一位做管理咨询的朋友对张先生说："你连一份像样的计划书都没有，人家凭什么相信你？"一句话提醒梦中人。张先生恍然大悟，在向专家请教、查阅资料、精心分析并论证产品和需求的可行性之后，他拿出了一份计划书初稿。又经过几位专家的详细指点，张先生反复修改，终于完成了完整而具体的创业计划书。借此，他很快就与一家风险公司达成了协议，资金问题迎刃而解。

如今，张先生的公司经营得相当不错，年销售利润达到了 500 万元。回忆过往，他感慨万千："计划书的编制与我搞的环境污染治理材料要求差不多，绝不是随便写一篇文章的事。编制计划书的过程就是我不断理清自己思路的过程。只有自己的思路清楚了，才有可能让投资人、员工相信你。”

创业成功需要有准备的头脑、有价值的项目、有一定的启动资金等，多种要素相辅相成。创业项目需要在创业计划中详细地体现出来。没有详细的创业计划如同冒险起飞的飞机一样，很难保证全程的安全飞行。创业计划的意义在于，它如同航标灯，引领着创业者在创业的道路上踏实稳妥地向前走。

（资料来源：www.taodocs.com，有改动）

【案例点评】

创业计划书对于创业者来说极为重要，撰写创业计划书的过程不仅可以让创业者理性分析、论证项目的可行性，而且可以帮助创业者理清思路，查找漏洞，减少风险。一份完善的创业计划书是获取投资的敲门砖。

三、创业计划的主要内容

创业计划一般包括创业设想、市场评估、经营方案、财务融资、营销规划、投资回报、经营目标七个方面的内容。

（1）创业设想。包括创业项目的具体描述，确定目标客户、产品或服务性能描述、满足顾客和市场的哪些需求。

（2）市场评估。包括分析顾客类型、市场现状和需求，未来市场发展趋势分析。

（3）经营方案。包括公司目标规模、经营战略、管理方式、风险分析、企业组织、经营场地、创业团队。

（4）财务融资。包括启动资金预算、融资计划、盈亏平衡点、投资回收期估算。

（5）营销规划。包括产品定位、定价策略、薪酬计划、广告方式、营销策略。

（6）投资回报。这是创业计划的“卖点”和“亮点”，主要包括资金的使用和投资者的回报。它是投资人投资意向和决策的依据。

（7）经营目标。即对创业项目进行全面总结提炼。

四、创业计划的基本结构

从形式结构来看，一份完整的创业计划书一般由封面、目录、正文和附录四部分构成。创业计划书的基本框架如下。

（1）企业概况。

（2）创业团队（或创业者）介绍。

（3）市场评估。

（4）市场营销计划。

（5）企业组织结构。

（6）固定资产。

（7）流动资金。

（8）销售收入预测。

（9）销售和成本计划。

（10）现金流量计划。

附录：融资与回报计划；企业业绩等。

第三节 大学生创业计划书的撰写

一、编写原则

（一）目标明确，优势突出

优秀的创业计划书一定要明确经营项目，并突出项目优势。突出产品或服务的特征与价值，写明目标市场规模，阐明自己居于竞争态势中的位置，介绍企业运营模式和盈利途径，描述整个创业团队和管理团队的职责与目标。

此外，对已经建立的创业企业来说，在创业计划书中还可以明确企业发展的具体方向与前景，说服投资者为企业的进一步发展提供资金。

（二）内容真实，体现诚意

创业计划书一定要实事求是，切忌为了吸引投资夸夸其谈。创业者一定要明确指出企业的市场机会、竞争威胁、潜在风险，并尽量以具体资料佐证。关键还要分析解决方法，论证逻辑性要强。总之，一定要实话实说，言辞妥帖，否则许诺越多，不能兑现的越多，最终会搬起石头砸自己的脚。

（三）要素齐全，具体到位

创业计划书内容和格式并非千篇一律，但无论何类项目的创业计划书，都要涉及这些内容：计划摘要、产品介绍、团队和管理、市场预测、营销策略、生产计划、财务规划、风险分析。

在创业计划书写完之后，可以试着从以下几个方面查漏补缺：①是否明确了产品或服务；②是否体现了自身的优势和能力；③是否显示了你已经做过市场分析；④是否交代了可能的风险以及应对策略；⑤是否让投资者领悟了其中的主要信息。

（四）语言平实，通俗易懂

在撰写创业计划书时，要尽量运用平实准确、通俗易懂的文字来表述。一要贴切，避免歧义；二要通俗，切忌艰涩；三要朴实，规避华美。让外行也能看懂，是创业计划书最大的成功。尽管有的项目有一定的技术含量，对项目的分析也需要用到一些专业术语，关键在于怎么表述。出色的执笔者懂得深入浅出，一味高深、玄妙的结果会将投资者拒之门外。事实上，只有少量的技术专家真正会意创业计划的项目评估。许多读者却全然不懂技术，所以他们喜欢简单通俗的解说而排斥术语和行话。为了达到理想的信息接收效果，创业计划书可适当配以图表、幻灯片，以图文并茂的形式将内容形象化、直观化。

（五）结构严谨，风格统一

如果商业计划书让人读起来感觉很乱，表明它是失败的。

受创业者能力、计划书篇幅、完成时间等因素影响，一份创业计划通常由几个人合作完稿。这就难免存在体例不一、风格迥异、结构松散等问题。为了创业计划书的完美，最后应由一个人统一定稿。

【拓展阅读】

周鸿祎关于商业计划书的10点建议

第一，用几句话清楚说明你发现目前市场中存在一个什么空白点，或者存在一个什么问题，以及这个问题有多严重，几句话就够了。很多人写了三百张纸，抄上一些报告。投资人天天看这个，还需要你教育他吗？比如，现在网游市场里盗号严重，你有一个产品能解决这个问题，只需要一句话说清楚就可以。

第二，你有什么样的解决方案，或者什么样的产品，能够解决这个问题。你的方案或者产品是什么，提供了怎样的功能？

第三，你的产品将面对的用户群是哪些？一定要有一个用户群的划分。

第四，再论证一下这个市场有多大，你认为这个市场的未来是什么样？

第五，说明你的竞争力。为什么这件事情你能做，而别人不能做？是你有更多的免费带宽，还是存储可以不要钱？这只是个比方。否则如何这件事谁都能干，为什么要投资给你？你有什么特别的核心竞争力？有什么与众不同的地方？所以，关键不在于所干事情的大小，而在于你能比别人干得好，与别人干得不一样。

第六，说明你将如何挣钱？如果真的不知道怎么挣钱，你可以不说，可以老老实实地说，我不知道这个怎么挣钱，但是中国一亿用户会用，如果有一亿人用我觉得肯定有它的价值。想不清楚如何挣钱没有关系，投资人比你有经验，告诉他你的产品多有价值就行。

第七，再用简单的几句话告诉投资人，这个市场里有没有其他人在干，具体情况是怎样。不要说“我这个想法前无古人后无来者”这样的话，投资人一听这话就要打个问号。有其他人在做同样的事不可怕，重要的是你能不能对这个产业和行业有一个基本了解和客观认识。要说实话、干实事，可以进行一些简单的优劣分析。

第八，突出自己的亮点。只要有一点比对方亮就行。刚出来的产品肯定有很多问题，说明你的优点在哪里。

第九，倒数第二张纸做财务分析，可以简单一些。不要预算未来三年挣多少钱，没人会信。说说未来一年或者六个月需要多少钱，用这些钱干什么？

第十，最后，如果别人还愿意听下去，介绍一下自己的团队、团队成员的优秀之处，以及自己做过什么。

（文章来源：中国企业家官网，www.iceo.com.cn）

二、成功的创业计划书的特点

项目不一样、制订者不一样，创业计划书的内容、风格也不尽相同，但成功的创业计划书有一些共同的特征。

（一）客观性

客观性是计划书的基本特性。一份弄虚作假、扬长避短的创业计划书虽然外表光鲜，骨子里却经不起推敲。成功的创业计划书必须首先建立在充分的市场调查、大量的真实案例、确凿的数据分析之上，才能获得投资者的肯定，才有可操作性。可以说，客观性、真实性是创业计划书的生命。

（二）可行性

成功的创业计划书不是纸上谈兵，而是用来进行实战的。只有进行实战，计划书的价值才能真正显现。在具体的实战过程中当然会根据具体情况作出若干调整，但项目的整体思路和设想一般不会动摇。

（三）创新性

这是创业计划书最鲜明的特性，也是创业计划书相互区别的标志。如果项目是新项目、技术是新技术、材料是新材料、营销模式是新的营销模式，那么，创业计划书会以全新的形象显得与众不同。

（四）逻辑性

这是创业计划书不同于一般商业文件的一个特征。创业计划书的每一部分都是围绕着企业目标而展开的，并且为整体目标提供一种论据和支撑。具体到文字上，就是用逻辑性的语言把客观事实和相关材料表达出来。

掌握了以上原则和技巧，就能写出一份好的创业计划书。

三、创业计划书的撰写技巧

（一）封面

封面重在设计。封面如同创业计划书的脸面，如同大学生的求职简历，首先呈现在读者的面前，因此一定要有独特的风格。封面一般以简约、含蓄为主，忌晦涩怪异。封面的内容包括项目名称、负责人姓名、联系方式、联系地址，以及项目或公司标志（已经运营的公司）。

（二）概述

概述是计划书的缩略版。与一般论文一样，概述的意义在于提纲挈领。它涵盖了创业计划书的要点，以便读者能在最短的时间内评审计划并作出判断。一般包括以下内容简介和要传达的信息：①企业介绍，你的企业是有明确的目标和广阔的前景；②创业者及其团队介绍；③产品和业务范围；④市场分析，产品或服务相关市场具有广阔的空间；⑤营销策略和计划；⑥财务计划，企业的财务分析客观可循；⑦资金需求；⑧风险分析。概述一定要简明生动，精练贴切，不能面面俱到，更忌拖沓歧义。尽管概述在主体内容之前，概述一定要放到最后来写。先写难免会顾此失彼有所差池，只有反复阅读了计划书的主体之后再写摘要部分，才能有的放矢，总揽全局。

（三）企业概况

如同自我介绍，目的就是让投资者认识自己。这里会涉及：①企业的基本概况：企业名称、企业的法律形式、企业的注册地址、联系方式等；②企业的发展历史与现状；③企业所提供的产品或服务的竞争力；④企业未来发展规划。

（四）市场评估

这一章在整部创业计划书中起着举足轻重的作用。如果对市场调研和分析的重视程度不够，创业计划书将会变得很糟糕。

市场调研是为了了解客户。顾客是否喜欢并愿意购买产品？他们为什么购买该产品？通过什么方式购买？这都是要详细了解的内容。另外，通过市场调研能够了解行业竞争对手。明确竞争对手实际上是为了定位自己的企业，了解自己企业在竞争中的位置，从而明白自身企业今后的投资方向和发展方向。但是，完成市场调研并非易事，创业者需要投入大量的时间和精力去完成。

（五）产品（服务）介绍

在进行投资项目评估时，投资人最关心的问题之一，就是风险企业的产品、技术或服务能否以及在多大程度上解决现实生活中的问题，或者风险企业的产品（服务）能否帮助顾客节约开支，增加收入。这一部分是正文的另一个核心。

产品介绍包括：产品的概念、性能及特性；主要产品介绍；产品的市场竞争力；产品的研发过程；发展新产品的计划和成本分析；产品的市场前景预测；产品的品牌和专利等。这里一般要回答以下问题：①顾客希望从企业的产品或服务中得到什么好处？②与竞争对手相比，企业提供的产品或服务有哪些优势与短处？企业采取何种办法去取长补短？③企业拥有哪些专利与许可？企业为自己的产品采取了怎样的保护措施？④企业对新产品或服务有何规划？⑤企业的产品定价为何能给企业带来长效利润？⑥该产品或服务如何拥有稳固的顾客群？如果顾客群缺失，企业该如何应对？

（六）人员与组织结构

有了产品之后，创业者要做的就是结成一支有战斗力的管理队伍。企业管理的好坏，直接决定了企业经营风险的大小。而高素质的管理人员和良好的组织结构则是管理好企业的重要保证。

1. 主要管理人员介绍

主要管理人员一般是董事会成员及主要营销人员。董事会成员决定企业的发展，营销人员关乎企业的效益，因此，有必要介绍他们的详细经历和背景，乃至他们的职责和能力。具体来讲，包括个人基本信息（姓名、年龄、学历、政治面目等）、工作履历、受教育程度、主要经历、道德素养和综合素质。

2. 组织结构介绍

组织结构即企业管理架构。组织结构体系很多，但初创企业组织结构相对比较简单，员工就是股东。关键是分工明确，各司其职。主要介绍董事长、董事会成员和其他股东的权利和义务；明确股本结构，确定企业所有权；列举员工报酬，说明理由。

（七）市场预测

当企业要开发一种新产品或向新的市场扩展时，首先就要进行市场预测。如果预测的结果并不乐观，或者预测的可信度让人怀疑，那么投资者就要承担更大的风险，这对多数风险投资家来说都是不可接受的。

在具体成文之前，应该对以下疑问有大致的了解。首先是需求预测。在实际市场中消费者对产品或服务的需求是否存在？如果存在，需求量有多少？这些需求能够为企业带来多大的利益？其次是竞争预测。同类产品或服务甚至相似产品或服务的竞争者有哪些？本企业在竞争中的优势是什么？该优势能为企业带来怎样的利润？ 基于此，在创业计划书中，市场预测应当包括以下内容：需求现状描述，市场现状综述，包括市场竞争、企业所提供的产品的地位、目标市场情况等。

（八）营销策略

营销策略对创业计划的作用也不容忽视。投资者可以从营销计划中预估企业进入市场的能力。营销策略主要包括三个方面的内容：

1. 有关产品及其价格的整体规划

一方面，论述产品的目标客户，展示产品之于目标客户的价值；另一方面，制定合理的价格，用足够的论证来证明所定价格的合理性。同时，创业者要制订价格控制方案，以便让投资者相信自身的价格控制能力。

2. 分销渠道

这里需要明确的是，分销渠道是另辟蹊径还是与他人联合，是多渠道销售还是直销形式，关键是创业者要做好销售设计方案，包括具体的销售策略、销售中可能遇到的难题的化解方式、营销队伍概况与管理、不同阶段的销售目标和方向等。

3. 宣传方式

刚刚起步的企业有必要靠促销来打开产品市场。折扣、刮奖、广告、展示会等，无论哪种方式，都要在创业计划书中明确道来。

（九）生产计划

作为创业计划书中的重要组成部分，生产计划的作用在于使投资者了解企业的成本规模和企业产品在市场中的受欢迎程度。在这部分，创业者应该明确一个有机的业务流程。在业务流程中，创业者一定要明确其中的关键环节，要写明企业的基本运营周期以及间隔时间，更要将季节性生产任务和生产中会遇到的问题及解决方案阐述清楚。

具体来说，创业计划书中的生产制造计划应包括以下内容：①厂房基本情况：地址、基础设施和基本配置情况；②产品制造和技术设备现状；③生产流程及关键环节介绍；④新产品投产计划；⑤生产经营成本分析；⑥质量控制和改进计划及能力。

（十）财务规划

一份好的财务规划可以降低经营风险，增强风险企业的评估价值，可以提高企业获取资金的可能性。如果说整份创业计划书是创业者在筹资过程中所做事情的整体概括，财务规划则是创业计划书的臂膀，为创业计划书做有力的支撑。财务规划一般包括以下内容。

1. 历史经营状况数据

这里针对的是既有企业，初创公司不会涉及此类问题。企业在过去几年的经营状况是未来发展的重要参考，投资方会以此作为抉择的重要依据。一般而言，创业者应提供三年以来的现金流量表、资产负债表和损益表。其中，现金流量表是企业的生命线，企业无论在初创期还是在扩张期都要对流动资金有预先的计划和使用中的严格控制；损益表是企业盈利状况的写照，反映了企业在一段时间运作后的经营结果；资产负债表体现企业在某一时刻的状况，是投资者用来衡量企业的经营状况以及投资回报率的依据。

2. 未来财务整体规划

未来的财务规划是建立在创业计划书中的生产计划和营销计划基础之上的。严格来说，创业计划书中的此前任何章节都应该作为企业制订未来财务规划的依据。有据有理，有适当的假设，是做好财务规划的前提。

创业者要做的工作是：论述未来 3 ~ 5 年的生产运营费用和收入状况，将具体财务状况以财务报表形式展示。

财务规划需要财会方面的专业知识，要做到规划精细、账款明晰，最好由这方面的专家来运作。专业的眼光能够避免财务报表漏洞百出，也能增强投资方的信任感。因此，创业管理团队中有一位熟悉财务的人是非常必要的。

（十一）风险分析

创业计划书前面的章节写得再出色，没有风险分析的创业计划书整体上也是不完美的。

1. 市场风险

包括生产中可能遇到的问题；销售中未知的因素；竞争中难以预料的方面；顾客的不同需求与反馈。

2. 技术风险

主要是技术研发中的困境，如技术力量不够强大、研发不到位、员工熟练程度不高、经验不是很丰富、研发资金短缺等。

3. 资金风险

创业者需要阐明有可能出现的资金周转不畅和资金断流问题，也要讲明万一企业遭遇清算的后果以及遭遇清算后有无偿还资金的能力。

4. 管理风险

与成长期的企业相比，初创企业难免会有各种各样的问题和不利于引资的种种因素。管理上的风险往往显得尤为突出。创业者要实事求是，不能刻意隐瞒管理方面的缺陷和漏洞，而要如实反映一些现实情况，如人手不足、经验欠缺、资源匮乏之类。真诚是企业最好的名片。

5. 其他风险

风险还有很多，某些政策的不确定性、经营中的突发情况、财务上的非确定因素等，都可以归入此类。

附：创业计划书范文阅读

礼尚往来：大学礼品店创业计划书

图为参考封面设计

一、企业概要

某礼品开发和策划机构曾经专门就礼品市场对数千人做过调查，一个人一年中送礼次数最高的达到267次，最少的两次，平均为3.9次。在送礼金额中，最贵重的达到1288元，最便宜的11元，平均35.6元。按照上述数据，推算礼品市场：全国人口13亿×每年送礼人次3.9次×每人次送礼金额35.6元=市场容量为1805亿元。情感是具有普遍意义的概念，包含亲情、友情和爱情。情感无处不在，凝聚在同学、同事、战友、师生、上下级、父母、兄弟、姐妹、长辈、晚辈、知己、情侣、爱人等关系中，人们表达感情的方式，最简单、最直接和最有效的方法是赠送礼物。情感礼品行业是一个充满诱惑力的新兴产业，作为新的经济增长点，发达国家已逐步走向成熟，各种档次的专卖店、销售点星罗棋布，各种层次、各种款式的产品充分满足了日益增长的市场需求。而在国内，这一行业尚处于初期发展阶段。其市场潜力巨大。

二、公司描述

1.公司名称：西安市新锐商贸有限公司——×98工艺礼品专业连锁店

2.公司宗旨：让快乐相伴相随，将平价进行到底

3.公司服务：一份礼品、一份心意、一份祝福、一份快乐

4.公司形式：股份制

5.公司经营方式：自主连锁经营

三、公司经营策略

1. 行业现状

一方面是专门围绕生日主题开设的生日礼品专卖店和时尚饰品连锁店。目前在西安主要有“广州多彩”“爱情氧吧”“快乐 365”“花样年华”“5151”“色可儿”“阿呀呀”“时尚青年”等。经营方式以加盟形式，其价格较高，平均利润率在50%以上，有的高达100%甚至200%以上。管理体制也不完善，各盟店发展不均衡，没有真正形成规模效益。

另一方面是传统的个体店或夫妻店。其经营虽存在了多年，但都形不成规模，没有品牌效应，知名度低，经济效益也不是太理想，只当是养家糊口的一种谋生手段。

2. 市场分析

据调查，目前有三种送礼现象：一是一些企业把为员工过生日作为提高企业凝聚力的重要手段，这种现象非常普遍；二是一些商务人士纷纷把生日送礼作为业务往来的亲情筹码，大打亲情牌；三是在学校，为同学过生日，已经成为一种风气并蔓延开来。这三种现象导致送礼的范围已经超越了过去单纯的亲情、友情和爱情的范畴。西安市有各类高校、民办及其他高等教育机构100多个，在校学生达100多万人。这就使礼品市场变得更广阔。

3. 经营模式

以自主经营专业店的连锁形式进行策略扩张，针对大学生消费市场，集中主力于大学周边商业街大学城开设专业店，充分利用当地的批发商以铺货分期结算的方式进行合作。进行品牌推广，力争在三年内把公司品牌做大做强，进而较快地推动公司滚雪球式的发展。

4. 营销策略

实行统一店面、统一品牌、统一形象、统一采购、统一售价、统一服务质量，统一的管理体系等，进行全面统一的管理，实现规模效益。

四、竞争分析

1. 竞争对手——个体店夫妻店

他们的经营理念比较落后，市场经济意识和法律意识都比较淡薄，因此，他们经营的局限性壁垒比较大。小农思想比较严重，故其所经营的商品质量得不到保证，进货渠道比较杂乱和局限，品种单一，服务较差。同时，商品的时尚性、新颖性不强，特别是不能满足青年一代的个性需求。而作为连锁店则是以强大的资金实力和统一的运作模式来作为后盾，从进货源头上就把住了商品的质量关，以及从流通等各方面着手降低了商品的成本，进而以更优惠的价格、更好的商品来面对消费者。同时，连锁店可进行一些促销活动，以及做广告宣传，而农家店夫妻店是各顾各，一般只停留在传统的口碑上。且他们的店面较小，从几方面上看，他们都是可以战胜的对手，加上个体夫妻店购物环境的不甚理想，不能给消费者提供更好的购物享受和自由度。

2. 竞争对手——生日礼品专业店和时尚饰品店

具有一定的规范化、规模化、专业化，其产品也较时尚、个性。但其价位较高，利润空间大。而且其加盟公司实力存在较大差异，管理体制不健全。尤其有些公司，只注重发展加盟店的数量，收取加盟费。而忽略了加盟店的扶持、跟进服务和区域保护，造成加盟店的后期管理混乱，发展不均衡，难以统一，各自为政，从而失去了加盟连锁的优势和规模效益。而作为专业连锁店，没有中间环节，直接管理，连锁经营，拥有更加丰富的产品储备、更加专业化的经营、更加实惠的价格、更加人性化的服务，从而最大地满足人们个性化、时尚化的送礼需求，解决送礼难、送好礼更难的现实困难。一份礼品、一份心意、一份祝福、一份快乐，传导快乐消费理念，引领快乐消费新潮流，具有较强的竞争性。

五、经营要点

1. 员工要求

（1）营业员：诚实守信，有责任心、上进心，有较强的表达能力和敬业精神。

（2）店长：必须从事营业员工作满六个月，经考核合格方可担任。

2. 人员配备

一星标准店长一名，副店长一名，营业员 2 名（50 平方米）。

3. 薪酬体系

建立人性化工资体系，工资奖金动态分配，员工可参股分红。最大限度留住人才。

4. 用人原则

充分给予每个员工以信任和机会，用其所能，用尽所能。

5. 店铺规模

一星标准店 50~100 平方米，三星形象店 100~200 平方米，五星旗舰店 200 平方米以上。

6. 定价原则

（1）新产品（特色品）上市一律以 ×9.8 元的形式，如 9.8、19.8、29.8 元。

（2）促销品（一个月后滞销品）改 9.8 为 5，如 5、15、25 元。

（3）特价品（三个月后滞销品）降级销售，如 9.8 元为 5 元，19.8 元为 9.8 元，29.8 元为 19.8 元。

7. 利润率

（1）独特个性时尚商品（当地批发商无售商品）为 50%。

（2）一般个性时尚商品（周边同行店无售商品）为 40%。

（3）常规个性时尚商品（周边同行店有售商品）为 35%。

（4）热销竞争性强商品（上述 a、b 类商品除外）为 30%~25%。

8. 促销活动

（1）消费卡：凡进店消费者均可领取，累计达 29.8 元可换会员卡，以吸引新顾客再次消费。

（2）会员卡：消费（可累计）达 29.8 元均可领取，享受更多的会员优惠，以巩固老顾客。

（3）联合：与蛋糕店、鲜花店、礼仪公司等联营，拓宽销售渠道。

（4）赞助：参与周边院校的联谊、文艺等各种活动，进行适当的宣传，提高知名度。

（5）替送：因事忙、闹别扭、商务等需要，替送一份礼品，传一份祝福，更具人性化。

（6）团购：学校、机关、企业等节日礼品、会议和校庆纪念品。

（7）节假日：元旦、情人节、圣诞节等不断进行特价、赠送等优惠活动，提升人气。

（8）自创日：在平常日子，可想办法创造活动日，如和好日、道歉日、想您日等。

六、财务分析

1. 前期投入

按目前行业的现状，开设一家一星的标准店（同行业规模在10~30平方米），营业面积50平方米，房租6000多元/月，按“交三压一”支付计24 000多元，货架及装修等10 000多元，货款加上流动资金为10万元，合计15万元。计划前期开设5家一星标准店，总投资约75万元。

2. 融资方式

公司以3~6个股东融资在80万元，每股5000元，计160股。先期采取零负债的模式，到企业发展进一步加快时，可向银行申请一定的贷款，使公司得到滚动式的发展。

3. 投资收益

按一家一星的标准店一个月期限来计算，营业收入为60 000元，营业收入利润率为35%，营业利润为21 000元。营业成本计12 000元，其中房租6000元，各税费1000元，人员工资费用4000元（4人），包装费、礼品袋等费用1000元。月纯利润为9000元，即年纯利润为108 000元。投资回收期为1.5年。

七、远景规划

经营学生礼品为主，兼顾商务礼品、家居饰品等，对专业店不断地复制，以专业连锁形式滚动式发展。以西安市为起点，打好基础。发展到周边如成都、重庆、郑州等城市，以此为基地，向全国辐射。将开设专业连锁店1000多家，打造中国最大的工艺礼品专业连锁机构。

（资料来源：全国大学生创业服务网，http://cy.ncss.org.cn/cyjgs/cyjgsmb/ 264943_2.shtml）

【案例导读】

麦肯锡30秒电梯法则

麦肯锡公司曾经得到过一次沉痛的教训：该公司曾经为一家重要的大客户做咨询。咨询结束的时候，麦肯锡的项目负责人在电梯间里遇见了对方的董事长，该董事长问麦肯锡的项目负责人：“你能不能说一下现在的结果呢？”由于该项目负责人没有准备，而且即使有准备，也无法在电梯从30层到1层的300秒钟内把结果说清楚。最终，麦肯锡失去了这一重要客户。从此，麦肯锡要求公司员工凡事要在最短的时间内把结果表达清楚，凡事要直奔主题、直奔结果。麦肯锡认为，一般情况下人们最多记得住“一二三”，记不住“四五六”，所以凡事要归纳在3条以内。这就是如今在商界流传甚广的“30秒钟电梯理论”或称“电梯演讲”。

（资料来源：管理者之家，www.glzzj.com/4409.html）

四、创业计划竞赛不同阶段对作品的要求

（一）预赛阶段

预赛时提交一份创业计划提纲，理想篇幅：A4纸3~4页。

1. 基本部分

（1）机会。

第一，描述创业机会。瞄准清晰的市场需求、瞄准具体的目标顾客（群）。

第二，描述产品或服务概念。使用类比，给出例子，解释怎样满足顾客的需求。

第三，描述市场中的竞争。竞争者是谁，他们的产品是什么？你的竞争优势是什么？如何保持这些优势？

（2）策略。策略+目标市场=创业模型；怎样盈利；怎样把产品送到顾客的手中；谁是顾客。

（3）怎么做。描述盈利潜力、预期收入、盈利能力、回收策略；描述管理队伍、全面均衡、经验、不足；行动计划；里程碑。

2. 可选部分

产品或服务的命名。

命名时应考虑的因素：直观、时髦用语、暗示创业模型、有说服力、吸引顾客的注意力。

3. 注意事项

（1）以顾客为中心描述这一讨论的框架。例如，您的产品或服务是一个正出现在发展潮流的一部分，目前尚未解决的问题；特定的大型应用；这个风险事业是一种解决方案；对顾客需求的特殊之处；初步的成功。

（2）使用图表来说明概念，要求是清晰简洁的书面材料，直截了当。

（二）复赛阶段

复赛时提交一份完整的创业计划，一份良好的创业计划（包括附录在内），篇幅一般为25页左右。

（三）决赛阶段

在复赛作品的基础上进一步完善、提高，形成决赛作品，制作PPT，并准备参加答辩。

五、实践训练

循序渐进完成创业计划。

第一阶段：创业计划构想细化。

第二阶段：客户调查。

作业 1：竞争者调查

确定你的潜在竞争对手并分析本行业的竞争范围。分析形成战略伙伴的可能性，谁是你的潜在盟友。准备一份 1~2 页的竞争者调查报告。

第三阶段：文档制作。

作业 2：市场、目标和战略是创业计划的第一个主要部分。它应当建立在你所进行的客户调查和竞争者调查的基础之上。交一份 3~5 页的文档，含量化市场机会、你如何把握这个机会、细化争取目标收入的战略。附上一些市场预测、客户证明、调查数据，以及从各种出版物上剪下来的材料、产品描述或者市场营销材料。

作业 3：操作。针对新公司的运作，准备一份 3~5 页文档。分析哪些是达到目标最关键的成功因素，如何在创业计划中反映这些优势，并且在所有建立这家公司的重要方面体现这些优势？例如，如何寻求雇员，需要什么样的人？如何开发产品、建立一支销售队伍，建立分销伙伴关系，选择合适的地址？如何创造正面的舆论，保护知识产权以及生产产品？在这个过程中关键的风险是什么？这家新公司如何在长时间大量生产？简而言之，详细描述这家公司从今天到两年后、五年后以及将来的运作方式。仔细进行财务估算，以透彻把握这家公司如何在收入、销售量、客户以及其他推动因素方面取得长足发展。

作业 4：团队。交上 2~3 页的小结，说明本队队员具备在创造这家公司中所需能力，并说明公司发展过程中所需主要人员的分工情况。人们常说风险投资家们其实并不是在向创意投资，而是向“人”投资。用单独的一页纸说明公司创立团队中每个成员在公司中所拥有的资产。如果需要外来资金，用一段话说明本团队将出让多少所有权以换取资金。

作业 5：财务。交上一份公司完整的财务分析，包括对公司的价值评估。必须保证所有的可能性都考虑到了。财务分析量化本公司的收入目标和公司战略。要求详细而精确地考虑实现公司所需的资金。

第四阶段：答辩陈词和反馈。

作业 6：创业计划答辩。准备 5 分钟的答辩以推销你的创业机会。这是为了提供第一次（也许是最后一次）机会来向一群投资家推销你的公司。陈词应当强调公司的关键因素，但这并不是把创业计划的执行总结用口头方式表达出来。用看得见的一些东西来吸引听众。用简洁的市场分析和可靠的数据来给投资家留下深刻的印象。准备应对听众对计划的提问。

【信息链接】

全国大学生创业服务网

2011 年 3 月 29 日中共中央政治局委员、国务委员刘延东，中共中央政治局委员、上海市委书记俞正声共同开通全国大学生创业服务网站。

为了进一步推进大学生创新创业教育和学生自主创业工作，在教育部高校学生司的指导下，教育部全国高等学校学生信息咨询与就业指导中心创建开通了大学生创业门户网站“全国大学生创业服务网”。

全国大学生创业服务网（cy.ncss.org.cn）作为教育部唯一一个专门宣传、鼓励、引导大学生创业的网站，是教育部发放《高校毕业生自主创业证》的官方网站。在充分整合学校、社会、政府等多方资源基础上，网站为大学生提供创业资讯、创业指导、项目展示、创业项目对接、线上素质测评、在线模拟创业、创业大赛等服务。

【本章小结】

1. 创业计划不能等同学习计划、工作计划之类，创业计划的实质是一种创业介绍或投资申请，以期保障创业顺利进行或吸引投资。

2. 与创业计划相关的基本知识包括定义、意义、原则和内容。在创业计划书具体写作环节，从封面摘要到财务规划，有十大构成要素，每个构成要素都有其具体的内容和写作技巧。

3. 一份成功的创业计划书一定是具备客观性、可行性、创新性和逻辑性这些共同特质的。创业计划书有其基本的原则和技巧，这因不同要素而异。

【思考与实践】

1. 在老师的指导下按教材中的《创业计划书框架及练习模板》完成一份完整的创业

计划书，并制作一份12页左右的PPT。

2. “三分钟电梯演讲”训练。自选一个项目，提炼创业项目要点，按“三分钟电梯演讲”要求进行强化练习，目的是培养学生对项目的掌握能力。

3. 组建团队或者个人独立撰写一份创业计划书，模板见教材附录1《创业计划书框架及练习模板》。

【本章参考文献】

黄文辉. 湘西非物质文化遗产项目的整理与保护研究[J]. 中南大学学报：社会科学版，2012（18）.

第六章 企业的创建与经营

【名人名言】

想赢两三个回合，赢三年五年，有点智商就行；要想一辈子赢，没有德商绝对不行。

——牛根生

如果 10%的利润是合理的，11%的利润是可以的，那我只拿 9%。

——李嘉诚

【教学目标】

1. 了解新开办企业的基本要求和基本程序。
2. 解新开办企业可能遇到的风险类型及其对策。
3. 掌握新企业管理的独特性，理解新企业管理重点与行为策略。

【教学要点】

1. 企业组织形式。
2. 新开办企业和管理策略。
3. 新开办企业和风险控制策略。

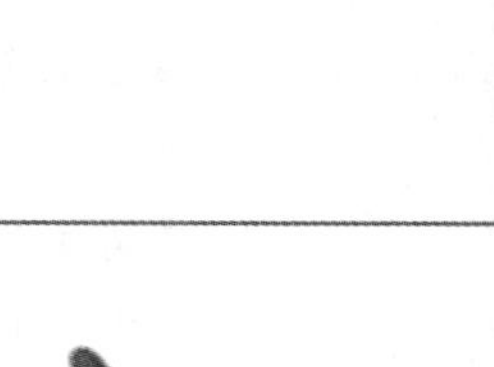

第一节 企业的创建

一、企业组织形式

一家新创企业可以选择的组织形式有多种，主要有个人独资企业、合伙企业、公司制企业（包括有限责任公司和股份有限公司）。三种组织形式没有好坏之分，无论选择哪种组织形式，创业者均可以根据国家法律法规的要求和新企业的具体情况，进行选择。

欠发达地区由于市场化程度普遍不高，很多人倾向选择家族形式的个人独资企业，在开办初期，这往往有利于降低交易成本。在发展阶段，一般要进行现代企业改制，实行股份制，明确家族成员和管理人员的责、权、利，否则不容易吸收高素质的管理经营人才，也不容易吸引外来投资。这是在选择企业组织形式的时候需要考虑的。一般建议预留资本投资额度的空间或者股份空间。

【拓展阅读】

企业设立前必须思考的十大问题

（1）一般新办企业可以享有哪些法定的税收优惠政策？

（2）大学生创业有哪些扶持政策？

（3）在民族地区创业有哪些优惠政策？

（4）如何运用不同的产业政策、区域政策、科技政策获得税收及投资优惠？

（5）新创办企业的市场发展方向及商业营运模式是否明确？

（6）不同组织形式的企业的法律责任、税费标准、组织架构方面有哪些不同？

（7）如何根据创业者自身特点和业务内容，选择恰当的企业组织形式？

（8）如何明确投资人的股份比例，各方的责权利关系？

（9）股东会、董事会、监事会职权划分及其对未来企业的影响？

（10）新开办企业经营项目涉及哪些政府行业管理部门，准入程度如何？

目前适合新企业的组织形式

（1）个人独资企业：具体参照《中华人民共和国个人独资企业法》。

（2）合伙企业：具体规定参照《民法通则》中有关合伙的规定和《中华人民共和国合伙企业法》

（3）有限责任公司（包括一人有限责任公司）：具体规定参照《中华人民共和国公司法》。

（4）民办非企业：具体规定参照国家民政部《民办非企业单位登记管理暂行条例》。

二、企业注册流程

企业注册是指创业者根据国家法律法规获得合法经营手续的行为。新企业注册流程包括名称核准、工商注册、办理公章、代码登记、银行开户、税务登记、社会保险登记。未经国家登记机关登记的，不得以公司或企业的名义从事经营活动。

（1）新企业名称核准。新企业核准一般要提交如下文件：①有限责任公司的全体股东或者股份有限公司的全体发起人签署的公司名称预先核准申请书；②全体股东或发起人制定代表或者共同委托代理人的证明；③国家工商行政管理总局规定要求提交的其他文件。

（2）新企业工商注册。名称查重，填写登记申请书并提交有关材料。各类新企业登记需要提交的文件。具体可以参见《企业登记程序规定》《中华人民共和国公司法》《中华人民共和国登记管理条例》等。

（3）新企业办理印章、代码登记、银行开户。具体规定，可以参见《国务院关于国家行政机关和事业单位社会团体印章管理办法》《组织机构代码管理办法》等。

（4）新企业税务登记。具体参加《中华人民共和国税收征收管理法》。

（5）新企业社会保险登记。具体参见《中华人民共和国社会保险法》。

公司注册流程如表 6-1 所示。

表 6-1　公司注册流程

办理项目	所需材料	项目成果
签署（委托协议书）	联系人与联系电话	《委托协议书》
企业名称预审核	1. 提供3~5个公司名称 2. 经营范围 3. 股东、法人身份证 4. 注册资金与出资比例 5. 联系电话与地址	《名称预先核准通知书》
工商登记	1. 《名称核准通知书》 2. 公司章程 3. 其他材料	营业执照
刻章	营业执照复印件	公章、财务单等
组织机构代码登记	1. 营业执照、公章 2. 法人身份证	组织机构代码证与IC卡
税务登记	1. 营业执照、组织机构代码证、公章、法人身份证 2. 财务人员身份证、上岗证等 3. 其他材料	税务登记证
开设基本户	1. 营业执照、组织机构代码证、法人身份证 2. 所有章 3. 其他材料	开户许可证

【拓展阅读】

合伙协议书的写作

合伙协议书是企业注册最为重要的文件之一，应当载明下列事项：名称、主要经营场所的地点；合伙目的和合伙经营范围；姓名和住所；出资方式、数额和缴付期限；利润分配、亏损分担方式；合伙事务的执行；入伙与退伙；争端解决办法；合伙企业的解散与清算；违约责任等。

公司章程的编写

有限责任公司章程应当载明下列事项：名称和住所；经营范围；注册资本（认缴）；股东的名称、出资方式、出资额；股东的权利和义务；股东转让出资的条件；公司机构及其产生办法、职权、议事规则；公司法定代表人；财务、会计、利润分配及劳动用工制度；公司的解散事由与清算办法；股东认为需要规定的其他事项。股东应当在公司章程上签名、盖章。

第二节 新开办企业管理与经营策略

一、新开办企业的管理策略

（一）以生存为目标的管理方式

在创业初期，初创企业的生存是第一位的，一切生产经营活动都围绕生存来运作，一切危及生存的做法都应避免。新企业的首要任务是把自己的产品或服务卖出去，掘到第一桶金，从而在市场上找到立足点，使自己生存下来。从一般的经验来看，初创企业要探索新的商业模式，也就是在满足顾客需求、创造价值和赚钱的方式，这是创业管理的本质所在，这比新技术、新产品更为重要。在没有找到可靠的商业模式之前不要提出不切实际的扩张目标，不要大量投资，盲目铺摊子、上规模。

（二）主要依靠自有资金创造经营现金流

什么是企业的经营现金流呢？就是不包括融资、资本支出，以及纳税和利息支出的经营活动净现金流。经营现金流一旦出现赤字，企业将发生生产经营中断，出现偿债危机，可能导致破产。初创时期，由于融资困难，只能依靠自有资金运作来创造经营现金流。这就要求管理者千方百计增收节支，降低成本，加速周转，控制发展节奏。

（三）充分调动团队所有人做所有事的管理方式

初创时期，为了节约资源，团队成员一般都很少。尽管建立了企业组织结构，但很少有按正式组织方式运作的。典型情况是，虽然有名义上的分工，但运作起来都是哪里急、哪里需要，就往哪里去。这种情况看似混乱，实际是有序的状态。每个人都清楚企业目标和自己应当如何为企业目标作贡献。在初创时期，核心创业者必须尽力打造一个优秀的团队，打下未来领导管理班子的基础。

（四）团队成员亲自深入细节的管理方式

细节决定成败。企业效益不好，就是因为在细节上下功夫不够。深入一线，才能对生产经营全过程的细节了如指掌，经验才越来越丰富。初创时期，经营管理尤其要注重细节管理，打牢企业生存和发展的基础。

（五）彻底奉行顾客至上、诚信为本的管理方式

创业的第一步，就是把企业的产品或服务卖给顾客。创业者经历过创业艰难，一生都会把顾客放在第一位。在创业初期，只有靠诚信，创业企业才能生存下来并逐步发展壮大。顾客至上、诚信为本，这是成功的创业者在艰难的创业过程中形成和学习的核心价值观。

二、新开办企业的经营策略

（一）尽快熟悉地方文化

开办新企业，首先要有文化自觉，了解各地特有的社会文化传统和自然环境。这是因为，这些非经济因素对经济发展和企业经营往往有重大影响，有着不可忽视的作用。既不能把外地的经营管理模式机械地照搬过来，也不能把当地经营模式绝对化。

（二）尽快熟悉市场

不同文化下的生活习惯、语言和社会组织单元都可能不一样，这样的差异影响着经济活动和经营管理。语言差异会直接增加经营的难度，还容易造成经营各方的误解和分歧。社会结构体制单元大小对消费体制影响大，进而制约消费市场的需求情况和消费心理。生活习惯的差异更直接作用于消费容量，对市场产品提出了特殊要求。创业者需要认识和把握市场环境方面的特殊要求，这也是新开办企业可持续发展的必然要求。

（三）尽快熟悉员工

不同的文化背景会产生不同的社会教育结构，会塑造出不同的知识和技能结构的人，从而使其呈现出不同的知识和技能水平。此外，文化差异还会导致宗教信仰、伦理观念、文学艺术等一系列意识形态的差异，这些会制约着员工对企业经营及工作的参与热情、价值取向，给企业经营管理带来障碍或者起促进作用。因此需要尽快熟悉，帮助新开办企业做好经营管理工作。

三、新开办企业的营销策略

（一）创业初期的营销——企业家营销

大多数公司都是由一些有理想的创业者创办的，最初的营销大多是创业者自己去推销自己的产品。

【拓展阅读】

在初创阶段营销容易犯的错误

（1）不理解客户。
（2）产品卖点并不能满足目标客户的需求。
（3）创始人没有和顾客亲密接触。
（4）初创公司没有持续跟进。
（5）一边在吸引新客户，一边在流失老客户，形成了销售漏斗。
（6）价格定位不合理。
（7）创始人并不过问产品营销业务。

（二）成熟创业的营销——惯例式营销

随着公司的发展和客户群体的壮大，一般企业在成长期都采用惯例式营销，即细分市场，建立营销队伍，构建营销网络。

（三）协调式营销——两种营销方式兼顾的模式

许多公司发现，惯例式营销缺乏企业家营销的灵活性、创造性和热情，于是，更多的企业家要求在惯例式营销模式下，企业的品牌经理和生产经理走出办公室，面对面倾听顾客的反映，以保证产品更好地满足客户的需要。

（四）做大企业的小伙伴

创业初期的企业还不够大，势单力薄，靠自己的单枪匹马奋战，不仅会因为相互撞车而自取灭亡，还会由于老是生活在巨人的阴影下，难以取得长足进步。可以凭借自己的优势，取长补短，依附大企业成长，充分利用大企业的资源来获取发展资金，做他们的小伙伴。

【拓展阅读】

企业家提示

找到与大企业的共同利益，主动与他们结盟，将强大的竞争对手转化为依存伙伴，借船出海，借梯登高，用他们的优势来发展自己，这种盈利模式就是依附成长模式。

【拓展阅读】

创业初期应记好几笔账

账目不清，容易导致对现金流预测不准，搞不清楚到底是盈利还是亏损，也会导致员工勤懒不分，成本不分，会给企业带来致命的风险。

（1）现金账。以月为周期，详细记录每月几个重要的现金结算日期，如何时发工资、交房租、水电费、上网费等，还要记住几个重要的回款日期，每月几日某项过程（长期客户）结账。重要的缴费和结算节点必须心中有数，账上有记录。同时，要搞清楚何时资金最紧张、最富裕，有效避免出现赤字或支付能力不足。

（2）销售账。建议以单日为周期记录，即每天记，最好是日清月结；用流水账方式记录，即每天卖掉多少、每天进货花多少、毛利是多少、发生的这笔销售的人工费是多少、交通运输费多少，每一笔都要按时间顺序详细记载。

（3）费用账。建议以表格形式把所有已经发生的费用都呈现出来，每月记录一次即可。经营所发生的费用都要记录，包括人员工资、房租、办公室耗材、设备折旧等。这些钱都将从毛利里支出。搞清楚这些，才能避免“表面上赚钱、实际上赔钱”的现象。

（4）库存账。建立定期盘库和专人理货的制度。每次盘库和理货都要两人以上，要注意记录进货日期和出货日期、进货批次、批量、存放货架等信息。片区及时掌握库存周转周期，有利于资金的分配使用。

初创期的企业往往把管理的重点放在经营上，而忽视财务管理。许多企业融资顺利、计划书完美、产品适销对路、营销有力，最后却因为财务管理不善而失败了。

（见李肖鸣等编：《大学生创业基础》，北京：清华大学出版社，2014：238-239）

第三节 新开办企业的风险控制

一、新开办企业生存阶段的风险来源

（1）缺乏流动资金。创业者资金不充分，或将过多的资金投在企业固定资产等方面，致使处于起步阶段的新企业缺乏流动资金。

（2）缺乏日常管理。起步阶段，千头万绪、齐头并进，团队成员忙于各项事务，创业者疏于日常管理，或者只重视经营，或者自身管理能力不强，企业管理难以摆脱混乱、无序的局面。

（3）缺乏支持系统。新创企业需要与政府管理部门、投资商、供应商、股东和消费者等进行主动接触与沟通，并形成有利于新企业生存的社会网络系统。通常在起步阶段，这一类支持系统不健全。

（4）缺乏消费市场。创业者通常容易过高估计企业产品或服务的市场前景，出现判断不准确的现象，造成产品或服务的销售收入与市场预期目标相差甚远。

二、新开办企业生存阶段的风险控制

（1）重视财务管理。财务管理是创业初期企业普遍存在的薄弱环节。创业者要编制财务计划，制定并实施报销制度，现金流量、预算、核算和成本控制制度，资金使用效益监督制度，在建立财务管理激励机制与评估的前提下，加强对流动资金的管理，不断提高新企业流动资金的周转率、变现能力与短期内偿还债务能力，有力化解财务风险，加强核心资产的管理，积极拓展融资渠道。

（2）建立人事管理制度。根据国家法律法规和创业地区的实际，建立人事管理基本制度，如员工考勤、业绩考核、薪酬分配、奖励惩罚、保密协议制度等，调动员工参与新企业生产经营的积极性与创造性。

（3）防范市场风险。创业者要对产品或服务的功能性指标与非功能性指标进行调研，收集目标消费者使用产品或服务的意见，通过召开咨询会等形式，听取相关人士对市场准入、市场定位和市场竞争方面的建议，进而完善技术环节或工艺流程，完善应对市场风险的策略。

（4）适当调整经营内容。要根据新企业生产经营活动取得预期效果的可能性和产品或服务的市场需求、市场竞争变化趋势，适当调整经营业务，重点开展体现核心竞争力的经营活动，重点发展盈利多的经营项目，保持企业内部条件与外部环境之间的动态平衡，使生产阶段的企业稳步成长。

（5）保持新企业持续盈利。创业者要通过多次经营活动积累资金，确立一个简单实用的商业模式，设计一个适合新企业内部与外部环境的盈利模式，形成企业经营盈亏平衡的势头，实现正的现金流，确保企业生存与发展。

【拓展阅读】

创业必须避免的八大误区

创业本身是一部血泪史。我们看见的是成功融资、上市等各种光鲜外表，看不到的是创业的种种艰辛以及创业路上遭遇的种种挫折。创业者既要选对事情，也要把事情做对，两者缺一不可。

1. 盲目照搬国外模式，忽视国情不接地气

商业模式是创业者在创业初期规划时遇到的首个问题。中国互联网过去10年的创业大潮中，硅谷一直是中国创业者的灵感来源。他们习惯于利用硅谷和中国之间的趋势时间差，把硅谷热门的初创公司的商业模式复制到中国。在预计成功复制的同时，也需要考虑在中国市场上遭遇水土不服的风险。近几年蹿红的创业公司中，无论是预订酒店剩房的今夜酒店特价，还是面向短租客的爱日租，以及轻博客点点，都在复制美国模式的

水土不服中中途折戟，只好另辟他途继续前行。

2．自己定义的需求不一定是真需求

找准目标用户的真实需求是创业的第一步。创业者起步阶段的市场调研缺少严密的数据分析，而是凭直觉判断，甚至从自身需求出发判断市场，这往往会存在很大的误差。

曾经创办世纪佳缘网的龚海燕是资深创业者。10年前，龚海燕创办世纪佳缘的缘由是自己找不到对象，通过世纪佳缘，不仅她自己找到了幸福，也让千万世纪佳缘会员有情人终成眷属。10年后，当龚海燕再用这种思维路径去思考下一个创业方向时，她想到了自己在英语上的痛点——口语不行，决定再次从自己的痛点着手创业进入外语培训市场。但这种从解决"自我需求"出发的二次创业失败了。

3．曾经的经验是财富，也可能是"包袱"

创业者过去的成功经验是一段时间的总结，但会陷入思维定式和路径依赖。知名天使投资人保罗·格雷厄姆（Paul Graham）曾经总结过创业公司的发展曲线：在创业初期，创业公司往往都处在一个急速上升的曲线，而且这时候创业者还没有碰过壁，处于"无知的乐观"之中；但是在经历了最初高速发展之后，创业公司会面临越来越多的问题，公司开始进入"创业绝望谷"，多次碰壁之后创业者会进入"有知的悲观"。大众点评的二次创业是这个创业曲线的典型代表。

4．环境巨变故步自封出危机

创业企业的致命危机往往在于当市场变化时没有及时调整，从而被用户抛弃。曾经红极一时的开心网、维络城都是如此。当初开心网凭借"偷菜""争车位游戏"风靡全中国，抢占白领市场，成为SNS市场与人人网齐名的社交网站。但开心网蹿红后，遭遇了"真假开心网"之争和新浪微博上线两道坎。无论是山寨开心网的人气分流，还是新浪微博上线，都让开心网元气大伤。与此同时，开心网内部创新不足，在红极一时之后，没有进行超越2009年之前的创新。

主打优惠券业务的维络城也同样遭遇了过山车般的窘境。随着移动互联网时代的到来，维络城传统的打印纸质优惠券的核心业务逐渐被手机App所取代，面对这样的环境骤变，维络城没能及时调整并开展新的业务，这让维络城的失败成为必然。

5．大规模转型风险高

故步自封有危害，但不断调整市场定位、重构产品，风险同样也非常大。这就让创业者们饱受着"等死"和"找死"的双重煎熬。把握好"变"与"不变"的度是创业成功与否的关键。

垂直互联网市场的成功者比比皆是，比如旅游市场的携程、房产市场的搜房网等。垂直市场成功的前提往往在于：细分市场规模足够大、标准化程度高以及有一定的行业壁垒。创业者对垂直市场的判断容易出现偏差，一些垂直市场往往貌似存在机会，事实上只是暂时的空白，一旦成为横向整合者的目标，创业者就会失去市场空间。比如鞋类电商乐淘一度是垂直电商的代表之一，随着天猫、京东进一步做大，成为横向扩张能力更强的大平台，它就被迫开始转型。

创业者选择方向时，进入一个相对蓝海的创业领域是可行的。但这个领域与自身的能力、创业过程中可以调动的资源是否相匹配，则是需要考虑的。创业者往往忽视了后续的资源支撑能力，一旦发现这个方向不可取，只能选择转型。公司一再转型则意味着整个系统风险会随时降临。

6. 快速成长下的过度膨胀和管理失控

比起初创公司的艰难，另外一类公司作为互联网细分行业（如电商、团购）的拓荒者，借势中国经济和消费崛起，倚仗一轮又一轮融资等因素，有着完美的开局。但在陡峭增长曲线背后却隐藏着种种危险：大规模烧钱导致巨额亏损，公司人员极速扩张，素质良莠不齐，迷信营销的力量而忽视更基本的质量问题……公司如同直插云霄的火箭突然失去动力急速下坠，在高速扩张中，失控的风险急剧增加。凡客诚品和拉手网便是其中的典型案例。

7. “兄弟义气”埋下团队内讧隐患

创业公司获得风险投资（Venture Capital，简称VC）的青睐无疑是获得认同可喜的一步，但公司创始人之间以及投资方和公司管理层的关系也变得更加复杂。投资人和管理层之间存在矛盾冲突，以及创始人内部的股权分配失衡，均会增加创业企业的不确定性，母婴用品起家的电商红孩子就是一个典型样本。

8. 过于依赖合作伙伴的模式迟早出问题

很多创业者在前期创业的时候都会因为资金准备不足、环境因素等而选择创业合作伙伴。选择创业合伙人也是一项技术活，如果选得不好，就会导致创业失败。巨鲸便是因谷歌中国而崛起，也因谷歌中国而衰亡。

（资料来源：根据“创智汇德”有关材料改编而成）

三、新企业生存阶段的风险预防

（1）完善组织架构，学会授权。以简化管理层级为原则，设计与调整组织管理部门，进一步完善企业员工管理与财务管理等规章制度，既鼓励老员工与合伙人的积极性，又凝聚优秀人才。在此基础上，创业者要学会授权，将财务预算、生产计划、营销计划、财务报表签字和人事安排之外的其他工作，授权给中层管理人员，便于创业者把更多的时间和精力用于新企业战略发展等问题上。可委托咨询公司或职业经理人帮助完成。

（2）建立风险责任机制，监督决策。建立完善风险控制目标体系和风险报告制度，要按照既定目标要求和具体标准从事相应的架构和管理。创业者要主动预测风险，即分析企业在投资或贷款等重大决策上可能造成的负面影响，积极控制风险，加强对企业投资或贷款等重大决策过程的监督，健全企业知识产权、财务管理、合同管理等各项规章制度；学会减少或转嫁风险，对即将出现的风险，企业如无法承受，可通过放弃眼前利益或局部利益来渡过难关。

（3）确立企业发展战略，创造优势。企业要保持竞争优势，必须不断培育和发展核心竞争力，并重点提高营销能力和管理水平，在产品或服务、技术营销、品牌、人力资源、企业文化等方面拥有其他企业不具备的优势，创业者要根据新企业市场优势的不断变化，及时研究、调整发展战略，形成企业竞争优势，让竞争对手难以学习、难以模仿，从而立于不败之地。①

【本章小结】

1. 新企业可选择的企业组织形式主要有三种：个人独资企业、合伙企业、公司制企业（包括有限责任公司和股份制有限公司）。

2. 新企业注册须进行名称核准、工商注册、办理印章、代码登记、银行开户、税务登记、社会保险登记。

3. 创业者根据所选择的企业组织形式，填写各种登记表，编写合伙协议、公司章程、发起人协议等文件。

4. 新企业成立初期的主要特征是：以生存为主要目标；依靠自有资金实现有效控制发展；进行充分调动所有人做所有事的群体管理；创业者亲自深入运作细节阶段。

5. 新企业成长过程中面临不同的创业风险，创业者需了解各阶段可能出现的风险，并掌握控制与化解风险的策略与技巧。

【思考与实践】

1. 创业者应该如何选择新企业的组织形式？你的创业计划适合采用哪种组织形式，为什么？

2. 企业名称设计时应注意哪些问题？

3. 注册有限责任公司与合伙企业或个体工商户有什么区别？

4. 税务登记需要注意哪些问题？

5. 开展社会调研，寻找1~3个民族地区特有的创业案例，分析其成功与失败的原因，总结并撰写在民族地区创业要注意的事项。

【本章参考文献】

[1] 李肖鸣，朱建新. 大学生创业基础[M]. 2 版. 北京：清华大学出版社，2013.

[2] 董青春，等. 大学生创业基础[M]. 北京：经济管理出版社，2012.

[3] 伍秋林. 创业基础[M]. 长沙：湖南师范大学出版社，2012.

[4] 张耀辉，等. 创业学导论[M]. 北京：机械工业出版社，2011.

[5] 李家华. 创业基础[M]. 北京：北京师范大学出版社，2014.

[6] 张耀辉，等. 创业基础[M]. 广州：暨南大学出版社，2013.

---

①李家华：《创业基础》，北京：北京师范大学出版社 2014 年版。

第七章 『互联网+』与大学生创业

【名人名言】

网络正在改变人类的生存方式。

——比尔·盖茨

如果有一天互联网业不存在了，我也会将余生置于其中。

——孙正义

【学习目标】

1. 使大学生认识到“互联网+”与创业的关系。

2. 使大学生认识到互联网对创业的重要性，学会“互联网+”创业思维，掌握互联网创业的技巧和策略。

3. 使大学生学会运用“互联网+”思维开展创业实践。

【教学要点】

1. “互联网+”的定义与特点。

2. “互联网+”的创业思维及其对创业的作用。

3. “互联网+”的创业方法、模式，以及在民族地区开展创业的技巧。

第一节 “互联网+”时代

一、产生背景

2012 年 11 月易观国际董事长兼首席执行官于扬在易观第五届移动互联网博览会提出“互联网+”理念。2014 年 11 月，李克强出席首届世界互联网大会时指出，互联网是大众创业、万众创新的新工具。2015 年 3 月，全国两会上，全国人大代表马化腾提交了《关于以“互联网+”为驱动，推进我国经济社会创新发展的建议》的议案，表达了对经济社会的创新提出了建议和看法。他呼吁，我们需要持续以“互联网+”为驱动，鼓励产业创新、促进跨界融合、惠及社会民生，推动我国经济和社会的创新发展。马化腾表示，“互联网+”是指利用互联网的平台、信息通信技术把互联网和包括传统行业在内的各行各业结合起来，从而在新领域创造一种新生态。他希望这种生态战略能够被国家采纳，成为国家战略。在 2015 年 3 月 5 日上午十二届全国人大三次会议上，李克强总理在政府工作报告中首次提出“互联网+”行动计划。李克强在政府工作报告中提出，要“制订‘互联网+’行动计划，推动移动互联网、云计算、大数据、物联网等与现代制造业结合，促进电子商务、工业互联网和互联网金融健康发展，引导互联网企业拓展国际市场”。

二、基本内涵

“互联网+”代表一种新的经济形态，即充分发挥互联网在生产要素配置中的优化和集成作用，将互联网的创新成果深度融合于经济社会各领域之中，提升实体经济的创新力和生产力，形成更广泛的以互联网为基础设施和实现工具的经济发展新形态。

“互联网+”行动计划重点促进以云计算、物联网、大数据为代表的新一代信息技术与现代制造业、生产性服务业等的融合创新，发展壮大新兴业态，打造新的产业增长点，为大众创业、万众创新提供环境，为产业智能化提供支撑，增强新的经济发展动力，促进国民经济提质增效升级。

三、主要特征

一是跨界融合。“+”就是跨界，就是变革，就是开放，就是重塑融合。

二是创新驱动。中国粗放的资源驱动型增长方式早就难以为继，必须转变到创新驱动发展这条正确的道路上来。这正是互联网的特质，用互联网思维来求变、自我革命，也更能发挥创新的力量。

三是重塑结构。信息革命、全球化、互联网业已打破了原有的社会结构、经济结构、地缘结构、文化结构。权力、议事规则、话语权在不断发生变化。

四是尊重人性。人性的光辉是推动科技进步、经济增长、社会进步、文化繁荣最根本的力量，互联网的力量来源于对人性最大限度的尊重、对人的敬畏、对人的创造性发挥的重视。

五是开放生态。关于“互联网+”，生态是非常重要的特征，而生态本身就是开放的。推进“互联网+”，其中一个重要的方向就是要把过去制约创新的环节化解掉，把孤岛式创新连接起来，让创业者有机会实现价值。

六是连接一切。连接是有层次的，可连接性是有差异的，连接的价值是相差很大的，但是连接一切是“互联网+”的目标。

四、实际应用

（一）互联网+金融

互联网+金融从组织形式上看，至少有三种方式。第一种是互联网公司做金融。如果这种现象大范围发生，并且取代原有的金融企业，那就是颠覆性的。第二种是金融机构的互联网化。第三种是互联网公司和金融机构合作。

（二）互联网+供应链金融

该业务与电子商务紧密结合，阿里巴巴、苏宁、京东等大型电子商务企业纷纷自行或与银行合作开展此项业务。互联网企业基于大数据技术，在放贷前可以通过分析借款人的历史交易记录，迅速识别风险，确定信贷额度，借贷效率极高。在放贷后，可以对借款人的资金流、商品流、信息流实现持续闭环监控，有力降低了贷款风险，进而降低利息费用，让利于借款企业，很受小微企业的欢迎。

（三）互联网+众筹

众筹这种融资模式具有融资门槛低、融资成本低、期限和回报形式灵活等特点，是初创型企业除天使投资之外的重要融资渠道。我国已成立的众筹平台已经超过 100 家，其中约六成为商品众筹平台，纯股权众筹约占两成，其余为混合型平台。

（四）互联网+银行

2014 年互联网银行落地，标志着“互联网+金融”进入新阶段。2015 年 1 月 18 日，腾讯是大股东的深圳前海微众银行试营业，并于 4 月 18 日正式对外营业，其成为国内首家互联网民营银行。1 月 29 日，上海华瑞银行获准开业。微众银行的互联网模式大大降低了金融交易成本。

（五）互联网+商贸

在零售、电子商务等领域，过去这几年都可以看到和互联网的结合，在其中，移动互联网对原有的传统行业起到了很大的升级换代作用。

（六）互联网+通信

在通信领域，互联网+通信有了即时通信，几乎人人都在用即时通信 App 进行语音、文字甚至视频交流。然而，传统运营商在面对微信这类即时通信 App 诞生时简直如临大敌，因为语音和短信收入大幅下滑。但随着互联网的发展，来自数据流量业务的收入已经大大超过语音收入。可以看出，互联网的出现并没有彻底颠覆通信行业，反而促进了运营商进行相关业务的变革升级。

（七）互联网+交通

“互联网+交通”已经在交通运输领域产生了“化学效应”。比如，大家经常使用的打车软件、网上购买火车和飞机票、出行导航系统等。

从国外的 Uber、Lyft 到国内的滴滴打车、快的打车，移动互联网催生了一批打车拼车专车软件，虽然它们在全世界不同的地方仍存在不同的争议，但它们通过把移动互联网和传统的交通出行相结合，改善了人们出行的方式，增加了车辆的使用率，推动了互联网共享经济的发展，提高了效率，减少了排放，对环境保护也作出了贡献。

（八）互联网+民生

在民生领域，你可以在各级政府的公众账号享受服务，如某地交警可以在 60 秒内完成罚款收取等，移动电子政务会成为推进国家治理体系的工具。

2014 年 12 月，广州率先实现微信城市入口接入，随后深圳、佛山、武汉陆续上线。随着这几个城市的接入，三个月来，已有 700 万人次享受了微信城市服务。

（九）互联网+旅游

微信可以实现微信购票、景区导览、规划路线等功能。腾讯云可以帮助建设旅游服务云平台和运行监测调度平台。市民在景区门口，不用排队，只要在景区扫一扫微信二维码，即可实现微信支付。购票后，微信将根据市民的购票信息，进行智能线路推送。而且，微信电子二维码门票自助扫码过闸机，无须人工检票入园。

（十）互联网+医疗

现实中存在看病难、看病贵等难题，业内人士认为，移动医疗+互联网有望从根本上改善这一医疗生态。具体来讲，互联网将优化传统的诊疗模式，为患者提供一条龙的健康管理服务。在传统的医患模式中，患者普遍感觉事前缺乏预防、事中体验差、事后无服务。而通过互联网医疗，患者有望从移动医疗数据端监测自身健康数据，做好事前防范；在诊疗服务中，依靠移动医疗实现网上挂号、询诊、购买、支付，节约时间和经济成本，提升事中体验，并依靠互联网在事后与医生沟通。

（十一）互联网+教育

一所学校、一位老师、一间教室，这是传统教育。一张网、一个移动终端，几百万学生，学校任你挑、老师由你选，这就是“互联网+教育”。

在教育领域，面向中小学、大学、职业教育、IT 培训等多层次人群开放课程，可以足不出户在家上课。互联网+教育的结果，将会使未来的一切教学活动都围绕互联网进行，老师在互联网上教，学生在互联网上学，信息在互联网上流动，知识在互联网上成型，线下的活动成为线上活动的补充与拓展。

互联网+教育的影响不只是创业者们，还有一些平台也能够实现就业，在线教育平台能提供的职业培训就能够让一批人实现职能的培训，而自身创业就能够解决就业。例如，极客学院上线一年多，就用近千门职业技术课程和 4000 多课时帮助 80 多万 IT 从业者用户提高了职业技能。

（十二）互联网+政务

一些地方政府已经悄然开始了与互联网巨头的合作，通过互联网提升政府效率，增加行政透明度，助力向服务型政府转型。

腾讯先后宣布与河南省、重庆市和上海市政府合作打造“智慧城市”，其中一项重要内容就是将交通、医疗、社保等一系列政府服务接入微信，把原来需要东奔西走排队办理的业务通过手机完成，节省时间，提高效率。

（十三）互联网+农业

农业看起来离互联网最远，但“互联网+农业”的潜力却是巨大的。农业是中国最传统的基础产业，亟须用数字技术提升农业生产效率，通过信息技术对地块的土壤、肥力、气候等进行大数据分析，然后据此提供种植、施肥相关的解决方案，大大提升农业生产效率。此外，农业信息的互联网化将有助于需求市场的对接，互联网时代的新农民不仅可以利用互联网获取先进的技术信息，也可以通过大数据掌握最新的农产品价格走势，从而决定农业生产重点。与此同时，农业电商将推动农业现代化进程，通过互联网交易平台减少农产品买卖中间环节，增加农民收益。面对万亿元以上的农资市场以及近七亿的农村用户人口，农业电商面临巨大的市场空间。

【拓展阅读】

十八洞村 5G 直播来带货　苗寨旅游迎客忙

稻花香里说丰年，重阳时节美画卷。10 月 23 日，阳光明媚，天空瓦蓝。在花垣县十八洞村，游人如织，热闹非凡。昔日的苗家姑娘化身导游，带领游客们欣赏苗乡民居、特色景点，唱起了苗族山歌。

“大学生返乡搞直播带货”“网友通过 App 定民宿更方便”“龙五姐学会了微信收款”……脱贫后的千年苗寨，几乎每天都有新鲜事在发生，通畅网络让村民的生活更加便捷，奔小康的路上更加轻松。

创业青年化身带货“网红”

“今天直播特别流畅，大家发现了吗？”返乡创业青年施林娇站在家门口，通过电信 5G 网络直播带货，推介苗家腊肉。传统苗家的衣着，甜美清新的形象，银铃清脆的嗓音，让观看的网友数量蹭蹭往上涨。

（资料来源：华声在线，http：//hunan.voc.com.cn/article/202010/20201030185755726.html）

【思考】

互联网进农村将会遇到什么困难？你对“互联网+”进农村有什么好的建议？谈谈你的想法。

五、“互联网+”发展趋势

“互联网+”中重要的一点是催生新的经济形态，并为大众创业、万众创新提供环境。“互联网+”是对创新 2.0 时代新一代信息技术与创新 2.0 相互作用、共同演化，推进经济社会发展新形态的高度概括。

伴随知识社会的来临，驱动当今社会变革的不仅仅是无所不在的网络，还有无所不在的计算、无所不在的数据、无所不在的知识。“互联网+”不仅仅是互联网移动了，更加入了无所不在的计算、数据、知识，造就了无所不在的创新，推动了知识社会以用户创新、开放创新、大众创新、协同创新为特点的创新 2.0，改变了我们的生产、工作、生活方式，也引领了创新驱动发展的“新常态”。“互联网+”是中国工业和信息化深度融合的成果与标志，也是进一步促进信息消费的重要抓手，是国家一个重大的发展战略。

第二节“互联网+”创业思维

创业思维，这是一个全新的概念，也是一个关乎创业，成败的决定因素。好的创业思维，能避免一些不必要的弯路，更快速地通往成功；反之，一个不合理的创业思维，则会让我们走更多的弯路。

【案例导读】

温州商人的 8 个成功创业思维

商界导读：在全球范围有这样一个群体，他们是世界上财富积累速度最快的群体、是世界上最能创业赚钱的群体、是世界上最懂得积累人脉的群体。

温州人靠“一元钱”闯天下，他们自无中生有，自小中见大，迅速网罗世界各地的财富，他们集中力量、勇于冒险、敢为人先、攻城略地、战无不胜。温商的创业思维是世界上最值得学习的。

致富思维一

穷人：没人干过这种事，没有先例可循，万一砸了怎么办？

温州人：没人干过怕什么？这样才没人跟你抢市场嘛，头道汤味道最好，先人一步的生意最赚钱，统吃整块蛋糕，市场才大嘛！

致富思维二

穷人：创业需要有人帮助。没有好搭档怎么办？与他人合作，往往会出现利益纠纷，有时候还会伤了朋友和气。

温州人：谁是最好的创业搭档，当然是家人！利益关系可以把我们紧紧拧在一起，力往一处用、劲往一处使，齐心协力，没有不成功的。

致富思维三

穷人：没有资金、没有技术、没有人才、没有一点优势，怎么创业呢？

温州人：没有优势怕什么，向别人借呗！借个老母鸡，还能下一个金蛋呢！

致富思维四

穷人：做生意就要想着怎样赚钱，能赚一块是一块，只要是自己的利益，就要据理力争。

温州人：做生意不能老想着自己赚钱，能赚10块钱的生意，赚6块钱就行了。其他4块分给别人赚，要舍小我求大我。这样，别人在赚钱的时候也会想到你，你的赚钱机会就会越来越多。

致富思维五

穷人：创业太辛苦了，与其辛辛苦苦地拼命，不如安逸地生活。

温州人：不吃苦怎么可能成功？吃得苦中苦，方为人上人。白天当老板，晚上睡地板。

致富思维六

穷人：看看那些富人，总是有那么多的人帮助他。而我，父母无权无势，朋友也不富裕，没有一个人可以帮助我，怪不得我一直这么贫穷。

温州人：从来就没有什么救世主，靠山，山会倒；靠人，人会跑；靠自己最好，靠自己才能自己主宰自己的命运。

致富思维七

穷人：对于小企业来说，质量并不重要，温州的企业不都是靠假冒伪劣致富的吗？

温州人：质量是市场经济必须遵守的规则。在市场经济不规范的时候，市场中确实会有劣质的产品，但在今天，每一个温州人都深刻地认识到，质量是企业的第一生命线。

致富思维八

穷人：做生意的人，总是看到什么生意好做就做什么。

温州人：起初经商的时候，确实要讲究灵活，慢慢地，随着生意越来越大，一定要有一个比较专注的目标，尽最大努力做好，提高自己产品的质量，成为行业的领导者。

（资料来源：史创实：《不同于常人的温商思维》，《乡镇企业导报》，2010 年第 11 期）

【案例点评】

创业思维是一种创新思维，也是一种逆向或者发散思维，这种思维需要培养，不是与生俱来的，它从实践中来，并且指导创业实践。一种思维好不好，取决于这种思维能否指导创业。创业者需要学习他人成功的创业思维，培养自己的独特思维。

一、创业思维的含义

创业思维在广泛意义上是指如何创业以及创什么业。从狭义上说，就是创业者必须具备的创业知识、能力等可以使创业者正确创业的本领。

创业思维的含义主要包括以下五个方面。

（1）创业意识。创业意识是指创业者积累一定知识、能力、资源后，催生的创业激情和创业想法。创业意识具体包括四点：一是独立性思维。不依赖他人的思想，做到能独立思考问题和有自己独特的见解、思想，独立性思维是成功创业的重要基础之一。二是思考问题与解决问题的能力。创业者面对问题的时候应从不同角度去思考问题，对于同一问题找到不同的解决方案，并拥有从中选出最优解决方案的能力。三是创造性思维。创造性思维是指重新组织已有的知识经验，提出新的方案或程序，并创造出新的思维成果的思维活动。创业本身就包含创新、创造、开创的意思，这就需要有创新性或创造性的思维。四是创业的激情与冲动。创业者往往不安于现状，善于突破和挑战，这是创业者必须具备的基本意识。

（2）创业价值观。价值观是基于人的一定的思维感官之上而作出的认知、理解、判断或抉择，也就是人认定事物、辨别是非的一种思维或取向，从而体现出人、事、物一定的价值或作用。那么，创业价值观作为价值观的组成部分，也构成了创业思维的一部分，是创业者在创业实践中逐渐形成的，同时又长期主导着创业行为，不同的创业者具有不同的创业价值观。创业价值观对创业者与企业具有重要意义，正确的创业价值观会促进公司的发展，错误的创业价值观可能导致公司倒闭。

（3）创业方法。创业方法也就是如何运用有效的措施去实施、落实各种创业想法和创业计划，推动创业。创业方法是创业思维的重要组成部分，属于创业思维中的实践环节。不同的创业主体在创业实践中运用的方法是不一样的。创业成功者有一个共同特点，那就是都找到了符合创业项目运行规律的科学方法。因此，在创业过程中，创业者必须因地制宜，综合各种因素，实事求是，探索有效的创业方法，绝不可以刻意模仿他人的方法。

（4）创业文化。创业文化是指与社会创业有关的意识形态、文化氛围，其中包括人们在追求财富、创造价值、促进生产力发展的过程中所形成的思想观念、价值体系和心理意识，主导着人们的思维方式和行为方式。

由此可见，创业文化是一个系统的社会文化工程，具有非常深刻的社会、经济、文化意义，并不单指文化，而是与经济直接挂钩的，具有可认知性的，体现了知、情、意相统一的文化精神。其基本内涵主要包括开拓、冒险和创新，即鼓励技术创新、管理创新和文化创新，具有开拓向上的勇气和激情，直面和容许失败，拥有和弘扬团队精神，注重学习培训，把知识经济时代的科学精神与创业精神相融合，通过知识和创业价值的发掘来实现区域经济和社会经济的腾飞。①

（5）创业精神。所谓创业精神，是指以创新精神为指导，把创新观念转化为创新实践蓝图的思维操作意识。创业者应具有梦想、实干、坚持等精神。创业者应带着梦想创业，创业没有一帆风顺的，一个没有梦想的创业者在遇到困难的时候会毫不犹豫地放弃创业。创业者也应有实干的精神，不能只是口头上说说而已。创业者还要有坚持，不能半路退缩。创业精神是创业意识升华而成的精神境界。

【拓展阅读】

马云：靠价值观打天下

从2万多元起家，创办阿里巴巴网站，开拓电子商务应用，走出一条中国本土化的独特道路，逐渐成为亚洲最大网络零售商。

经过这么多年，我总结出互联网发展有四大主要特征——这个特征我们只能去适应它，必须了解它，才有可能发展它。

第一个特征是开放精神。只有开放才可以发展。今天互联网带来很多问题——不是互联网造成的问题，而是互联网不完善造成的问题。就像100多年前电被发明出来一样。电发展起来伴随着污染、电死人，但后来不断完善，电越来越适应人类。

第二个特征是分享精神。现在的“80后”“90后”说，我希望自己参与我的观点，这就是互联网的分享——我要分享我的想法。我们经常看到互联网上很奇怪的事情会发生，这就是年轻人喜欢分享自己的观点和看法。

第三个特征是全球化。未来巨大的挑战就是这件事情在杭州发生，也是在全国发生。“在全世界会发生”这个趋势和特色将越来越强。

第四个特征是责任。你必须要承担一种责任，你的公司才可以生存下去，互联网才可以发展得好。今天是互联网发展越来越好的时候，麻烦也越来越多，这个阶段一定会过去，最多10年我相信互联网会发展得更好。

我们制定整个公司的发展战略，必须围绕这四个特征，即开放、分享、全球化、承

---

① 杨红：《试论识人之道》，《中小企业管理与科技》，2011（5）。

担责任。我们坚信这些东西，因此在公司内部文化里面也坚信这些。我们的员工都很聪明，一定要让聪明的人很天真，很坚持。最怕你给聪明的人各种各样的想法，创新是靠专注出来的。

价值观就是公司内部的信仰。10 多年以来，所谓坚持阿里巴巴的使命感和价值观，就是每个季度考核。在我们公司里面要考核两个纬度：一个是业绩，一个是使命感和价值观。

我们有六大价值观：客户第一、诚信、敬业、激情、拥抱变化、团队合作。我们公司已经形成一套很有意义的价值观考核机制。每一条价值观都按照考核标准一个一个打分评定。每个员工的季度价值观考核是这样的：如果我是你老板，考核你时我在，我的老板在边上，人力资源部的人也在边上。你觉得我不公平，可以向我老板申诉。最后人力资源部的人做完记录，你看完签字。如果连续几个月你不合格，你就得离开。

公司在人力资源管理上花了很大力气，大概是 55 个员工配 1 个人事管理干部。这个干部的职责不是招人，而是让人留在价值氛围里面，让员工开心地工作。

我们公司的理念是认真生活，快乐工作。工作不需要太认真，快乐很重要，但生活一定要认真，这是公司的价值观之一。我们做的任何政策都是为了员工。如果公司政策里有违背使命和价值观的，一旦被提出来，公司就一定改。

10 年后总结企业发展过程，究竟是什么让企业活下来，是价值观！你相信公司的价值观，你就进来。你可以把我们当疯子，但是我们就是这样。很多人觉得这个公司很奇怪，我们相信又傻又天真又执着，这是我们的文化。

有人在公司里面业绩很好，但是价值观很差，不讲究团队合作，不是客户第一，不敬业，必须开掉；有些人价值观很好，是个天生的好人，特别愿意帮助别人，又是团队中最优秀的人，但没有业绩，也不要他。

这听起来很残酷，我觉得假如我们不淘汰自己，社会就会淘汰我们，竞争对手就会淘汰我们，美国硅谷就会淘汰我们。因为我们今天的对手不是在杭州，不是在中国，我们的对手可能在美国、以色列，人家有更好的机制在这样做，我们没有办法不这样做。我们经过这些考核，对那些价值观、使命感都好的人，我们给予很好的待遇和支持。

（资料来源：人民网，http：//theory.people.com.cn/GB/82288/83848/83855/15285748.html）

【案例点评】

马云说：“究竟是什么让企业活下来，是价值观。”这个就是我们通常所说的“做企业如同做人”。价值观直接决定了企业的发展空间。从某种意义上说，企业的价值观就是企业的文化。创业者必须建立起科学的价值观。

二、“互联网+”创业思维

“互联网+”代表一种新的经济形态。“互联网+”不仅是一种建立在互联网基础上的经济平台，也是一种借助互联网的经济手段，还是一种新的创业思维。“互联网+”

对各行各业产生了广泛的影响，也是一种新的创业思维。

（一）“互联网+”对创业的影响

“互联网+”是互联网思维的进一步实践成果，推动经济形态不断发生演变，从而激活社会经济实体的生命力，为改革、创新、发展提供无穷的动力。

目前，“互联网+”已经改造及影响了多个行业，当前大众耳熟能详的电子商务、互联网金融、在线旅游、在线影视、在线房产等行业都是“互联网+”的杰作。“互联网+”不仅正在全面应用到第三产业，形成了诸如互联网金融、互联网交通、互联网医疗、互联网教育等新业态，而且正在向第一和第二产业渗透。“互联网+”行动计划正促进传统产业变革。

通俗来说，“互联网+”就是“互联网+各个传统行业”，但这并不是简单的两者相加，而是利用信息通信技术以及互联网平台，让互联网与传统行业进行深度融合，创造新的发展生态。它代表一种新的社会形态，即充分发挥互联网在社会资源配置中的优化和集成作用，将互联网的创新成果深度融合于经济、社会领域之中，提升全社会的创新力和生产力，形成更广泛的以互联网为基础设施和实现工具的经济发展新形态。

（二）“互联网+”对创业思维的影响

2015 年 12 月，《咬文嚼字》杂志发布 2015 年度“十大流行语”，“互联网+”排第二，可见“互联网+”作为一个新词已经进入人们的日常生活，逐渐影响和改变了大家的思维和生活。

“互联网+”中的“+”是指跨界、变革、开放、重塑融合。敢于跨界了，创新的基础就更坚实；融合协同了，群体智能才会实现，从研发到产业化的路径才会更垂直。融合本身也指代身份的融合，如客户消费转化为投资，伙伴参与创新等。同时，信息革命、全球化、互联网业已打破原有的社会结构、经济结构、地缘结构、文化结构，权力、议事规则、话语权不断在发生变化。

“互联网+”带来了联通。推进“互联网+”，其中一个重要的方向就是要把过去制约创新的环节化解掉，把孤岛式创新连接起来，让创业者有机会实现价值。

（三）“互联网+”语境下的创业思维

“互联网+”已经成为一种新常态，这就要求创业者在创业思维方面与时俱进，打破传统思维，并掌握“互联网+”相关知识，运用互联网思维。互联网思维是移动浪潮下的新商业逻辑，互联网思维“去中心、异质、多元、感性和自传播”，应在创业的过程中有效加以运用，形成创业思维。

（1）开放思维。开放与封闭是对应的，开放思维就是指要放开眼界、视角，用积极的、乐观的、创新的、独特的、发散的、自由的思维去思考问题。学会运用“头脑风暴”法思考问题。头脑风暴（Brain-storming）最早是精神病理学上的用语，指精神病患者的精神错乱状态，如今指无限制地自由联想和讨论，其目的在于产生新观念或激发创新设想。

（2）联通思维。在创业领域，联通思维是指将彼此分散、隔离的事物联系起来，打通壁垒，使之发生作用，产生新的能量，产生新的价值。在创业过程中，需要整合各种资源，而资源之间往往是分散的，从表面上看是彼此隔离的，似乎没有联系，这就需要创业者具备整合的能力，而整合资源前必须学会思考、分析各种资源之间存在的联系，并采取有效方法使之联系起来。

根据马克思主义哲学中普遍联系的观点，联系是普遍和客观存在的。我们要用联系的观点全面地观察和处理问题，把相互区别的事物、现象、过程放到普遍联系之中去认识，并从中把握它们的性质和地位。同时，要求善于分析事物之间的具体联系，树立整体性、开放性的观念，从动态中考察事物的普遍联系。创业者要正确处理人与自然、人与社会、人与人的相互关系，坚持统筹兼顾，促进社会和谐发展。

（3）叠加思维。叠加思维是指根据叠加效应原理进行思考。在创业领域能运用有效方法将几件事物组合起来，产生叠加效应，挖掘出单个事物的价值，创造出 1+1＞2 的价值。根据叠加效应，我们认为一件事对你有利，另一件事也对你有利，这时有可能原本第三件事对你不利的事，现在却因为由于第一、二件事对你有利而变得有利；同理，如果第一件事对你不利，第二件事也对你不利，这时原本对你有利的第三件事却因为第一、二件事对你不利而变得不利了。这时我们就说，产生了叠加效应或者扩大效应。

创业过程，其实就是将碎片化的资源进行价值激活和资源整合。从表面上看，很多事物没有联系，甚至没有市场价值。若运用叠加思维，就可以将很多闲置的、廉价的资源充分利用起来，创造更多的财富。

有这样一个叠加思维案例。几年前，T 公司开始出售一种名为“蒸糕器”的电动制糕器。发明并研制这种蒸汽制糕器是农机制造厂的成功之举。公司经理说道：“我们决定研制蒸糕器时，已经考虑到社会上已有不少制糕器制造厂。如果要想跻身这个行业，就要生产出与众不同的富有特色的产品。为此，我们广泛听取家庭主妇的意见，希望和要求最多的是：‘制糕过程中最麻烦的事是蒸米，如果有简便可行的蒸米方法那就方便多了。’为此，我们便考虑在传统的制糕器上加配一个蒸汽器。我们立即着手用家家都有的电饭煲及蒸盒加以改进，将两者巧妙地结合，并一举成功。首先通入蒸汽，用 30 分钟可把米蒸熟，7 分钟制成年糕。后来这种产品便成了紧俏品。”A+B 似的商品到处可见，确信这类商品今后大有增加之势。

【拓展阅读】

创业思维：为什么鸡蛋经过女人的手后好卖

鸡蛋握在女人的手里

摩根是美国的大富豪，他年轻时携妻子闯荡美国之际还是个穷光蛋。为了生计，他和妻子开了一个杂货店卖鸡蛋。摩根卖鸡蛋时常常有顾客抱怨说他的鸡蛋小。经过一段时间的观察总结，他便让妻子来卖鸡蛋，结果顾客不仅不嫌鸡蛋小，反而对摩根的印象和态度也大大改观了。

原因就在于，摩根的手又大又粗，使得鸡蛋相比之下就显得有些小了。同样一个鸡蛋，放在一个纤细的女人手里和一个粗壮的男人手里，在购买者的视觉上，鸡蛋就不是同一个鸡蛋了。

总统与畅销书

美国一出版商有一批滞销的书久久不能脱手，便给总统送去一本，并三番五次地征求总统的意见，忙于政务的总统没有时间与其纠缠，便随口应了一句："这本书不错！"出版商如获至宝般地大肆宣传："现在有总统先生喜欢的书出售。"于是，这些滞销的书不久就被一抢而空了。

不久，这个出版商又有书卖不出去了，他又送给总统一本。总统上了一回当，想奚落他一下，便说："这本书糟透了。"出版商听后大喜，他打出广告："现在有总统讨厌的书出售。"结果，不少人出于好奇争相购买，书随之脱销。

出版商第三次将书送给总统的时候，总统接受了前两次的教训，不置可否。出版商却大作广告："现在有总统难以下结论的书出售！"居然又一次大赚其利。

效益斐然的"馊主意"广告

美国得克萨斯州的宾客桑斯货运公司为了扩大知名度，曾经在广告宣传上煞费苦心，但是效果不佳。后来，公司与当地著名报纸协商，在一篇关于本地夫妇旅游结婚的报道的顶栏处做了这样一个广告："他们在货车上度蜜月，相爱 4.5 万公里。"广告登出的第二天，立刻就在读者中传开了这样一个话题："谁想出来的馊主意？新婚夫妇在货车上面度蜜月！""还有谁，就是那个宾客桑斯货运公司！"从此，这家公司闻名遐迩，效益斐然。

总统难产，大赚银币

在美国举行的第 54 届总统选举中，候选人布什与戈尔得票数十分接近，但由于佛罗里达州计票程序引起双方的争议，因此导致新总统迟迟不能产生。原计划发行新千年总统纪念币的美国诺博·斐特勒公司面对总统难产的政治危机，灵机一动，化危机为商机，利用早已经准备好了的布什与戈尔的雕版像抢先发行 4000 枚。银币为纯银铸造，直径三寸半，不分正反面，一面是小布什的肖像，一面是戈尔的肖像，每枚订购价 79 美元。结果，短短几日，纪念银币就被订购一空，该公司利用总统难产，大赚了一笔。

一批小树拯救旅馆

美国纽约州有一家三流旅馆，生意一直不是很景气，老板无计可施，只等着关门了事。后来，老板的一位朋友指着旅馆后面一块空旷的平地给他出了个主意。次日，旅馆贴出了一张广告："亲爱的顾客，您好！本旅馆山后有一块空地专门用于旅客种植纪念树之用。如果您有兴趣，不妨种下 10 棵树，本店为您拍照留念，树上可留下木牌，刻上您的大名和种植日期。当您再度光临本店的时候，小树定已枝繁叶茂了。本店只收取树苗费 200 美元。”广告打出后，立即吸引了不少人前来，旅馆应接不暇。

没过多久，后山树木葱郁，旅客漫步林中，十分惬意。那些种植的人更是念念不忘自己亲手所植的小树，经常专程来看望。一批旅客栽下了一批小树，一批小树又带回一批回头客，旅馆自然也就顾客盈门了。

（资料来源：腾讯大闽网，http：//fj.qq.com/a/20151104/028853.htm）

【案例点评】

以上案例启示我们，创业离不开好的思维，一个思维能成就一个公司，一个思维能拯救一个企业。这种思维的形成并非易事，需要有独到的眼光，需要独到的见解。这个思维其实就是互联网+思维。

第三节“互联网+”与大学生创业实践

“互联网+”创业主要体现在两个方面：一是借助互联网技术与平台进行创业，二是利用“互联网+”思维进行创业。大学生（主要指已经毕业的大学生）创业实践要认识到三个方面的内容：大学生创业面临的困境、有利于大学生创业的各种因素、如何因地制宜开展“互联网+”创业。

一、大学生创业面临的困境

目前，我国大学生已经基本学会运用互联网进行创业。但是“互联网+”创业还处于发展阶段，创业主要面临两个层面的困境：一个是创业者自身的问题，二是创业环境与创业基础的问题。

（一）创业者自身的问题

（1）不熟悉扶持政策。高校、政府对大学生创业的宣传不到位，大学生缺乏主动关注创业扶持政策的具体内容。根据某高校的随机调研，有 80%的被调查学生对政府出台的鼓励大学生创业的优惠政策不是很了解。只有 20%的学生表示专门打听过这方面的政策。部分大学毕业生想自己创业，但不清楚政府的优惠政策，不知道如何向银行申请贷款。另外，一些有创业意向的大学生反映，对办理相关注册手续的相关政策、程序也不清楚。

（2）创业专业知识不足。尽管高校开设了创业教育课程，但是仍然有很多大学生缺乏相关理论知识，在创业项目、创业方向、企业管理方面比较迷茫，这也导致大学生创业失败的多、成功的少。很多毕业生创业后，因感觉自己能力、阅历、经验不足而关门。

（3）专业知识不足。由于大学课程设置和教学模式等，大学生的专业技能严重不足，动手能力差，毕业生的书本知识与社会实践需求往往对接不上，大学毕业后创业专业知识的运用存在严重的问题。

（4）社会经验不足。创业需要创业者具备一定的社会经验和胆识，而这恰恰是大学生不具备的，因为大学生生活在校园，与社会接触少，缺少锻炼，缺少体验。调查中，多数被调查对象认为社会经验与胆识不足是大学生创业的最大软肋。如某农学专业有30%的同学想在为农民服务方面创业，但苦于实习时间不多，经历不足，不敢轻易涉足。

（5）创业资金不足。创业需要一定的物质基础作为支撑，资金不足是当前大学生创业遇到的最头痛的问题。很多大学生表示毕业后创业，虽然国家有小额贷款扶持，但与大学生们所需要的资金相比相差甚远，很多有创业计划的大学生因资金不足而放弃，甚至在创业途中因资金不足而失败。大部分毕业生因为现在没有创业资金，就是有创业的想法也得等工作几年之后再创业。

（二）创业环境与创业基础的问题

（1）大学生创业的社会环境优化不够。对大学生创业的“小微企业”来说，社会对其认可度和支持度偏低，宽容性的缺失使大学生创业企业在初始阶段就面临着多重危机。首先，在大学生创业阶段最需要的扶持资金来源上，政府政策和融资制度的创新还不够，创业贷款和创业基金的申请条件较为严苛，程序烦琐。其次，受疫情、经济下滑等因素的影响，在创业文化氛围上，敢为人先、敢冒风险、敢于创业、勇于竞争的创业精神文化氛围还不够浓郁。

（2）大学生创业的联动机制尚未建立起来。许多地方存在创业支撑体系联动不畅问题，目前支撑体系不明确、运行方式不科学、缺乏联动机制，导致创新创业发展受限，创新创业教育乏力。还没有完全打通部门与部门之间、高校与政府之间、地区与地区之间、行业与行业之间的壁垒，政策与资源有待盘活。

（3）大学生创业模式与信息化融合度还不高。虽然有大学生依托互联网进行创业，但是目前大学生创业主要还是以传统的创业模式为主，大部分创业企业还没有互联网化，也没有电商化创业方向的项目，企业互联网化应用比例不高，虽然对于传统零售业来说扩大了销售渠道，但是总体上规模都不大。

（4）基础条件差，公共资源少。一个地区的经济发展离不开地方政府的招商引资，而招商引资的基础是政府给商人创造的创业所需要的各种基础条件，包括优惠政策、创业环境等软件条件，也包括交通、土地、厂房、资源等硬件条件。相比发达地区，欠发达地区在这些方面显得非常薄弱。

大学生创业需要资源，因此，大学生比较青睐往北上广深或者省会城市创业，因为在这些发达城市，创业者可以享用很多欠发达地区没法提供的公共资源，可以节省大量创业成本。某湖南籍大学生毕业后在广州市从事服装生产与销售，年营业额上千万元，有人问他为何不回长沙创业，他的回答是：“在广州服装生产与销售体系非常庞大、健全，市场运作非常成熟，原料的供应非常方便，一个电话几分钟就送货上门，货物的运输、出口也极其方便，可以面向全世界，而这些条件长沙目前不具备。因此，在广州从事服装行业创业的成本低，执行起来也容易。”而在落后地区创业连最基本的创业指导与培训都非常缺乏，有了好的项目需要联系创业风险投资时，也极其困难。因此，要想将创意或创新项目转化成创业项目还十分困难。

二、有利于大学生创业的各种机遇

欠发达地区发展缓慢，起步较晚，科技、文化、人才、信息与发达地区相比存在一定的差距，众多因素成为地方经济发展的瓶颈。从目前情况来看，创业环境与创业基础的问题仍然存在，但是我们要一分为二地看待，既要看到不足，也要看到欠发达地区的有利资源与优势，学会扬长避短、因地制宜，用发展的眼光看美好未来。

就民族地区而言，大学生创业需要充分利用国家政策。我国已经完成脱贫攻坚、全面建成小康社会的历史任务，实现了第一个百年奋斗目标，开启了全面建成社会主义现代化强国、实现第二个百年奋斗目标的新征程，国家将出台一系列有利于创业的好政策。

一是党的二十大提出的发展目标任务。提出要“构建高水平社会主义市场经济体制”“建设现代化产业体系”“全面推进乡村振兴”“促进区域协调发展”。坚持把发展经济的着力点放在实体经济上，推进新型工业化，加快建设制造强国、质量强国、航天强国、交通强国、网络强国、数字中国。实施产业基础再造工程和重大技术装备攻关工程，支持专精特新企业发展，推动制造业高端化、智能化、绿色化发展。

二是“丝绸之路”经济带发展。“丝绸之路”经济带的发展有利于中国加强同南亚、东南亚、中亚、西亚的联系。民族地区位于“丝绸之路”经济带核心区域，特别是宁夏、新疆等与中亚和阿拉伯地区有密切的地缘文化联系，云南、广西与东南亚国家区域经济合作紧密。“丝绸之路”经济带的发展将改变民族地区传统意义上的内陆封闭型区位条件，使之成为我国向西向南开放的重要枢纽和桥梁，甚至可能改变民族地区传统的经济发展模式。同时，“丝绸之路”经济带发展将促进民族地区内部的经济交流，也将加强民族地区各省区与东部发达地区沿陆路和海路的经济往来。

三是长江经济带建设。长江经济带发展有利于破除区域壁垒，促进要素流动，利用流域原有工业优势构建全流域现代市场体系，促进产业转移，带动民族地区产业发展；有利于依托长三角城市群、长江中游城市群和成渝城市群带动民族地区发展，破解民族地区与东部沿海地区的区域发展差距，为民族地区经济持续发展提供重要支撑；有利于落实中下游地区对民族地区所在的上游地区的生态补偿；有利于贯通向东向西开放，促进流域两头的对外开放。

三、民族地区的“互联网+”创业

在民族地区开展“互联网+”创业需要政府和创业者双方共同努力。

（一）政府需要履行好服务职能

一是要继续加强资本投资，进一步提升禀赋的质量与结构。第一，特别加强人力资本投资。教育投资要在稳定实现普及九年义务教育基础上，保证实现普及高中教育，同时加强适应市场需求的职业技术教育体系，在提高劳动者平均素质的同时，重视劳动力的技能水平，把技能劳动力的比例提高到15%以上。第二，继续加强交通骨干网络的建设。建设西部开发性铁路新线，以扩大西部路网规模为主，形成西部铁路网骨架，提高对地区经济发展的适应能力。[①]充分发挥国家公路引导区域空间布局的作用，扩大路网覆盖，统筹城乡协调发展，在民族地区形成比较完善的公路网络运输体系。第三，要把减贫效应显著的县际、乡镇间、行政村及自然村的道路建设放在优先地位，提高农村公路覆盖广度和通达深度。第四，创造一个有利于企业创新的制度环境，包括知识产权的有效实施和给创新企业实施创新补贴，建立创业园区，形成民族地区的技术孵化器等。第五，加快民族地区互联网基础设施建设。

二是大力发展具有比较优势的产业，促进民族地区的产业转型升级。民族地区产业结构升级的关键在于保持住制造业份额。鼓励国有资源型企业把企业总部迁移到民族地区，建立资源加工企业，实现资源型产业升级；延伸农牧业产业链，大力发展以农业资源为基础的加工工业；加强与高校和科研单位的合作，建立（飞地）工业园区；特别重视旅游资源开发和旅游业及民族文化产业发展模式的创新；充分利用国际和国内的发展机遇，承接产业转移，特别要把对口支援和产业转移相结合。需要注意的是，一个地区的比较优势是动态的，目前不具有比较优势的，经过禀赋结构升级，未来就会成为比较优势。民族地区各级政府应该认真研究，找出自己具有潜在比较优势的产业，制定政策，促进其发展。

三是要以融入"一路一带"建设为突破口，进一步提升民族地区开放水平。民族地区是"丝绸之路"的核心地带和重要依托，应主动充分地参与"丝绸之路"经济带建设中，加快沿边开放特区建设，以实现互联互通为重点，通过政府主导、企业主体，互利互惠，推动要素、资本、商品、能源的合作交流，逐步形成区域大开放、大合作格局。长江经济带为民族地区的对内开放和全国经济一体化提供了重大的发展机遇和平台。目前，金沙江已成为继三峡之后我国水电开发主战场，金沙江下游城市群已成雏形。深入推进金沙江下游的开发，加快攀西战略资源创新开发试验区建设，促进长江流域实现"两头开放"和南向开放，提升西南民族地区的开放水平。

四是要走绿色包容性城镇化之路。按照"集中均衡开发模式"，引导人口和经济活动向重点开发区域及区域性中心城镇集聚，基本公共服务产品的供给大幅度向边远地区和落后地区倾斜，让各族人民享有基本均等的基本公共服务，共享经济社会发展成果。深化土地、户籍、财税体制改革，促进要素和产业的集聚，为民族地区绿色包容性城镇化提供最大动力。

五是确保社会稳定与长治久安，为绿色包容性发展提供安全保障。严厉打击暴力恐怖活动和民族分裂活动。加强社会主义法制，建立应对暴力恐怖活动的预警机制与应变机制，加强国际反恐合作与加大国内打击暴力恐怖活动力度，确保各族人民生命财产安

---

① 秦莹：《适应铁路运输需求发展的运输产品结构的研究》，北京：北京交通大学学位论文，2006年。

全。特别要巩固边防，把民族地区的边境地区建成反民族分裂的铜墙铁壁。

建立和谐宗教关系。尊重并依法保障各族人民正常宗教需求、宗教信仰，发挥宗教界人士和信教群众在中国式现代化建设中的积极作用。遏制宗教极端思想，公布邪教组织名称和罪行，帮助各族人民辨别邪教。

通过主流媒体和教育机构，帮助各族人民树立多民族国家的国家意识、公民意识，促进民族团结。民族语言与汉语“双语教育”要落实到位。基础设施落后的偏远地区，由精通民族语言的公务人员到当地宣传到位。只有树立起正确的祖国观、中华民族观，才能齐心协力扎实推进中国式现代化建设。

六是高度重视和加强各级地方政府和组织中少数民族干部人才队伍建设，为绿色包容性发展提供人才支撑。少数民族人才干部队伍建设事关国家统一、民族团结和民族发展及国家的长治久安，应及早制定中长期的少数民族人才发展规划。加强到民族地区工作和从事民族工作的非少数民族干部民族理论与民族政策教育；为少数民族和民族地区培养回得去、留得住、能干事的人才；不仅要加强对少数民族干部的培养，还要充分信任，大胆使用，把少数民族干部放在重要岗位和关键岗位。①

（二）大学生创业路径

民族地区大学生创业的培育和引导，是一个长期的过程，除了需要政府、社会等各个方面的共同努力外，还需要充分利用当下互联网经济发展势头，以“互联网+”思维促进大学生成功创业。

（1）全面深入调查民族地区的实际情况，结合创业者的自身条件，选择创业项目。创业有风险，需要做大量的市场调研。对于成长于民族地区的大学生来说，需要充分掌握国家的政策和地方政府关于创业的各种优惠政策。不熟悉民族地区风土人情的大学生在民族地区创业，还需要做大量的考察，将民族地区与非民族地区进行比较，从当中寻找商机。总之，创业离不开前期的市场调研，在充分论证后，方可确定创业项目，切忌盲目蛮干。

（2）加强“互联网+”知识培训，熟练掌握互联网技术。从事“互联网+”创业必须熟练掌握相关知识与技能，如互联网知识、移动互联网知识、电子商务、自媒体知识、大数据、云计算、OTO、BTB 等，还需要训练“互联网+”思维，增强创业意识与创业能力。目前，在国内已经有大量从事创业培训的专业机构，可以通过培训，提高知识与技能。对于小微企业创业者，还可以参加人社部门的 GYB 、SYB、IYB 等创业培训。

（3）借助互联网大力发展民族地区优势产业。民族地区的资源禀赋主要集中在能源、矿产、农业和旅游业。发挥这些产业优势，是地方经济发展的主流，地方政府会比较重视，配套的优惠政策、资源比较多，发展基础好，对于创业者来说仍然是比较理想的选择。但是，这些产业往往需要的资金多，对于大学生创业者来说门槛较高。若能借助互联网技术，采用新的理念，在充分获得政府支持的情况下，获得风险投资，仍然有

① 中国民族宗教网，http：//www.mzb.com.cn/html/Home/report/140733198-1.htm，作者郑长德。

非常看好的前景。

（4）互联网+传统产业。传统产业，也称传统行业，主要指劳动力密集型的、以制造加工为主的行业，如电子行业、制鞋、制衣服、光学、机械，制造业等。互联网正在加速淘汰传统产业，如果不实现互联网化，不去融入这样一个浪潮，传统产业很快就会被淘汰。因此，在民族地区借助互联网对传统产业进行改良，会迎来新的机遇。

（5）发挥资源优势从事生态养殖业。俗话说：靠山吃山，靠水吃水。这种思维用在民族地区指导创业，开展生态养殖业，是非常看好的项目。生态养殖是在我国农村大力提倡的一种生产模式，其最大的特点就是在有限的空间范围内，人为地将不同种的动物群体以饲料为纽带串联起来，形成一个循环链。目的是最大限度地利用资源，减少浪费，降低成本。生态养殖是利用无污染的水域如湖泊、水库、江河及天然饵料，或者运用生态技术措施，改善养殖水质和生态环境，按照特定的养殖模式进行增殖、养殖，投放无公害饲料，也不施肥、打药，目标是生产出无公害绿色食品和有机食品。生态养殖的畜禽产品因其品质高、口感好而备受消费者欢迎，产品供不应求。从事生态养殖的大学生创业项目已经有很多成功案例，这里不再列举。

（6）运用“互联网+”发展文化产业。文化产业是一种朝阳产业，具有资本循环周期短、投资回报率高的突出特点，因而能够对社会经济发展相对滞后的少数民族地区产生较强的资本聚集效应和效益放大效应。2015 年“两会”期间，政府工作报告中提出“互联网+”的新概念。信息时代网络技术与多种行业结合产生了新的变化，也为文化产业的发展带来全新契机。互联网激发了大众文化消费意愿，对于文化产品商业模式产生了强烈的冲击，正在改变传统文化产业的营销渠道。互联网作为兼容性极强的主流平台，有很大的合作空间，可以和很多行业广泛合作。

很多文化企业开始与互联网技术、电商结合，对接线下营销，进行线上线下合作。中国文化产业投资基金副总经理张元林指出，互联网平台颠覆了传统资讯生产的组织形式、传播途径、商业模式，借助互联网，资讯传播传递成本变得非常低廉。

（7）运用“互联网+”思维整合碎片化资源开发创业项目。民族地区在这些年的经济发展中已经取得了一些成果，旅游业、文化产业、农牧业等都小有成效。但是这些作坊式、个体户经营模式，以及各种农特产品的分散式生产与销售，以及传统的线下销售模式等，在“互联网+”时代显得非常没有活力。鉴于这种现状，大学生选择创业项目时，可以借助互联技术、互联网平台，以及“互联网+”思维进行改良、整合，从生产方式、产品包装、品牌设计、销售模式等方面进行产业升级。

对于大学生创业，要充分运用“互联网+”新理念，打造大学生创新创业新模式。大学生创业企业，特别是传统产业的企业，应充分运用“互联网+”新理念，将传统企业与互联网完美融合，走信息化与工业化相融合的路子。小微企业创业应充分利用互联网优势，为企业打造一个开放式创新平台，采取“众包”模式，汇聚全社会的创新力量，并以此为载体，为客户提供各类个性化的服务和体验，加快企业创新和个性化发展步伐。

【拓展阅读】

宁夏“互联网+教育”示范区建设通过验收

本报银川4月6日电（记者刘峰）日前，教育部组织专家组在宁夏回族自治区开展“互联网+教育”示范区建设验收工作，专家组一致认为宁夏“互联网+教育”示范区建设达到了预期目标、取得了显著成效，同意通过验收。

2018年7月，宁夏获批建设全国“互联网+教育”示范区。自获批以来，宁夏着力实现数字教育资源覆盖基础教育所有学科，200兆互联网接入、在线互动教室建设、数字校园建设覆盖所有学校，数字教学设备覆盖所有班级，信息素养测训覆盖所有教师等“6个全覆盖”，提炼出统一建设教育云平台、普惠共享数字资源、数据驱动精准帮扶等经验模式。经过近5年发展，宁夏全区基础教育信息化发展综合指数排名全国第五，教育信息化整体水平跃居西部前列。

（责编：胡永秋、白宇）

（资料来源：《人民日报》，2023-04-07，第11版）

“互联网+”开启乌达智慧养老“馨”生活

随着人口老龄化的步伐加快，养老已经成为所有人关心的话题。近年来，内蒙古乌海市乌达区以解决老年人居家养老问题为突破口，建立了智能健康居家养老服务中心，打造“互联网+养老”模式，创建“系统+服务+老人”的智慧养老服务体系，为乌达区老年人提供周到、便捷、高效、体贴的专业化智慧养老服务，让越来越多的老年人感受到最美“夕阳红”的暖意。

完善服务内容。永昌佳苑社区联合寿康养老服务中心，以线上线下服务为一体，免费为九类老年人提供医、养、康、居为一体的智能健康居家养老服务。根据老年人不同的个性化需求，服务内容也从家政服务→生活照料→健康管理、心理疏导等服务进行不断增加和完善。

延伸服务对象。将服务对象扩面至辖区内有服务需求的老年人，把养老服务推向市场，让群众足不出户就能享受到医疗护理、生活照料、营养配餐等精细化服务，打通为老服务的“最后一米”。

下一步，乌达区将不断创新“互联网+养老服务”模式，从老年人的实际需要出发，加快完善社区养老服务设施，不断满足老年人助餐送餐、医疗康复、生活照料等需求，让老年人在家门口就能享受贴心、周到的养老服务。

（责编：刘泽、张雪冬）

（资料来源：人民网—内蒙古频道，2023年04月18日）

中国“5G+工业互联网”在建项目超4000个

本报北京11月20日电 （记者王政）记者从2022中国5G+工业互联网大会上获悉：作为5G规模商用和产业数字化的“新名片”，中国“5G+工业互联网”创新发展进入快车道，截至目前，全国“5G+工业互联网”在建项目超过4000个。

中国已建成全球规模最大、技术领先的5G独立组网网络。5G基站数量超过222万个，占全球60%以上；所有地级市和县城城区均已实现5G网络覆盖，用户数量超过5.2亿户。工业互联网标识解析体系“5+2”国家顶级节点全面建成，累计标识注册量突破2139亿个，国家顶级节点日解析量1.2亿，覆盖29个省份和38个重点行业。

5G在工业领域的应用已从生产外围辅助环节向生产中心控制环节加速迈进，面向工业的5G芯片、模组、终端不断涌现。全国在建“5G+工业互联网”项目在电子设备制造、钢铁、电力等十大重点行业，形成远程设备操控、机器视觉质检、无人智能巡检等一大批典型应用实践，培育了一批高水平的5G全连接工厂标杆。

基础电信企业、工业企业等各类市场主体深度合作，“5G+工业互联网”商业模式和发展路径逐步清晰，产业各界“建、用”工业互联网的意识、需求和能力明显增强，多地加快建设具备行业和区域特色的“5G+工业互联网”融合应用先导区。5G加速向医疗、交通、教育等行业领域推广，带动人工智能等新技术日益成熟。

（资料来源：《人民日报海外版》，2022-11-22，第01版）

【本章小结】

1. 互联网推动了经济的发展，改变了我们的生活，拥抱互联网，会让我们的生活更加丰富多彩。

2. 在“大众创业、万众创新”的时代，大学生创业必须掌握互联知识与技能，学会运用“互联网+”创业思维进行创业。

3. 在民族地区，经济相对落后，但具有得天独厚的创业资源，具有广阔的发展空间，投身民族地区创业，你会获得别样的风景。

【思考与实践】

1. 请结合你家乡的情况，运用“互联网+”思维构思几个创业项目，完成一份创业计划书。

2. 某民族地区一个村寨交通不方便，但是这个地方的风景优美，有山有水有瀑布，一条宽30米的河连接着外地。抗日战争时期，在这里曾发生过激烈的战斗，目前还遗存烈士的墓地。新中国成立后，政府修了简陋的纪念碑。据说此地曾出过举人，抗日战争时期还出过一个高级将领。历史上此地曾盛产某种名贵药材，适宜猕猴桃、椪柑、生姜等种植，但是因为当地百姓没有什么文化，主要劳动力都进城打工了，此地的经济仍然很落后。目前，全国流行乡村游，政府也派专家来此勘查过，评价倒是不错，只是交通的问题尚需解决，村中年轻人也少，目前乡村游项目也没有启动。

问题：请根据案例描述，运用“互联网+”相关知识进行创业项目设计，拿出一套实施方案。

3. 材料分析

案例 1：亿唐为何失败

2000 年，北京街头出现了大大小小的亿唐广告牌，“今天你是否亿唐”的那句仿效雅虎的广告词着实让亿唐风光了好一阵子。亿唐想做一个针对中国年轻人的包罗万象的互联网门户。他们将中国年轻人定义为“明黄 e 代”。

1999 年，第一次互联网泡沫破灭的前夕，刚刚获得哈佛商学院 MBA 的唐海松创建了亿唐公司，其“梦幻团队”由 5 个哈佛 MBA 和两个芝加哥大学 MBA 组成。凭借诱人的创业方案，亿唐从两家著名美国风险投资 DFJ、SevinRosen 手中拿到两期共 5000 万美元左右的融资。

亿唐宣称自己不仅仅是互联网公司，也是一个“生活时尚集团”，致力于通过网络、零售和无线服务创造和引进国际先进水平的生活时尚产品，全力服务所谓“明黄 e 代”的 18 ~ 35 岁、定义中国经济和文化未来的年轻人。

亿唐网一夜之间横空出世，迅速在各大高校攻城略地，在全国范围快速“烧钱”。除了在北京、广州、深圳三地建立分公司外，亿唐还广招人手，并在各地进行规模浩大的宣传造势活动。2000 年年底，互联网的寒冬突如其来，亿唐钱烧光了大半，仍然无法盈利。此后的转型也一直没有取得成功，2008 年亿唐公司只剩下空壳，昔日的“梦幻团队”在公司烧光钱后也纷纷选择出走。2009 年 5 月，etang.com 域名由于无续费被公开竞拍，最终的竞投人以 3.5 万美元的价格投得。

（资料来源：陈建光：《炎黄传媒：“捧杀”致死》，《商界：评论》，2011 第 11 期）

【思考】

亿唐失败的原因是什么？你从案例中获得什么启示？

案例 2：蒙牛将“跨界”玩成转型路径

与娃哈哈相比，蒙牛在融合“互联网+”转型升级时，走的是跨界的战略级路线。在产品质量及技术方面直接引进国际合作伙伴，整合了全球先进的技术、研发和管理经验。始终保持着与国际接轨，保证产品品质。产品的升级也是企业转型升级的一部分。

在保证产品质量的同时，蒙牛在跨界营销以及产品形式上做了大量尝试。2014 年，蒙牛与百度合作推出二维码可视化追溯牛奶“精选牧场”，将牧场放到了“云端”。同年 11 月，蒙牛跨界与滴滴战略合作，尝试了从战略到渠道方面的资源最大化的无缝对接。2015 年 5 月 6 日，蒙牛与自行车品牌捷安特签订了品牌、渠道、资源等多方面的战略合作协议，并应用智能塑形牛奶 M-PLUS 的适配硬件产品智能体质仪让用户获悉身体状况，通过云端推送量身定制的私教计划和蛋白质补给提醒到 App。除此之外，蒙牛的最新产品是与明星合作的定制性产品，极致单品的互联网思维应用在了其产品上。近期，蒙牛还与 NBA、上海迪士尼度假区等签订了战略合作，成为蒙牛在跨界战略方面的重点布局。

（资料来源：https://blog.51cto.com/wangjiwei/3309615）

【思考】

蒙牛的“互联网+”思维有什么特点？通过案例你对“互联网+”传统行业有什么认识？

【本章参考文献】

[1] 史创实.不同于常人的温商思维[N]. 乡镇企业导报，2010（11）.

[2] 杨红.试论识人之道[J]. 中小企业管理与科技，2011（5）.

[3] 秦莹.适应铁路运输需求发展的运输产品结构的研究[D]. 北京交通大学，2006.

[4] 陈建光.炎黄传媒：“捧杀”致死[J]，商界：评论，2011（11）.

第八章 创业计划推介与展示

【名人名言】

营销是没有专家的，唯一的专家是消费者，就是你只要能打动消费者就行了。

——史玉柱

不要对自己开创的公司死守着不放，这是经过很多惨痛教训才明白的道理，并不是所有打天下的人都适合当天下。

——李彦宏

【教学目标】

1. 使学生认识到创业计划展示的重要性，了解创业展示的流程。
2. 学习创业展示的基本形式，掌握创业路演文本、PPT 和现场展示的要点。
3. 能够进行一次模拟展示。

【教学要点】

1. 创业推介的途径。
2. 创业展示的步骤。
3. 创业路演的文本、PPT 和现场展示的要点。

第一节 创业计划推介

创业计划推介是创业者和创业团队必须具备的能力，目的是通过一定渠道介绍自己的创业项目从而获得支持，助力创业计划的成功实施。目前常见的创业计划推介方式有如下几种。

（一）创新创业大赛

参与一些有影响力的创新创业大赛，在比赛中展示自己的创业计划，这是进行创业计划推介的有效方式。在很多大赛现场，投资人一旦发现有商业价值，很快就会对项目进行投资。

（二）创新创业平台

在“双创”政策推动下，众创空间、创业孵化基地等创业平台几乎在每个城市都存在，这为创业者提供了很多机会和平台。通过参与这类机构或平台活动，能够有效推动项目发展，或者完善自己的创业计划。

（三）创业网站

通过有一定影响力度的创业网站，发布创业创意或项目简介，引发投资人或合伙人关注，从而得到资助。

（四）自荐

自荐是推介项目的一个重要途径，通过直接自荐到风投公司或者创业基金机构，推介给投资人或者权威同行，寻求注资或合作。

第二节 创业计划展示

创业计划展示最常见的方式是“路演”。路演是指在公共场所进行演说，推介自己的产品或服务的内容、理念和模式，其目的是让听众接受自己的产品或服务的内容、理念或模式，最终能产生购买行为的一种营销方式。

一、路演的重要性

《路演：最粗暴的融资》的作者之一姜何先生说：“不要等到卖产品和做融资的时候才认为自己在路演。实际上，人与人的交流本身就是路演，路演是一种沟通形式。”

路演，是当今企业家的必修课程，能扇动资本的翅膀，正悄然掀起一场商业的营销革命。路演操控着资本的权杖，决定着企业的生死存亡，不仅是一种技巧，更是一种精神。在商业资本时代，路演在商务谈判中可凝聚人心，可化解创业中的危机公关，可快速打开产品市场，可提升企业品牌价值，助推企业打通资本市场，吸引资源。

二、路演的基本类型

路演一般分为线下和线上两种类型。第一种类型是传统的线下类型，目前主要有四种模式。

（1）一对一模式。过程为投递商业计划书、约谈、投资机构考察，全程一对一，私密性强、节奏快，迅速促成项目。

（2）私董会模式。投资基金或行业投资机构，将精挑项目组织一起，类似私董会，尖锐发问。该模式项目质量高，融资概率很大，效果明显。

（3）由政府部门、知名机构或平台线下组织的项目路演会或专场路演会。当地政府或科技部门、当地机构也会定期组织一系列的项目路演，很多机构会在路演准备、路演形式方面给创业展示单位做一些辅导，创投双方对接非常容易，减少了很多沟通成本。

（4）带有大赛和推广性质的创业大赛或创业 TV 秀模式。不同的组织，企业的参赛目标也会不一样，如名次、奖金、融资，通过层层筛选、项目辅导和优化，创投双方都会收获很大，尤其是对创业者而言，更是名利双收。

另一种类型是结合技术和信息手段升级的线上路演。随着视频技术和移动互联网的应用，这两年许多项目路演也搬到了线上，如 QQ 群、YY 群、电话会议、远程视频、微信群等路演。网上路演本身具有很多传统线下路演不具备的优势。

（1）节约时间和精力。线上路演可以通过一次路演全方位彰显自己的优势和特色，省去不必要的环节，降低路演者的时间和精力成本。

（2）方便随时查阅。线上路演电子版的资料可以随时存放在资料库中，既方便路演者随取随用，也利于听众查阅、浏览、研读，以便对企业加深了解，更有利于听众作出理性判断。

（3）实现异地互动交流。线上路演可以实现不同地区、不同国家的人之间进行互动与交流。在路演过程中，还可以随时更换场景，方便各地听众。同时，听众能够通过网络对路演者进行提问，双方既可以语音、视频，也可以通过文字即时沟通，十分方便。

三、路演讲稿

【案例导读】

数据的温度

罗磊 贵州人和致远数据服务有限公司创始人

介绍企业之前，我想先跟大家分享一个故事，这是一个来自贵州的真实的故事。严敏琴来自贵州最穷的威宁县的一个村子，家里有四个老人、三个小孩，却没有任何经济来源。

通过数据收集，我们发现了这个中年妇女，也发现当地政府组织妇女工人培训的信息，于是我们就把这个信息传递给她，让她通过参加这个培训得到一份工作。后来她在贵阳医学院找到了一份工作，现在整个家庭有9千多块钱的收入。我在跟她交流的时候她说了一句话：我从来没有想过我能这么受欢迎，我也从来没想到过我能挣那么多钱。那一刻我看到的是：这是一位农村百姓的尊严和自信。其实，这就是我们要做的——通过农村群众的数据跟踪，发现脱贫的“密码”。

贵州的地形是很特殊的，农村人口基数也比较大。为了精准收集数据，了解真实情况，我做了一个很艰难的决定：把团队放到每个村子里，一个村一个村去走，把数据面对面地拿回来。让我坚定做这件事情原因，其实还跟一个小故事有关：有一天我的团队打电话说他们在农村被扣下来了，我特别紧张，担心会不会出事了。后来才知道，是当地百姓特别热情，队员们不吃饭就不让走，这是他们给我们回报的方式。当时我的心中充满欢喜，也决心一定要把这件事情做下去。后来，我们发现了数据的秘密。这些数据对于帮扶农村老百姓就业是非常有价值的，因为基础劳动力市场要求的维度是极其精准而有效的，比如性别、年龄层段等等，只要有了基础数据，我们就可以为他们提供服务。

我们一直在思考，在帮助他们的同时，企业应该如何用公益的心态和商业的方法去实现企业成长，如何把帮扶老百姓的情怀注入整个业务体系当中，帮助农村的老百姓有更多获得感。我们通过服务获得了老百姓对我们的尊重和信任，进而获取了真实的数据，从而进行精准的数据分析，包括智能的人岗匹配，我们把大数据技术中 AI 智能匹配的技术用到这上面，可以精准地把信息和岗位提供到贫困百姓手上，优化了精准扶贫的方式。

但是，我们不能为了获得这些数据就每天去农村转，成本实在是太高了。作为一个企业，我们很难继续完善这件事情。所以，我们需要继续跟踪他们的整个业务和数据。我们要为他们提供更好的服务，去激活这些数据。为此，我们要做场景化的数据服务，比如提供建筑工地的管控，因为这里有一个极其特殊的群体——建筑工地务工农民，我们可以在这个群体中帮助他们完善数据，保障他们的权益，他们也愿意和我们进行交付，因为我们可以帮助他们解决讨薪的问题、工伤的问题等。

我们就用这种方式保证务工农民的权益，目前我们在贵州省覆盖了大概三千多个建筑工地，也走出了贵州，现在有6个省在用我们的体系，在平台上服务了20万务工农民。这也受到了政府的关注和表彰。

数据的力量是很强大的，我们还用数据关注了留守儿童的情况，我们把他们父母的情况做了数据的整理，为他们匹配就近的工作岗位，希望能让很多乡镇的留守儿童数清零。

我们在贵州积累了很多经验，我希望能把这些经验传输出去，去改变这些贫困人口的生活，让他们更加体面地去做事，我希望大家跟我一起去帮助他们。

（资料来源：互联网+致良知[乌镇]学习会，https://www.sohu.con/a/271417311-658153）

在正式路演前所做的准备工作是非常重要的，首先要明确路演的目的，要分析项目背景、意义，通过什么渠道解决什么问题，以及项目的预算等。在规定时间内要做到完美的展示，路演讲稿是基础。

（一）路演讲稿的作用

在路演现场，说什么极为重要，稍不注意说错一两句话就可能影响到评委（投资方）对项目的评价。所以，路演前务必要写好路演稿。路演稿不仅能帮助我们从容完成路演，避免现场紧张乱说话，甚至无话可讲的状况，还能通过对内容的精心设计，让路演更精彩，更打动人。所以，要顺利晋级、融资，一定要重视路演稿的作用。

（二）路演讲稿内容构成

路演稿的内容结构可划分为三部分：开场，项目介绍，结尾。下面通过“互联网+金奖项目”的实例，来说明每部分具体怎么写。

1. 开场词

路演的开场非常关键，决定了听众对项目的第一印象。好的开场一定是能立马吸引人的，能让人乐意继续往下听。设计项目路演的开场可以有以下几种方法。

（1）开门见山式（最常见）。先问好，再介绍自己或项目情况，主要采用公司+路演人+学校+项目介绍形式展开项目介绍，如介绍公司，介绍我担任什么（职位+姓名）、来自哪里（学校）、带来什么（项目介绍）。

【案例 1】

来自第六届互联网+金奖项目“eDNA 精准生物监测与生态健康诊断”

我是××科技的创始人××，我来自××学校，今天给大家带来一项革命性的生物监测技术……

【案例 2】

来自第六届互联网+金奖项目“5G 通信氮化镓功放芯片”

我是来自清华大学的××，也是××科技的创始人和 CEO，今天我带来的项目是……

（2）设置悬念式。通过设置悬念来牢牢抓住听众的注意力，这个悬念可以是一个问题或一句话，也可以是现场做一个实验（结果需要等路演结束时揭晓），还可以是其他创新方式。

【案例 3】

来自第六届互联网+金奖项目“星网测通”

各位专家大家下午好，在随后的时间里，我想请大家和我一起把眼光投向太空……

【案例 4】

来自第五届金奖互联网+项目“声控大师-离线智能声控开关”

大家看到这个题目会非常奇怪……为什么要搞一个离线智能声控开关呢……

（3）情景代入式。讲个故事，让听众产生情感的共鸣，仿佛置身某个场景之中。有了这层共鸣，后面的路演就更能打动听众。

【案例 5】

来自第六届互联网+金奖项目“NASH 美育”

各位评委好，我是NASH美育的项目负责人，首先我想先跟大家分享一个冷知识……

（4）视频导入式。简单问好后，通过视频介绍，先引起评委兴趣且让评委对项目有直观的了解，后续介绍时就会更得心应手。

【案例 6】

来自第六届互联网+金奖项目
“磁晶科技——国内首创光电通信器件的核心材料供应商”

大家好，我是磁晶科技的联合创始人××（职位+姓名），接下来请大家通过一段视频来了解我们的项目……

2. 项目介绍

项目介绍是路演稿最重要的内容，是评委了解项目并打分的主要依据。好的项目介绍，能让人对项目有清晰的了解。要写好项目介绍部分的路演稿，内容要做到与路演 PPT 呼应，逻辑要做到清晰明了。有关各部分内容撰写，接下来结合往届金奖项目的路演稿进行实例讲解。

（1）市场痛点。市场痛点部分的路演稿，是项目介绍不可或缺的部分，要让评委认可，肯定项目存在的价值及意义，并对后续的路演有一定的期待。可通过报告/数据等统计信息（背景说明），整理出行业存在的问题，并阐述解决问题的必要性和急切性（痛点介绍），最后引出本项目提出的解决方案以及具备的独特优势等信息（解决方案及优势）。

【案例 7】

来自第六届互联网+金奖项目“eDNA 精准生物监测与生态健康诊断”

××报告显示……作为一个负责任的大国……（大背景下的行业痛点说明）急需有效的生物监测技术……面对困难，我们建立起……（顺势提出解决方案）。首先我们首创了全球……接着，我们构建了……让效率提升超过 300 倍……（详述项目优势）。

（2）商业模式。商业模式是赛道评审要点明确的考核内容，好的商业模式是决定项目能否长远的因素之一。项目运营模式、盈利模式等元素可放在商业模式板块介绍。注意，有些项目的商业模式以模型展示，需在路演稿中进行逻辑清晰的阐述，避免路演时因“即兴发挥”而出现“看图忘字”的情况。

【案例 8】

来自第五届互联网+金奖项目“超菌克星——细菌性疾病诊断全球领跑者”

我们的目标客户是医疗卫生机构，销售模式参考打印机模式，以试剂盒为主、仪器为辅，前期我们通过学术推广对我们产品进行宣传，后续将实现直销和代销……

（3）项目亮点。项目亮点必须要有，这是项目能脱颖而出的条件之一，根据往届金奖项目情况，亮点的来源大家可参考以下几方面。

●国家助力成就项目亮点。

【案例 9】

来自第六届互联网+金奖项目“eDNA 精准生物监测与生态健康诊断”

我们首先获得了国家的独家授权，我们是国内唯一……也是国家环境监测总站唯一指定开展……国家还对我们投资 3000 万……

●竞品分析凸显项目亮点

【案例 10】

来自第六届互联网+金奖项目
“新‘净’界——用‘芯’打造空气净化安全网”

我们的产品性能上，除了在超微粒子的过滤……领先我们的竞争对手，同时我们的价格也仅为竞争对手的 50%……

●核心技术阐明项目亮点

【案例 11】

来自第六届互联网+金奖项目
“新‘净’界——用‘芯’打造空气净化安全网”

××技术发展至今,有三大核心技术常伴我身。一、……率先突破了……二、通过……实现了……三、……大大拓展了……

●专利证书侧面凸显亮点

【案例 12】

来自第六届互联网+金奖项目“5G 通信氮化镓功放芯片”

目前公司已有跟产品相关的核心专利发明项目×项，在申请核心专利×项……

●获奖情况放大项目亮点

【案例 13】

来自第六届互联网+金奖项目“5G 通信氮化镓功放芯片”

在 2020 年，我们获评了中关村高新技术企业，同时获得了多项创新创业大赛的奖项……

（4）现状及规划。现状及规划也是路演稿必备的内容，能让评委清晰看到项目已获得的价值和团队已做的努力，也能侧面反映团队成员的商业思维。这部分内容主要包括融资需求、股权分配，营收现状、未来规划等。需要注意，大多融资情况均以图示表达，路演稿中要针对图示讲解。

（5）团队介绍。优秀、凝聚力强的团队是项目的核心竞争力，也是项目中唯一不能复制的存在，其重要性不言而喻。如果团队由首席科学家、创业顾问等人员组成，且有较契合项目的身份背景、工作经历，建议详细介绍以凸显项目的专业性。

（6）带动就业。带动就业是各赛道评审规则中明确会考核的要素，有带动就业的项目，更让人相信项目的影响力以及成就。带动就业部分路演稿，可包括怎样做到的、具体的成效如何等。

【案例 14】

来自第六届互联网+金奖项目“eDNA 精准生物监测与生态健康诊断”

我们已经培养了××名实习生……我们直接带动就业××人，间接实现了××人完成就业，我们还创造了国内全新职业……

3. 结尾词

与开头类似，结尾词的作用也不容忽视，一场高分路演一定是有头有尾、头尾分明的。很多优秀项目都会选择在介绍结束时，喊出自己的项目口号与愿景，大家在撰写自己路演稿时也可以参考。

（三）路演稿撰写技巧

1. 路演稿件形式

路演稿主要有两种形式，分别是文字版路演稿和表格式路演稿。

文字版路演稿逻辑流畅且内容完整，但不太利于路演人练习。表格版路演稿框架清晰明了，但是需花费较多时间准备。二者各有利弊，各备赛团队可结合具体情况，进行路演稿的准备。但不管形式如何，为了呈现更好的路演效果，实现路演目标，建议供大家参考以下几点。

2. 加入时间限制

路演有严格的时间要求，但很多团队由于时间把控失误，会出现讲得太慢、内容没讲完就只能草草结尾的情况，这其实是非常影响评委对项目的印象的。

建议各备赛团队在准备路演稿前，先明确所在地区的路演限制时间，一般为 5~8 分钟；再对每页 PPT 的演讲时间按照重要性进行初步规划，在每页路演 PPT 的路演稿部分，让路演人开展时间和内容的辅助练习，避免正式路演时出现突发状况。

例如，核心技术、商业模式等项目重点、亮点部分可多花时间讲解。

3. 加入动作语气标注

路演并不是路演人的独白，而是一场有情绪的演讲，这样的路演会加分。可通过语气、语调、肢体动作来调动现场情绪。备赛时，可根据路演稿对应内容，对情绪要求、肢体动作进行标注。

4. 从事实出发

诚实是必须的，一定不能造假，要相信评委比你懂得多。如果造假，肯定会在答辩环节露出马脚。

例如，在竞品分析部分，实事求是地展示出自己的优势即可，不要出现过分比较、提高数据、试图猜测等情况。

5. 反复修改和熟记于心

在真正路演前，路演稿肯定会反复修改。项目、PPT 的不断优化，路演人的练习反馈，都是路演稿反复修改的依据。

路演人一定要对路演稿熟记于心，正式路演前要多背、多练，时间、内容、衔接语句等都要很熟练。看见路演 PPT 页面，就能想起当前页面所要传达的重点、时长要求等。

四、路演 PPT

路演 PPT 是商业计划书的精华，要能配合路演人 5 分钟的讲解，让评委迅速抓住项目亮点，给评委留下深刻印象，因此 PPT 是整个路演展示最重要的部分。

（一）路演 PPT 的三个要点

1. 文字描述占比

路演 PPT 是配合演讲的辅助材料，应尽量图文并茂，将重点文字展示出来，而不是长篇大论。

2. 填充内容

PPT 应突出重点，凸显优势，让评委直接捕捉到项目的亮点。凸显重点时可使用“字体加粗”“字体标红”等辅助手段。

3. PPT 页数

PPT 页面不用太多，一般为 15~18 页，最多不超过 20 页。如页面过多，不仅演讲时间不好控制，对于重点部分的详述也做不到位，评委关注度会降低，从而直接拉低项目给人的整体印象。

（二）路演 PPT 制作法则

1. 清晰的结构

一堆内容堆在一起，只能算作素材，路演 PPT 一定要做到结构清晰，再将内容补全。有了框架，内容才更有价值。具体可以分 6 步进行。

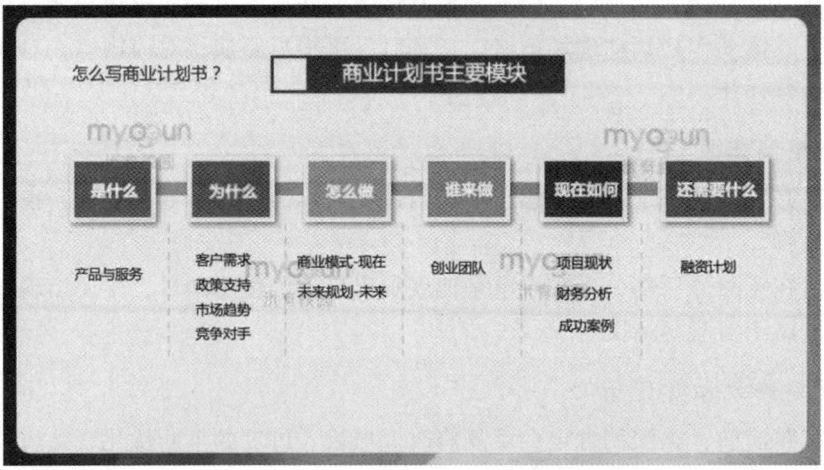

2. 各模块的比例

理清结构后，再填充 PPT 的具体内容。路演 PPT 内容的填写需遵循一个原则，即能不用大段文字的就不用大段文字。具体有三点建议：第一，能用图表的不用文字，如竞争分析、财务数据、产品分类等。可用图表展示的，无须用大段文字阐述，精简清晰才是硬道理。第二，能用图片的不要叙述项目背景、发展现状等。与其用大量文字介绍，不如用图片展示更具体形象。第三，能用模型的不用解释产品体系、商业模式、发展规划等。可用模型直观展示，且模型可以让读者直接看到关键点、核心亮点，以及关键点之间的逻辑等，大大降低读者的理解难度，让整个商业计划书商业性更强、专业性更强。

在内容上，路演 PPT 的大纲可以与项目商业计划书的撰写大纲一致，也可以调整，只要能达成路演目的就可以。

（1）是什么——项目概述。项目概述要高度概括项目核心信息，简单直接有高度，能体现项目使命、取得的成绩等。

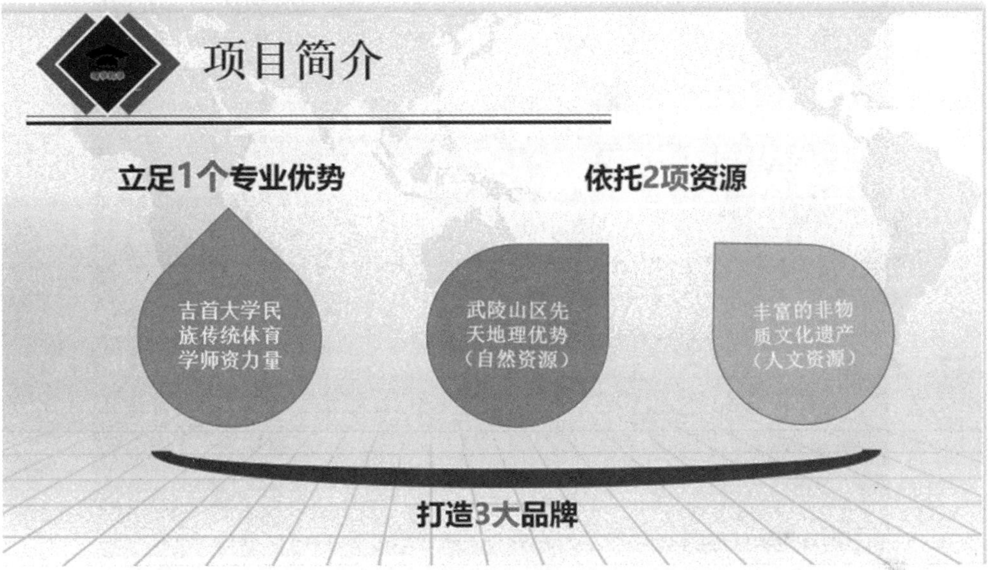

（2）为什么——痛点需求。项目痛点需求要有理有据有力度。可以从政策、市场、行业、用户等方面着手分析，用数据等清晰简洁地展示项目痛点。

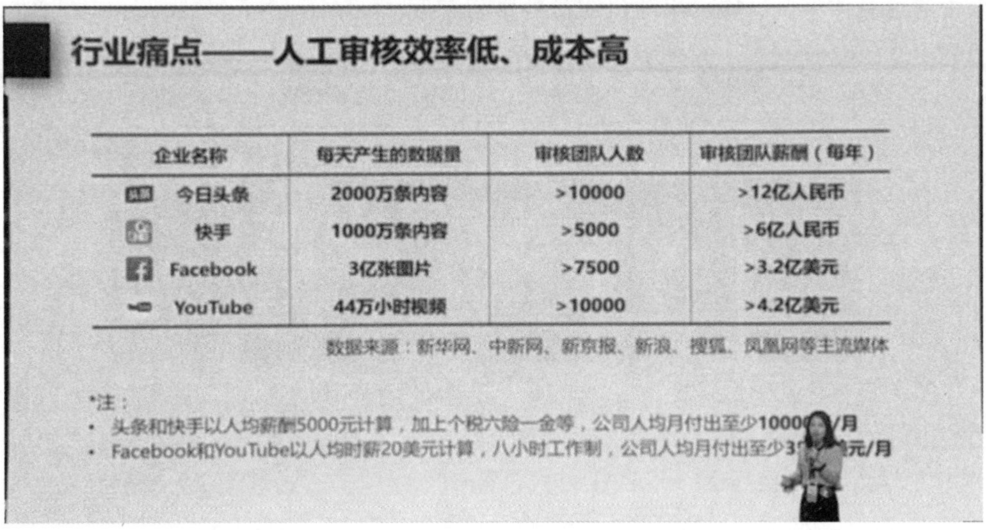

（3）怎么做——产品服务&商业模式。针对痛点需求，展示项目提供的解决方案和产品服务内容，以及推广策略等。在商业模式介绍上，能用图示表达的一定要用图示。

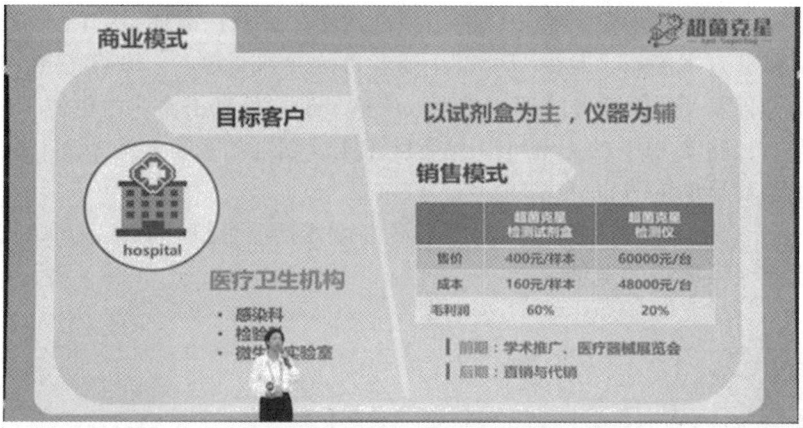

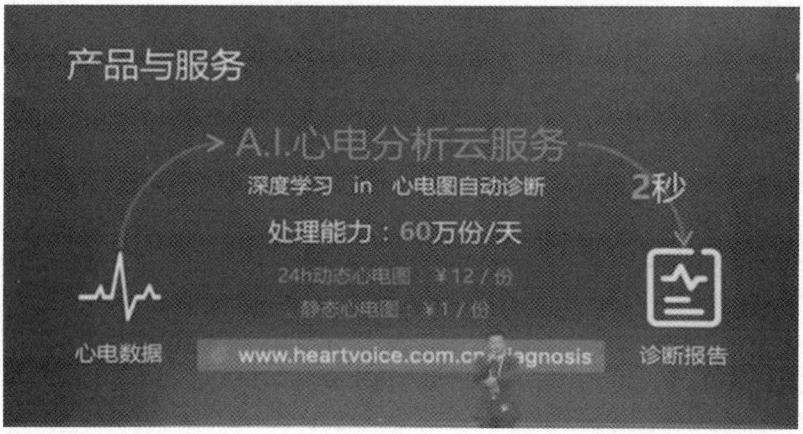

（4）谁来做——团队介绍。团队介绍要专业奉献有态度。团队是项目核心竞争力的来源之一，要客观专业地介绍项目成员，精准地展现出项目成员对项目的意义，可以在路演中通过具体事例，展示出项目成员的奉献态度。

（5）做得怎么样——项目现状。要有图有数有进度。可使用图片/具体数据等对项目现阶段取得的成果等进行展示，能让评委直观了解截至目前项目的开展效果，以及现阶段项目的情况。

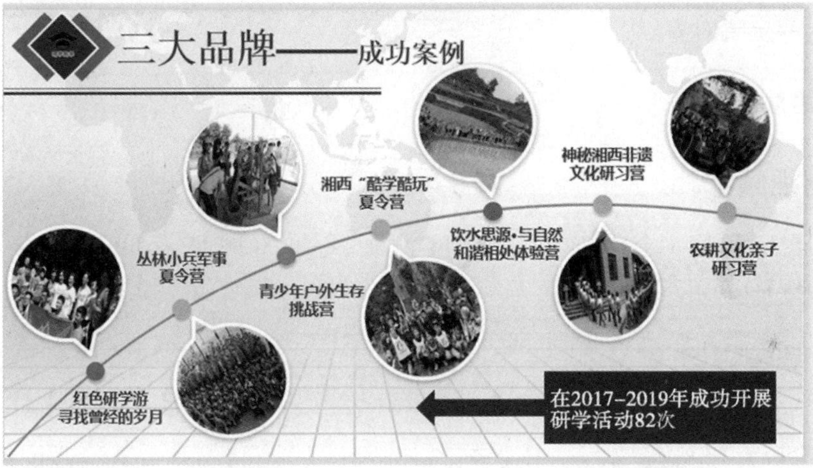

（6）未来计划——规划及融资。项目未来规划如何，计划融资多少、用途等，用数据向评委清晰展示。

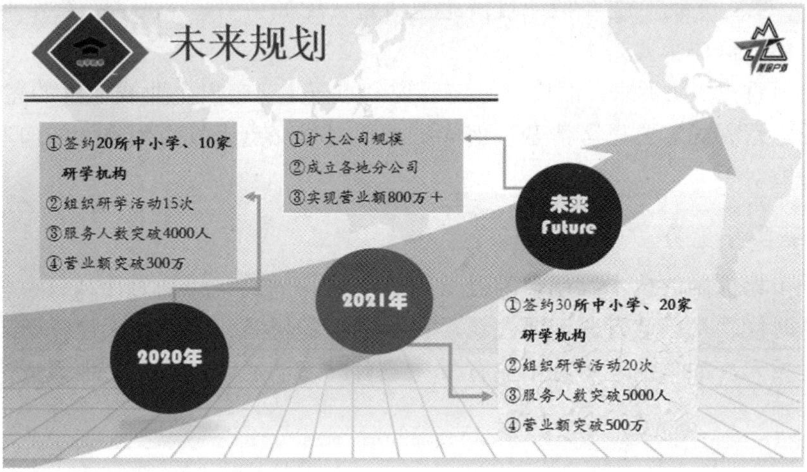

（三）排版技巧

在路演 PPT 的排版美化上，这些技巧值得借鉴。

1. 字越少，事越大

一张 PPT 只放一个核心信息，可用来展示项目的核心竞争力、获奖情况等重要信息。

2. 能用图，不用字

把文字内容转化为图片或图表的形式，越直观越好。适合展示项目结构原理、商业模式等。

3. 把字变大、变色，凸显重点

数据等重点内容可以通过放大及变色来凸显，但要注意颜色最多不超过三种。

4. 单张图可全屏，多张图排整齐

一个页面中，如果只有一张图，可以将其放大到整个页面或占满半个页面。如果有多张图片，一定要对齐。

五、路演技巧

【案例视频】

第六届互联网+金奖项目：星网测通路演（网址：https：//www.bilibili.com/video/BV1DZ4y137T8/）

（一）路演内容

1. 吸引力

在路演时，要特别重视第一句话。你要讲一个有吸引力的、能让天使投资人兴奋的故事，这个故事可以是未来你的项目能够实现的某个场景，也可以是目前用户的痛点、刚需。注意，第一句话一定要把项目概念说清楚，比如：“某 App 是一款真实可靠的找兼职应用，用户群体主要是大学生……”

汇报时抓重点、明诉求。汇报时一定要说到点子上，突出企业或项目的亮点和高度，对于产品的运营方式需要思考清楚。例如，如何通过亮点去吸引用户、如何通过差异化的体验去打败对手。

2. 展现自身优势

拿出让市场惊羡的技术、创新的经营模式。换句话说，就是为什么只有你做得到行业第一。这时候，初创业者一定要注意对自己个人的包装，因为在天使投资人眼里，早期项目就是投入。如果你家里有创业背景，或自己之前经营过项目，那无论成功与否都可能是加分项。

3. 如何回答专家的问题

一般而言，企业在大赛路演时会提到诸如团队、财务、市场、产品、竞争等方面。专家关心的是：为什么你能做到？你是怎么做到的？对专家的问题在实事求是回答的同时，要有一定的闭环逻辑性和技巧性，对这类问题要有相对明确的解决方案。

投资人经常会问到财务模型。初创业者很难有足够的数据去支撑一个足够靠谱的预估模型。这时候不要慌，因为你比投资人更了解你的市场和你的技术。大多数投资人只是想通过这个问题来了解你对市场的看法、了解程度以及你的设想是否合理。你能做的、应该做的，就是告诉投资人你想要融资的规模、融资的原因以及你打算怎样花这笔钱。

“被行业巨头跟进怎么办？”在互联网领域，天使投资人很喜欢问这个问题。创业者被问到的时候，千万不能慌。因为如果业界大佬真看中了你做的领域，意味着市场前景不差。从好的方面来想，有行业巨人开拓市场、培养用户习惯，小创业公司跟在后面捡剩余市场份额，做细分、垂直领域，也能发展得很滋润。所以，镇定下来，强调初创企业的灵活性，凸显差异化竞争的优势就行。

4. 注意时长

避免把宝贵的时间浪费在项目背景介绍等无价值的说明中。不要被主持人提醒还剩一分钟时，才开始匆匆解说自己项目的具体情况，以致项目核心价值没能得到最好的阐述。

路演一定要预估好时间，简单明了地说明产品的目标用户和满足用户的哪些需求、产品的市场容量和盈利模式、团队成员和目前项目所处的状态。

对于成立时间不长或销售不多的企业，企业发展历程不容易讲，但可讲述企业成立的前期背景和基础，同时把重点放在团队成员、项目的创新性（技术、模式等）以及市场前景，给人以很大的想象空间。

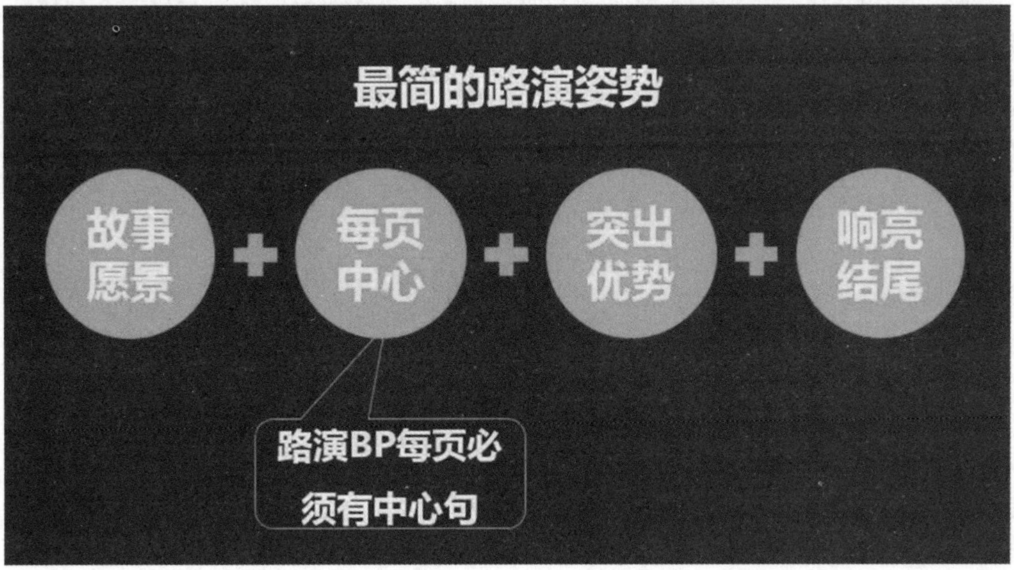

（二）语音语调和肢体语言

1. 语音语调

什么是语音语调？顾名思义，语音就是要发对音，语调就是要有感情。控制好语音和语调的主要目的在于路演者能声情并茂地将路演信息和要点传达给听众，使观众易于接受和理解。一是能够让听众清楚地了解路演者传达的信息要点；二是保持路演时的节奏感，在指定时间内不急不缓地完成一场完整的路演。

因此，在语速方面我们需要注意两点：

第一点，将语速保持在正常语速 120 字/分钟左右，该快的时候快点，该慢的时候慢一些，做到抑扬顿挫、快慢结合。

第二点，精准评估路演的时间。比如做一场 8 分钟的路演，就一定要根据时间准备内容，然后根据要点调整语速，使整场路演看起来较为完美。

很多时候，听众在观看路演的过程中或者会昏昏欲睡，或者太过紧张而分散注意力，就是因为路演者不能以正确的语音语调与语速传递出自己的信息，没有做到合理地表达自己的内容。

2. 肢体语言

如果我们的肢体语言不到位，将会影响整个路演的效果。那么，该如何调整我们的肢体语言？

（1）眼神交流。眼神代表一个人的很多东西，如真诚、可靠、自信等。路演者与观众互动的最基本肢体语言就是眼神的交流，这会让观众充分感受到你对他们的重视，增强他们的存在感。

（2）保持开放的姿态。路演者保持开放的目的是表明自己和听众之间没有任何障碍物。

（3）运用适当的手势。手势是整个路演当中至关重要的。手势与语言合理搭配，能够反映出路演者思维的清晰程度，与听众更好地互动。

【本章小结】

1. 创业计划推介和展示是所有创业者的必经之路，要准确把握两者的关联。
2. 掌握创业计划路演前期讲稿的准备要点和技巧。
3. 重点掌握路演 PPT 制作的三要点。
4. 掌握路演现场的重难点，学会路演。

【思考与实践】

1. 模拟一次现场路演，用 8 分钟展示你的创业计划。
2. 选派学生代表作评委、路演者，从两个视角来感受路演的重难点。

附录 1

创业计划书框架及练习模板

创业计划书

企业名称
创业者姓名
日　　期
通信地址
邮政编码
电　　话
传　　真
电子邮件

目　　录

附录：融资与回报计划、企业业绩、专利证书、授权书、顾问资料等

一、企业概况

主要经营范围：
企业类型：
□生产制造　□零售　□批发　□服务　□农业□新兴产业
□传统产业　□其他

二、创业计划作者的个人情况

以往的相关经验（包括时间）：
教育背景，所学习的相关课程（包括时间）：

三、市场评估

目标顾客描述：

市场容量或企业预计市场占有率：

市场容量的变化趋势：

竞争对手的主要优势：
1.
2.
3.
4.
竞争对手的主要劣势：
1.
2.
3.
4.
本企业相对于竞争对手的主要优势：
1.
2.
3.
4.

本企业相对于竞争对手的主要劣势：

1.

2.

3.

4.

四、市场营销计划

1. 产品

产品或服务	主要特征

2. 价格

产品或服务	成本价	销售价	竞争对手的价格

折扣销售	
赊账销售	

3. 地点

（1）选址细节：

地址	面积（平方米）	租金或建筑成本

（2）选择该地址的主要原因：

（3）销售方式（选择一项并打√）：

将把产品或服务销售或提供给：□最终消费者 □零售商 □批发商

（4）选择该销售方式的原因：

4. 促销

人员推销		成本预测	
广告		成本预测	
公共关系		成本预测	
营业推广		成本预测	

五、企业组织结构

企业将登记注册成：

□个体工商户　　　□有限责任公司

□个人独资企业　　□其他

□合伙企业

拟议的企业名称：

企业的员工（请附企业组织结构图和员工工作描述书）：

职务　　　　　　　　月薪

业主或经理

员工

企业将获得的营业执照、许可证：

类型　　　　　　　　预计费用

企业的法律责任（保险、员工的薪酬、纳税）：

种类：　　　　　　　预计费用

合伙（合作）人与合伙（合作）协议：

条款 \ 内容 \ 合伙人				
出资方式				
出资数额与期限				
利润分配和亏损分摊				
经营分工、权限和责任				
合伙人个人负债的责任				
协议变更和终止				
其他条款				

六、固定资产

1. 工具和设备

根据预测的销售量，假设达到100%的生产能力，企业需要购买以下设备：

名　称	数　量	单　价	总费用（元）

供应商名称	地　址	电话或传真

2. 交通工具

根据交通及营销活动的需要，拟购置以下交通工具：

名　称	数　量	单　价	总费用（元）

供应商名称	地　址	电话或传真

3. 办公家具和设备

办公室需要以下设备：

名　称	数　量	单　价	总费用（元）

供应商名称	地　址	电话或传真

4. 固定资产和折旧概要

项　目	价值（元）	年折旧（元）
工具和设备		
交通工具		
办公家具和设备		
店铺		
厂房		
土地		
合计		

七、流动资金（月）

1. 原材料和包装

项　目	数　量	单　价	总费用（元）

供应商名称	地　址	电话或传真

2. 其他经营费用（不包括折旧费用和贷款利息）

项　目	费用（元）	备　注
业主的工资		
雇员工资		
租金		
营销费用		
公用事业费		
维修费		
保险费		
登记注册费		
其他		
合计		

八、销售收入预测（12月）

产品和服务 \ 销售情况 \ 月份		1	2	3	4	5	6	7	8	9	10	11	12	合计
1	销售数量													
	平均单价													
	月销售额													
2	销售数量													
	平均单价													
	月销售额													
3	销售数量													
	平均单价													
	月销售额													
4	销售数量													
	平均单价													
	月销售额													

续表

产品和服务 \ 销售情况 \ 月份		1	2	3	4	5	6	7	8	9	10	11	12	合计
5	销售数量													
	平均单价													
	月销售额													
6	销售数量													
	平均单价													
	月销售额													
7	销售数量													
	平均单价													
	月销售额													
合计	销售总量													
	销售总收入													

九、销售和成本计划

项目 \ 金额（元） \ 月份		1	2	3	4	5	6	7	8	9	10	11	12	合计
1	含流转税销售收入													
	流转税（增值税等）													
	销售净收入													
成本	业主工资													
	员工工资													
	租金													
	营销费用													
	公用事业费													
	维修费													
	折旧费													
	贷款利息													
	保险费													

续表

项目 \ 金额（元） \ 月份		1	2	3	4	5	6	7	8	9	10	11	12	合计
成本	登记注册费													
	原材料（列出项目）													
	（1）													
	（2）													
	（3）													
	（4）													
	（5）													
利润														
税费	企业所得税													
	个人所得税													
	其他													
净收入														

十、现金流量计划

项目 \ 金额（元） \ 月份		1	2	3	4	5	6	7	8	9	10	11	12	合计
现金流入	月初现金													
	现金销售收入													
	赊销收入													
	贷款													
	其他现金流入													
	可支配现金（A）													
现金流出	现金采购支出													
	（1）													
	（2）													
	赊购支出													
	员工工资													

续表

项目 \ 月份 \ 金额（元）		1	2	3	4	5	6	7	8	9	10	11	12	合计
现金流出	租金													
	营销费用													
	公用事业费													
	维修费													
	贷款利息													
	偿还贷款利息													
	保险费													
	登记注册费													
	设备													
	其他（列出项目）													
	税金													
	现金总支出（B）													
月底现金（A-B）														

附录 2

国务院办公厅关于深化高等学校创新创业教育改革的实施意见

国办发〔2015〕36 号

各省、自治区、直辖市人民政府，国务院各部委、各直属机构：

深化高等学校创新创业教育改革，是国家实施创新驱动发展战略、促进经济提质增效升级的迫切需要，是推进高等教育综合改革、促进高校毕业生更高质量创业就业的重要举措。党的十八大对创新创业人才培养作出重要部署，国务院对加强创新创业教育提出明确要求。近年来，高校创新创业教育不断加强，取得了积极进展，对提高高等教育质量、促进学生全面发展、推动毕业生创业就业、服务国家现代化建设发挥了重要作用。但也存在一些不容忽视的突出问题，主要是一些地方和高校重视不够，创新创业教育理念滞后，与专业教育结合不紧，与实践脱节；教师开展创新创业教育的意识和能力欠缺，教学方式方法单一，针对性实效性不强；实践平台短缺，指导帮扶不到位，创新创业教育体系亟待健全。为了进一步推动大众创业、万众创新，经国务院同意，现就深化高校创新创业教育改革提出如下实施意见。

一、总体要求

（一）指导思想

全面贯彻党的教育方针，落实立德树人根本任务，坚持创新引领创业、创业带动就业，主动适应经济发展新常态，以推进素质教育为主题，以提高人才培养质量为核心，以创新人才培养机制为重点，以完善条件和政策保障为支撑，促进高等教育与科技、经济、社会紧密结合，加快培养规模宏大、富有创新精神、勇于投身实践的创新创业人才队伍，不断提高高等教育对稳增长促改革调结构惠民生的贡献度，为建设创新型国家、实现"两个一百年"奋斗目标和中华民族伟大复兴的中国梦提供强大的人才智力支撑。

（二）基本原则

坚持育人为本，提高培养质量。把深化高校创新创业教育改革作为推进高等教育综合改革的突破口，树立先进的创新创业教育理念，面向全体、分类施教、结合专业、强化实践，促进学生全面发展，提升人力资本素质，努力造就大众创业、万众创新的生力军。

坚持问题导向，补齐培养短板。把解决高校创新创业教育存在的突出问题作为深化高校创新创业教育改革的着力点，融入人才培养体系，丰富课程、创新教法、强化师资、改进帮扶，推进教学、科研、实践紧密结合，突破人才培养薄弱环节，增强学生的创新精神、创业意识和创新创业能力。

坚持协同推进，汇聚培养合力。把完善高校创新创业教育体制机制作为深化高校创新创业教育改革的支撑点，集聚创新创业教育要素与资源，统一领导、齐抓共管、开放合作、全员参与，形成全社会关心支持创新创业教育和学生创新创业的良好生态环境。

（三）总体目标

2015 年起全面深化高校创新创业教育改革。2017 年取得重要进展，形成科学先进、广泛认同、具有中国特色的创新创业教育理念，形成一批可复制可推广的制度成果，普及创新创业教育，实现新一轮大学生创业引领计划预期目标。到 2020 年建立健全课堂教学、自主学习、结合实践、指导帮扶、文化引领融为一体的高校创新创业教育体系，人才培养质量显著提升，学生的创新精神、创业意识和创新创业能力明显增强，投身创业实践的学生显著增加。

二、主要任务和措施

（一）完善人才培养质量标准

制订实施本科专业类教学质量国家标准，修订实施高职高专专业教学标准和博士、硕士学位基本要求，明确本科、高职高专、研究生创新创业教育目标要求，使创新精神、创业意识和创新创业能力成为评价人才培养质量的重要指标。相关部门、科研院所、行业企业要制订专业人才评价标准，细化创新创业素质能力要求。不同层次、类型、区域高校要结合办学定位、服务面向和创新创业教育目标要求，制订专业教学质量标准，修订人才培养方案。

（二）创新人才培养机制

实施高校毕业生就业和重点产业人才供需年度报告制度，完善学科专业预警、退出管理办法，探索建立需求导向的学科专业结构和创业就业导向的人才培养类型结构调整新机制，促进人才培养与经济社会发展、创业就业需求紧密对接。深入实施系列“卓越计划”、科教结合协同育人行动计划等，多形式举办创新创业教育实验班，探索建立校校、校企、校地、校所以及国际合作的协同育人新机制，积极吸引社会资源和国外优质教育资源投入创新创业人才培养。高校要打通一级学科或专业类下相近学科专业的基础课程，开设跨学科专业的交叉课程，探索建立跨院系、跨学科、跨专业交叉培养创新创业人才的新机制，促进人才培养由学科专业单一型向多学科融合型转变。

（三）健全创新创业教育课程体系

各高校要根据人才培养定位和创新创业教育目标要求，促进专业教育与创新创业教育有机融合，调整专业课程设置，挖掘和充实各类专业课程的创新创业教育资源，在传授专业知识过程中加强创新创业教育。面向全体学生开发开设研究方法、学科前沿、创业基础、就业创业指导等方面的必修课和选修课，纳入学分管理，建设依次递进、有机衔接、科学合理的创新创业教育专门课程群。各地区、各高校要加快创新创业教育优质课程信息化建设，推出一批资源共享的慕课、视频公开课等在线开放课程。建立在线开放课程学习认证和学分认定制度。组织学科带头人、行业企业优秀人才，联合编写具有科学性、先进性、适用性的创新创业教育重点教材。

（四）改革教学方法和考核方式

各高校要广泛开展启发式、讨论式、参与式教学，扩大小班化教学覆盖面，推动教师把国际前沿学术发展、最新研究成果和实践经验融入课堂教学，注重培养学生的批判性和创造性思维，激发创新创业灵感。运用大数据技术，掌握不同学生学习需求和规律，为学生自主学习提供更加丰富多样的教育资源。改革考试考核内容和方式，注重考查学生运用知识分析、解决问题的能力，探索非标准答案考试，破除“高分低能”积弊。

（五）强化创新创业实践

各高校要加强专业实验室、虚拟仿真实验室、创业实验室和训练中心建设，促进实验教学平台共享。各地区、各高校科技创新资源原则上向全体在校学生开放，开放情况纳入各类研究基地、重点实验室、科技园评估标准。鼓励各地区、各高校充分利用各种资源建设大学科技园、大学生创业园、创业孵化基地和小微企业创业基地，作为创业教育实践平台，建好一批大学生校外实践教育基地、创业示范基地、科技创业实习基地和职业院校实训基地。完善国家、地方、高校三级创新创业实训教学体系，深入实施大学生创新创业训练计划，扩大覆盖面，促进项目落地转化。举办全国大学生创新创业大赛，办好全国职业院校技能大赛，支持举办各类科技创新、创意设计、创业计划等专题竞赛。支持高校学生成立创新创业协会、创业俱乐部等社团，举办创新创业讲座论坛，开展创新创业实践。

（六）改革教学和学籍管理制度

各高校要设置合理的创新创业学分，建立创新创业学分积累与转换制度，探索将学生开展创新实验、发表论文、获得专利和自主创业等情况折算为学分，将学生参与课题研究、项目实验等活动认定为课堂学习。为有意愿有潜质的学生制定创新创业能力培养计划，建立创新创业档案和成绩单，客观记录并量化评价学生开展创新创业活动情况。优先支持参与创新创业的学生转入相关专业学习。实施弹性学制，放宽学生修业年限，允许调整学业进程、保留学籍休学创新创业。设立创新创业奖学金，并在现有相关评优评先项目中拿出一定比例用于表彰优秀创新创业的学生。

（七）加强教师创新创业教育教学能力建设

各地区、各高校要明确全体教师创新创业教育责任，完善专业技术职务评聘和绩效考核标准，加强创新创业教育的考核评价。配齐配强创新创业教育与创业就业指导专职教师队伍，并建立定期考核、淘汰制度。聘请知名科学家、创业成功者、企业家、风险投资人等各行各业优秀人才，担任专业课、创新创业课授课或指导教师，并制定兼职教师管理规范，形成全国万名优秀创新创业导师人才库。将提高高校教师创新创业教育的意识和能力作为岗前培训、课程轮训、骨干研修的重要内容，建立相关专业教师、创新创业教育专职教师到行业企业挂职锻炼制度。加快完善高校科技成果处置和收益分配机制，支持教师以对外转让、合作转化、作价入股、自主创业等形式将科技成果产业化，并鼓励带领学生创新创业。

（八）改进学生创业指导服务

各地区、各高校要建立健全学生创业指导服务专门机构，做到“机构、人员、场地、经费”四到位，对自主创业学生实行持续帮扶、全程指导、一站式服务。健全持续化信息服务制度，完善全国大学生创业服务网功能，建立地方、高校两级信息服务平台，为学生实时提供国家政策、市场动向等信息，并做好创业项目对接、知识产权交易等服务。各地区、各有关部门要积极落实高校学生创业培训政策，研发适合学生特点的创业培训课程，建设网络培训平台。鼓励高校自主编制专项培训计划，或与有条件的教育培训机构、行业协会、群团组织、企业联合开发创业培训项目。各地区和具备条件的行业协会要针对区域需求、行业发展，发布创业项目指南，引导高校学生识别创业机会、捕捉创业商机。

（九）完善创新创业资金支持和政策保障体系

各地区、各有关部门要整合发展财政和社会资金，支持高校学生创新创业活动。各高校要优化经费支出结构，多渠道统筹安排资金，支持创新创业教育教学，资助学生创新创业项目。部委属高校应按规定使用中央高校基本科研业务费，积极支持品学兼优且具有较强科研潜质的在校学生开展创新科研工作。中国教育发展基金会设立大学生创新创业教育奖励基金，用于奖励对创新创业教育作出贡献的单位。鼓励社会组织、公益团体、企事业单位和个人设立大学生创业风险基金，以多种形式向自主创业大学生提供资金支持，提高扶持资金使用效益。深入实施新一轮大学生创业引领计划，落实各项扶持政策和服务措施，重点支持大学生到新兴产业创业。有关部门要加快制定有利于互联网创业的扶持政策。

三、加强组织领导

（一）健全体制机制

各地区、各高校要把深化高校创新创业教育改革作为“培养什么人，怎样培养人”的重要任务摆在突出位置，加强指导管理与监督评价，统筹推进本地本校创新创业教育工作。各地区要成立创新创业教育专家指导委员会，开展高校创新创业教育的研究、咨询、指导和服务。各高校要落实创新创业教育主体责任，把创新创业教育纳入改革发展重要议事日程，成立由校长任组长、分管校领导任副组长、有关部门负责人参加的创新创业教育工作领导小组，建立教务部门牵头，学生工作、团委等部门齐抓共管的创新创业教育工作机制。

（二）细化实施方案

各地区、各高校要结合实际制定深化本地本校创新创业教育改革的实施方案，明确责任分工。教育部属高校需将实施方案报教育部备案，其他高校需报学校所在地省级教育部门和主管部门备案，备案后向社会公布。

（三）强化督导落实

教育部门要把创新创业教育质量作为衡量办学水平、考核领导班子的重要指标，纳入高校教育教学评估指标体系和学科评估指标体系，引入第三方评估。把创新创业教育相关情况列入本科、高职高专、研究生教学质量年度报告和毕业生就业质量年度报告重点内容，接受社会监督。

（四）加强宣传引导

各地区、各有关部门以及各高校要大力宣传加强高校创新创业教育的必要性、紧迫性、重要性，使创新创业成为管理者办学、教师教学、学生求学的理性认知与行动自觉。及时总结推广各地各高校的好经验好做法，选树学生创新创业成功典型，丰富宣传形式，培育创客文化，努力营造敢为人先、敢冒风险、宽容失败的氛围环境。

国务院办公厅

2015 年 5 月 4 日

附录 3

国务院关于大力推进大众创业万众创新若干政策措施的意见

国发〔2015〕32 号

各省、自治区、直辖市人民政府，国务院各部委、各直属机构：

推进大众创业、万众创新，是发展的动力之源，也是富民之道、公平之计、强国之策，对于推动经济结构调整、打造发展新引擎、增强发展新动力、走创新驱动发展道路具有重要意义，是稳增长、扩就业、激发亿万群众智慧和创造力，促进社会纵向流动、公平正义的重大举措。根据 2015 年《政府工作报告》部署，为改革完善相关体制机制，构建普惠性政策扶持体系，推动资金链引导创业创新链、创业创新链支持产业链、产业链带动就业链，现提出以下意见。

一、充分认识推进大众创业、万众创新的重要意义

——推进大众创业、万众创新，是培育和催生经济社会发展新动力的必然选择。随着我国资源环境约束日益强化，要素的规模驱动力逐步减弱，传统的高投入、高消耗、粗放式发展方式难以为继，经济发展进入新常态，需要从要素驱动、投资驱动转向创新驱动。推进大众创业、万众创新，就是要通过结构性改革、体制机制创新，消除不利于创业创新发展的各种制度束缚和桎梏，支持各类市场主体不断开办新企业、开发新产品、开拓新市场，培育新兴产业，形成小企业“铺天盖地”、大企业“顶天立地”的发展格局，实现创新驱动发展，打造新引擎、形成新动力。

——推进大众创业、万众创新，是扩大就业、实现富民之道的根本举措。我国有 13 亿多人口、9 亿多劳动力，每年高校毕业生、农村转移劳动力、城镇困难人员、退役军人数量较大，人力资源转化为人力资本的潜力巨大，但就业总量压力较大，结构性矛盾凸显。推进大众创业、万众创新，就是要通过转变政府职能、建设服务型政府，营造公平竞争的创业环境，使有梦想、有意愿、有能力的科技人员、高校毕业生、农民工、退役军人、失业人员等各类市场创业主体“如鱼得水”，通过创业增加收入，让更多的人富起来，促进收入分配结构调整，实现创新支持创业、创业带动就业的良性互动发展。

——推进大众创业、万众创新，是激发全社会创新潜能和创业活力的有效途径。目前，我国创业创新理念还没有深入人心，创业教育培训体系还不健全，善于创造、勇于创业的能力不足，鼓励创新、宽容失败的良好环境尚未形成。推进大众创业、万众创新，就是要通过加强全社会以创新为核心的创业教育，弘扬“敢为人先、追求创新、百折不挠”的创业精神，厚植创新文化，不断增强创业创新意识，使创业创新成为全社会共同的价值追求和行为习惯。

二、总体思路

按照“四个全面”战略布局，坚持改革推动，加快实施创新驱动发展战略，充分发挥市场在资源配置中的决定性作用和更好发挥政府作用，加大简政放权力度，放宽政策、放开市场、放活主体，形成有利于创业创新的良好氛围，让千千万万创业者活跃起来，汇聚成经济社会发展的巨大动能。不断完善体制机制、健全普惠性政策措施，加强统筹协调，构建有利于大众创业、万众创新蓬勃发展的政策环境、制度环境和公共服务体系，以创业带动就业、创新促进发展。

——坚持深化改革，营造创业环境。通过结构性改革和创新，进一步简政放权、放管结合、优化服务，增强创业创新制度供给，完善相关法律法规、扶持政策和激励措施，营造均等普惠环境，推动社会纵向流动。

——坚持需求导向，释放创业活力。尊重创业创新规律，坚持以人为本，切实解决创业者面临的资金需求、市场信息、政策扶持、技术支撑、公共服务等瓶颈问题，最大限度释放各类市场主体创业创新活力，开辟就业新空间，拓展发展新天地，解放和发展生产力。

——坚持政策协同，实现落地生根。加强创业、创新、就业等各类政策统筹，部门与地方政策联动，确保创业扶持政策可操作、能落地。鼓励有条件的地区先行先试，探索形成可复制、可推广的创业创新经验。

——坚持开放共享，推动模式创新。加强创业创新公共服务资源开放共享，整合利用全球创业创新资源，实现人才等创业创新要素跨地区、跨行业自由流动。依托“互联网+”、大数据等，推动各行业创新商业模式，建立和完善线上与线下、境内与境外、政府与市场开放合作等创业创新机制。

三、创新体制机制，实现创业便利化

（一）完善公平竞争市场环境

进一步转变政府职能，增加公共产品和服务供给，为创业者提供更多机会。逐步清理并废除妨碍创业发展的制度和规定，打破地方保护主义。加快出台公平竞争审查制度，建立统一透明、有序规范的市场环境。依法反垄断和反不正当竞争，消除不利于创业创新发展的垄断协议和滥用市场支配地位以及其他不正当竞争行为。清理规范涉企收费项目，完善收费目录管理制度，制定事中事后监管办法。建立和规范企业信用信息发布制度，制定严重违法企业名单管理办法，把创业主体信用与市场准入、享受优惠政策挂钩，完善以信用管理为基础的创业创新监管模式。

（二）深化商事制度改革

加快实施工商营业执照、组织机构代码证、税务登记证“三证合一”“一照一码”，落实“先照后证”改革，推进全程电子化登记和电子营业执照应用。支持各地结合实际放宽新注册企业场所登记条件限制，推动“一址多照”、集群注册等住所登记改革，为创业创新提供便利的工商登记服务。建立市场准入等负面清单，破除不合理的行业准入限制。开展企业简易注销试点，建立便捷的市场退出机制。依托企业信用信息公示系统建立小微企业名录，增强创业企业信息透明度。

（三）加强创业知识产权保护

研究商业模式等新形态创新成果的知识产权保护办法。积极推进知识产权交易，加快建立全国知识产权运营公共服务平台。完善知识产权快速维权与维权援助机制，缩短确权审查、侵权处理周期。集中查处一批侵犯知识产权的大案要案，加大对反复侵权、恶意侵权等行为的处罚力度，探索实施惩罚性赔偿制度。完善权利人维权机制，合理划分权利人举证责任，完善行政调解等非诉讼纠纷解决途径。

（四）健全创业人才培养与流动机制

把创业精神培育和创业素质教育纳入国民教育体系，实现全社会创业教育和培训制度化、体系化。加快完善创业课程设置，加强创业实训体系建设。加强创业创新知识普及教育，使大众创业、万众创新深入人心。加强创业导师队伍建设，提高创业服务水平。加快推进社会保障制度改革，破除人才自由流动制度障碍，实现党政机关、企事业单位、社会各方面人才顺畅流动。加快建立创业创新绩效评价机制，让一批富有创业精神、勇于承担风险的人才脱颖而出。

四、优化财税政策，强化创业扶持

（五）加大财政资金支持和统筹力度

各级财政要根据创业创新需要，统筹安排各类支持小微企业和创业创新的资金，加大对创业创新支持力度，强化资金预算执行和监管，加强资金使用绩效评价。支持有条件的地方政府设立创业基金，扶持创业创新发展。在确保公平竞争前提下，鼓励对众创空间等孵化机构的办公用房、用水、用能、网络等软硬件设施给予适当优惠，减轻创业者负担。

（六）完善普惠性税收措施

落实扶持小微企业发展的各项税收优惠政策。落实科技企业孵化器、大学科技园、研发费用加计扣除、固定资产加速折旧等税收优惠政策。对符合条件的众创空间等新型孵化机构适用科技企业孵化器税收优惠政策。按照税制改革方向和要求，对包括天使投资在内的投向种子期、初创期等创新活动的投资，统筹研究相关税收支持政策。修订完善高新技术企业认定办法，完善创业投资企业享受70%应纳税所得额税收抵免政策。抓紧推广中关村国家自主创新示范区税收试点政策，将企业转增股本分期缴纳个人所得税试点政策、股权奖励分期缴纳个人所得税试点政策推广至全国范围。落实促进高校毕业生、残疾人、退役军人、登记失业人员等创业就业税收政策。

（七）发挥政府采购支持作用

完善促进中小企业发展的政府采购政策，加强对采购单位的政策指导和监督检查，督促采购单位改进采购计划编制和项目预留管理,增强政策对小微企业发展的支持效果。加大创新产品和服务的采购力度，把政府采购与支持创业发展紧密结合起来。

五、搞活金融市场，实现便捷融资

（八）优化资本市场

支持符合条件的创业企业上市或发行票据融资，并鼓励创业企业通过债券市场筹集资金。积极研究尚未盈利的互联网和高新技术企业到创业板发行上市制度，推动在上海证券交易所建立战略新兴产业板。加快推进全国中小企业股份转让系统向创业板转板试点。研究解决特殊股权结构类创业企业在境内上市的制度性障碍，完善资本市场规则。规范发展服务于中小微企业的区域性股权市场，推动建立工商登记部门与区域性股权市场的股权登记对接机制，支持股权质押融资。支持符合条件的发行主体发行小微企业增信集合债等企业债券创新品种。

（九）创新银行支持方式

鼓励银行提高针对创业创新企业的金融服务专业化水平，不断创新组织架构、管理方式和金融产品。推动银行与其他金融机构加强合作，对创业创新活动给予有针对性的股权和债权融资支持。鼓励银行业金融机构向创业企业提供结算、融资、理财、咨询等一站式系统化的金融服务。

（十）丰富创业融资新模式

支持互联网金融发展，引导和鼓励众筹融资平台规范发展，开展公开、小额股权众筹融资试点，加强风险控制和规范管理。丰富完善创业担保贷款政策。支持保险资金参与创业创新，发展相互保险等新业务。完善知识产权估值、质押和流转体系，依法合规推动知识产权质押融资、专利许可费收益权证券化、专利保险等服务常态化、规模化发展，支持知识产权金融发展。

六、扩大创业投资，支持创业起步成长

（十一）建立和完善创业投资引导机制

不断扩大社会资本参与新兴产业创投计划参股基金规模，做大直接融资平台，引导创业投资更多向创业企业起步成长的前端延伸。不断完善新兴产业创业投资政策体系、制度体系、融资体系、监管和预警体系，加快建立考核评价体系。加快设立国家新兴产业创业投资引导基金和国家中小企业发展基金，逐步建立支持创业创新和新兴产业发展的市场化长效运行机制。发展联合投资等新模式，探索建立风险补偿机制。鼓励各地方

政府建立和完善创业投资引导基金。加强创业投资立法，完善促进天使投资的政策法规。促进国家新兴产业创业投资引导基金、科技型中小企业创业投资引导基金、国家科技成果转化引导基金、国家中小企业发展基金等协同联动。推进创业投资行业协会建设，加强行业自律。

（十二）拓宽创业投资资金供给渠道

加快实施新兴产业“双创”三年行动计划，建立一批新兴产业“双创”示范基地，引导社会资金支持大众创业。推动商业银行在依法合规、风险隔离的前提下，与创业投资机构建立市场化长期性合作。进一步降低商业保险资金进入创业投资的门槛。推动发展投贷联动、投保联动、投债联动等新模式，不断加大对创业创新企业的融资支持。

（十三）发展国有资本创业投资

研究制定鼓励国有资本参与创业投资的系统性政策措施，完善国有创业投资机构激励约束机制、监督管理机制。引导和鼓励中央企业和其他国有企业参与新兴产业创业投资基金、设立国有资本创业投资基金等，充分发挥国有资本在创业创新中的作用。研究完善国有创业投资机构国有股转持豁免政策。

（十四）推动创业投资“引进来”与“走出去”

抓紧修订外商投资创业投资企业相关管理规定，按照内外资一致的管理原则，放宽外商投资准入，完善外资创业投资机构管理制度，简化管理流程，鼓励外资开展创业投资业务。放宽对外资创业投资基金投资限制，鼓励中外合资创业投资机构发展。引导和鼓励创业投资机构加大对境外高端研发项目的投资，积极分享境外高端技术成果。按投资领域、用途、募集资金规模，完善创业投资境外投资管理。

七、发展创业服务，构建创业生态

（十五）加快发展创业孵化服务

大力发展创新工场、车库咖啡等新型孵化器，做大做强众创空间，完善创业孵化服务。引导和鼓励各类创业孵化器与天使投资、创业投资相结合，完善投融资模式。引导和推动创业孵化与高校、科研院所等技术成果转移相结合，完善技术支撑服务。引导和鼓励国内资本与境外合作设立新型创业孵化平台，引进境外先进创业孵化模式，提升孵化能力。

（十六）大力发展第三方专业服务

加快发展企业管理、财务咨询、市场营销、人力资源、法律顾问、知识产权、检验检测、现代物流等第三方专业化服务，不断丰富和完善创业服务。

（十七）发展“互联网+”创业服务

加快发展“互联网+”创业网络体系，建设一批小微企业创业创新基地，促进创业与创新、创业与就业、线上与线下相结合，降低全社会创业门槛和成本。加强政府数据开放共享，推动大型互联网企业和基础电信企业向创业者开放计算、存储和数据资源。积极推广众包、用户参与设计、云设计等新型研发组织模式和创业创新模式。

（十八）研究探索创业券、创新券等公共服务新模式

有条件的地方继续探索通过创业券、创新券等方式对创业者和创新企业提供社会培训、管理咨询、检验检测、软件开发、研发设计等服务，建立和规范相关管理制度和运行机制，逐步形成可复制、可推广的经验。

八、建设创业创新平台，增强支撑作用

（十九）打造创业创新公共平台

加强创业创新信息资源整合，建立创业政策集中发布平台，完善专业化、网络化服务体系，增强创业创新信息透明度。鼓励开展各类公益讲坛、创业论坛、创业培训等活动，丰富创业平台形式和内容。支持各类创业创新大赛，定期办好中国创新创业大赛、中国农业科技创新创业大赛和创新挑战大赛等赛事。加强和完善中小企业公共服务平台网络建设。充分发挥企业的创新主体作用，鼓励和支持有条件的大型企业发展创业平台、投资并购小微企业等，支持企业内外部创业者创业，增强企业创业创新活力。为创业失败者再创业建立必要的指导和援助机制，不断增强创业信心和创业能力。加快建立创业企业、天使投资、创业投资统计指标体系，规范统计口径和调查方法，加强监测和分析。

（二十）用好创业创新技术平台

建立科技基础设施、大型科研仪器和专利信息资源向全社会开放的长效机制。完善国家重点实验室等国家级科研平台（基地）向社会开放机制，为大众创业、万众创新提供有力支撑。鼓励企业建立一批专业化、市场化的技术转移平台。鼓励依托三维（3D）打印、网络制造等先进技术和发展模式，开展面向创业者的社会化服务。引导和支持有条件的领军企业创建特色服务平台，面向企业内部和外部创业者提供资金、技术和服务支撑。加快建立军民两用技术项目实施、信息交互和标准化协调机制，促进军民创新资源融合。

（二十一）发展创业创新区域平台

支持开展全面创新改革试验的省（区、市）、国家综合配套改革试验区等，依托改革试验平台在创业创新体制机制改革方面积极探索，发挥示范和带动作用，为创业创新制度体系建设提供可复制、可推广的经验。依托自由贸易试验区、国家自主创新示范区、战略性新兴产业集聚区等创业创新资源密集区域，打造若干具有全球影响力的创业创新

中心。引导和鼓励创业创新型城市完善环境，推动区域集聚发展。推动实施小微企业创业基地城市示范。鼓励有条件的地方出台各具特色的支持政策，积极盘活闲置的商业用房、工业厂房、企业库房、物流设施和家庭住所、租赁房等资源，为创业者提供低成本办公场所和居住条件。

九、激发创造活力，发展创新型创业

（二十二）支持科研人员创业

加快落实高校、科研院所等专业技术人员离岗创业政策，对经同意离岗的可在 3 年内保留人事关系，建立健全科研人员双向流动机制。进一步完善创新型中小企业上市股权激励和员工持股计划制度规则。鼓励符合条件的企业按照有关规定，通过股权、期权、分红等激励方式，调动科研人员创业积极性。支持鼓励学会、协会、研究会等科技社团为科技人员和创业企业提供咨询服务。

（二十三）支持大学生创业

深入实施大学生创业引领计划，整合发展高校毕业生就业创业基金。引导和鼓励高校统筹资源，抓紧落实大学生创业指导服务机构、人员、场地、经费等。引导和鼓励成功创业者、知名企业家、天使和创业投资人、专家学者等担任兼职创业导师，提供包括创业方案、创业渠道等创业辅导。建立健全弹性学制管理办法，支持大学生保留学籍休学创业。

（二十四）支持境外人才来华创业

发挥留学回国人才特别是领军人才、高端人才的创业引领带动作用。继续推进人力资源市场对外开放，建立和完善境外高端创业创新人才引进机制。进一步放宽外籍高端人才来华创业办理签证、永久居留证等条件，简化开办企业审批流程，探索由事前审批调整为事后备案。引导和鼓励地方对回国创业高端人才和境外高端人才来华创办高科技企业给予一次性创业启动资金，对配偶就业、子女入学、医疗、住房、社会保障等方面完善相关措施。加强海外科技人才离岸创业基地建设，把更多的国外创业创新资源引入国内。

十、拓展城乡创业渠道，实现创业带动就业

（二十五）支持电子商务向基层延伸

引导和鼓励集办公服务、投融资支持、创业辅导、渠道开拓于一体的市场化网商创业平台发展。鼓励龙头企业结合乡村特点建立电子商务交易服务平台、商品集散平台和物流中心，推动农村依托互联网创业。鼓励电子商务第三方交易平台渠道下沉，带动城乡基层创业人员依托其平台和经营网络开展创业。完善有利于中小网商发展的相关措施，

在风险可控、商业可持续的前提下支持发展面向中小网商的融资贷款业务。

（二十六）支持返乡创业集聚发展

结合城乡区域特点，建立有市场竞争力的协作创业模式，形成各具特色的返乡人员创业联盟。引导返乡创业人员融入特色专业市场，打造具有区域特点的创业集群和优势产业集群。深入实施农村青年创业富民行动，支持返乡创业人员因地制宜围绕休闲农业、农产品深加工、乡村旅游、农村服务业等开展创业，完善家庭农场等新型农业经营主体发展环境。

（二十七）完善基层创业支撑服务

加强城乡基层创业人员社保、住房、教育、医疗等公共服务体系建设，完善跨区域创业转移接续制度。健全职业技能培训体系，加强远程公益创业培训，提升基层创业人员创业能力。引导和鼓励中小金融机构开展面向基层创业创新的金融产品创新，发挥社区地理和软环境优势，支持社区创业者创业。引导和鼓励行业龙头企业、大型物流企业发挥优势，拓展乡村信息资源、物流仓储等技术和服务网络，为基层创业提供支撑。

十一、加强统筹协调，完善协同机制

（二十八）加强组织领导

建立由发展改革委牵头的推进大众创业万众创新部际联席会议制度，加强顶层设计和统筹协调。各地区、各部门要立足改革创新，坚持需求导向，从根本上解决创业创新中面临的各种体制机制问题，共同推进大众创业、万众创新蓬勃发展。重大事项要及时向国务院报告。

（二十九）加强政策协调联动

建立部门之间、部门与地方之间政策协调联动机制，形成强大合力。各地区、各部门要系统梳理已发布的有关支持创业创新发展的各项政策措施，抓紧推进“立、改、废”工作，将对初创企业的扶持方式从选拔式、分配式向普惠式、引领式转变。建立健全创业创新政策协调审查制度，增强政策普惠性、连贯性和协同性。

（三十）加强政策落实情况督查

加快建立推进大众创业、万众创新有关普惠性政策措施落实情况督查督导机制，建立和完善政策执行评估体系和通报制度，全力打通决策部署的“最先一公里”和政策落实的“最后一公里”，确保各项政策措施落地生根。

各地区、各部门要进一步统一思想认识，高度重视、认真落实本意见的各项要求，结合本地区、本部门实际明确任务分工、落实工作责任，主动作为、敢于担当，积极研究解决新问题，及时总结推广经验做法，加大宣传力度，加强舆论引导，推动本意见确定的各项政策措施落实到位，不断拓展大众创业、万众创新的空间，汇聚经济社会发展新动能，促进我国经济保持中高速增长、迈向中高端水平。

国务院

2015 年 6 月 11 日

附录 4

国务院关于推动创新创业高质量发展打造“双创”升级版的意见

国发〔2018〕32 号

各省、自治区、直辖市人民政府，国务院各部委、各直属机构：

创新是引领发展的第一动力，是建设现代化经济体系的战略支撑。近年来，大众创业万众创新持续向更大范围、更高层次和更深程度推进，创新创业与经济社会发展深度融合，对推动新旧动能转换和经济结构升级、扩大就业和改善民生、实现机会公平和社会纵向流动发挥了重要作用，为促进经济增长提供了有力支撑。当前，我国经济已由高速增长阶段转向高质量发展阶段，对推动大众创业万众创新提出了新的更高要求。为深入实施创新驱动发展战略，进一步激发市场活力和社会创造力，现就推动创新创业高质量发展、打造“双创”升级版提出以下意见。

一、总体要求

推进大众创业万众创新是深入实施创新驱动发展战略的重要支撑、深入推进供给侧结构性改革的重要途径。随着大众创业万众创新蓬勃发展，创新创业环境持续改善，创新创业主体日益多元，各类支撑平台不断丰富，创新创业社会氛围更加浓厚，创新创业理念日益深入人心，取得显著成效。但同时，还存在创新创业生态不够完善、科技成果转化机制尚不健全、大中小企业融通发展还不充分、创新创业国际合作不够深入以及部分政策落实不到位等问题。打造“双创”升级版，推动创新创业高质量发展，有利于进一步增强创业带动就业能力，有利于提升科技创新和产业发展活力，有利于创造优质供给和扩大有效需求，对增强经济发展内生动力具有重要意义。

（一）指导思想

以习近平新时代中国特色社会主义思想为指导，全面贯彻党的十九大和十九届二中、三中全会精神，坚持新发展理念，坚持以供给侧结构性改革为主线，按照高质量发展要求，深入实施创新驱动发展战略，通过打造“双创”升级版，进一步优化创新创业环境，大幅降低创新创业成本，提升创业带动就业能力，增强科技创新引领作用，提升支撑平台服务能力，推动形成线上线下结合、产学研用协同、大中小企业融合的创新创业格局，为加快培育发展新动能、实现更充分就业和经济高质量发展提供坚实保障。

（二）主要目标

——创新创业服务全面升级。创新创业资源共享平台更加完善，市场化、专业化众创空间功能不断拓展，创新创业服务平台能力显著提升，创业投资持续增长并更加关注早中期科技型企业，新兴创新创业服务业态日趋成熟。

——创业带动就业能力明显提升。培育更多充满活力、持续稳定经营的市场主体，直接创造更多就业岗位，带动关联产业就业岗位增加，促进就业机会公平和社会纵向流动，实现创新、创业、就业的良性循环。

——科技成果转化应用能力显著增强。科技型创业加快发展，产学研用更加协同，科技创新与传统产业转型升级结合更加紧密，形成多层次科技创新和产业发展主体，支撑战略性新兴产业加快发展。

——高质量创新创业集聚区不断涌现。"双创"示范基地建设扎实推进，一批可复制的制度性成果加快推广。有效发挥国家级新区、国家自主创新示范区等各类功能区优势，打造一批创新创业新高地。

——大中小企业创新创业价值链有机融合。一批高端科技人才、优秀企业家、专业投资人成为创新创业主力军，大企业、科研院所、中小企业之间创新资源要素自由畅通流动，内部外部、线上线下、大中小企业融通发展水平不断提升。

——国际国内创新创业资源深度融汇。拓展创新创业国际交流合作，深度融入全球创新创业浪潮，推动形成一批国际化创新创业集聚地，将"双创"打造成为我国与包括"一带一路"相关国家在内的世界各国合作的亮丽名片。

二、着力促进创新创业环境升级

（三）简政放权释放创新创业活力

进一步提升企业开办便利度，全面推进企业简易注销登记改革。积极推广"区域评估"，由政府组织力量对一定区域内地质灾害、水土保持等进行统一评估。推进审查事项、办事流程、数据交换等标准化建设，稳步推动公共数据资源开放，加快推进政务数据资源、社会数据资源、互联网数据资源建设。清理废除妨碍统一市场和公平竞争的规定和做法，加快发布全国统一的市场准入负面清单，建立清单动态调整机制。（市场监管总局、自然资源部、水利部、发展改革委等按职责分工负责）

（四）放管结合营造公平市场环境

加强社会信用体系建设，构建信用承诺、信息公示、信用分级分类、信用联合奖惩等全流程信用监管机制。修订生物制造、新材料等领域审查参考标准，激发高技术领域创新活力。引导和规范共享经济良性健康发展，推动共享经济平台企业切实履行主体责任。建立完善对"互联网+教育""互联网+医疗"等新业态新模式的高效监管机制，严守安全质量和社会稳定底线。（发展改革委、市场监管总局、工业和信息化部、教育部、卫生健康委等按职责分工负责）

（五）优化服务便利创新创业

加快建立全国一体化政务服务平台，建立完善国家数据共享交换平台体系，推行数据共享责任清单制度，推动数据共享应用典型案例经验复制推广。在市县一级建立农村创新创业信息服务窗口。完善适应新就业形态的用工和社会保险制度，加快建设“网上社保”。积极落实产业用地政策，深入推进城镇低效用地再开发，健全建设用地“增存挂钩”机制，优化用地结构，盘活存量、闲置土地用于创新创业。（国务院办公厅、发展改革委、市场监管总局、农业农村部、人力资源社会保障部、自然资源部等按职责分工负责）

三、加快推动创新创业发展动力升级

（六）加大财税政策支持力度

聚焦减税降费，研究适当降低社保费率，确保总体上不增加企业负担，激发市场活力。将企业研发费用加计扣除比例提高到75%的政策由科技型中小企业扩大至所有企业。对个人在二级市场买卖新三板股票比照上市公司股票，对差价收入免征个人所得税。将国家级科技企业孵化器和大学科技园享受的免征房产税、增值税等优惠政策范围扩大至省级，符合条件的众创空间也可享受。（财政部、税务总局等按职责分工负责）

（七）完善创新创业产品和服务政府采购等政策措施

完善支持创新和中小企业的政府采购政策。发挥采购政策功能，加大对重大创新产品和服务、核心关键技术的采购力度，扩大首购、订购等非招标方式的应用。（发展改革委、财政部、工业和信息化部、科技部等和各地方人民政府按职责分工负责）

（八）加快推进首台（套）重大技术装备示范应用

充分发挥市场机制作用，推动重大技术装备研发创新、检测评定、示范应用体系建设。编制重大技术装备创新目录、众创研发指引，制定首台（套）评定办法。依托大型科技企业集团、重点研发机构，设立重大技术装备创新研究院。建立首台（套）示范应用基地和示范应用联盟。加快军民两用技术产品发展和推广应用。发挥众创、众筹、众包和虚拟创新创业社区等多种创新创业模式的作用，引导中小企业等创新主体参与重大技术装备研发，加强众创成果与市场有效对接。（发展改革委、科技部、工业和信息化部、财政部、国资委、卫生健康委、市场监管总局、能源局等按职责分工负责）

（九）建立完善知识产权管理服务体系

建立完善知识产权评估和风险控制体系，鼓励金融机构探索开展知识产权质押融资。完善知识产权运营公共服务平台，逐步建立全国统一的知识产权交易市场。鼓励和支持创新主体加强关键前沿技术知识产权创造，形成一批战略性高价值专利组合。聚焦重点领域和关键环节开展知识产权“雷霆”专项行动，进行集中检查、集中整治，全面加强知识产权执法维权工作力度。积极运用在线识别、实时监测、源头追溯等“互联网+”

技术强化知识产权保护。（知识产权局、财政部、银保监会、人民银行等按职责分工负责）

四、持续推进创业带动就业能力升级

（十）鼓励和支持科研人员积极投身科技创业

对科教类事业单位实施差异化分类指导，出台鼓励和支持科研人员离岗创业实施细则，完善创新型岗位管理实施细则。健全科研人员评价机制，将科研人员在科技成果转化过程中取得的成绩和参与创业项目的情况作为职称评审、岗位竞聘、绩效考核、收入分配、续签合同等的重要依据。建立完善科研人员校企、院企共建双聘机制。（科技部、教育部、人力资源社会保障部等按职责分工负责）

（十一）强化大学生创新创业教育培训

在全国高校推广创业导师制，把创新创业教育和实践课程纳入高校必修课体系，允许大学生用创业成果申请学位论文答辩。支持高校、职业院校（含技工院校）深化产教融合，引入企业开展生产性实习实训。（教育部、人力资源社会保障部、共青团中央等按职责分工负责）

（十二）健全农民工返乡创业服务体系

深入推进农民工返乡创业试点工作，推出一批农民工返乡创业示范县和农村创新创业典型县。进一步发挥创业担保贷款政策的作用，鼓励金融机构按照市场化、商业可持续原则对农村“双创”园区（基地）和公共服务平台等提供金融服务。安排一定比例年度土地利用计划，专项支持农村新产业新业态和产业融合发展。（人力资源社会保障部、农业农村部、发展改革委、人民银行、银保监会、财政部、自然资源部、共青团中央等按职责分工负责）

（十三）完善退役军人自主创业支持政策和服务体系

加大退役军人培训力度，依托院校、职业培训机构、创业培训中心等机构，开展创业意识教育、创业素质培养、创业项目指导、开业指导、企业经营管理等培训。大力扶持退役军人就业创业，落实好现有税收优惠政策，根据个体特点引导退役军人向科技服务业等新业态转移。推动退役军人创业平台不断完善，支持退役军人参加创新创业大会和比赛。（退役军人部、教育部、人力资源社会保障部、税务总局、财政部等按职责分工负责）

（十四）提升归国和外籍人才创新创业便利化水平

深入实施留学人员回国创新创业启动支持计划，遴选资助一批高层次人才回国创新创业项目。健全留学回国人才和外籍高层次人才服务机制，在签证、出入境、社会保险、知识产权保护、落户、永久居留、子女入学等方面进一步加大支持力度。（人力资源社会保障部、外交部、公安部、移民局、知识产权局等和各地方人民政府按职责分工负责）

（十五）推动更多群体投身创新创业

深入推进创新创业巾帼行动，鼓励支持更多女性投身创新创业实践。制定完善香港、澳门居民在内地发展便利性政策措施，鼓励支持港澳青年在内地创新创业。扩大两岸经济文化交流合作，为台湾同胞在大陆创新创业提供便利。积极引导侨资侨智参与创新创业，支持建设华侨华人创新创业基地和华侨大数据中心。探索国际柔性引才机制，持续推进海外人才离岸创新创业基地建设。启动少数民族地区创新创业专项行动，支持西藏、新疆等地区创新创业加快发展。推行终身职业技能培训制度，将有创业意愿和培训需求的劳动者全部纳入培训范围。（全国妇联、港澳办、台办、侨办、人力资源社会保障部、中国科协、发展改革委、国家民委等按职责分工负责）

五、深入推动科技创新支撑能力升级

（十六）增强创新型企业引领带动作用

在重点领域和关键环节加快建设一批国家产业创新中心、国家技术创新中心等创新平台，充分发挥创新平台资源集聚优势。建设由大中型科技企业牵头，中小企业、科技社团、高校院所等共同参与的科技联合体。加大对“专精特新”中小企业的支持力度，鼓励中小企业参与产业关键共性技术研究开发，持续提升企业创新能力，培育一批具有创新能力的制造业单项冠军企业，壮大制造业创新集群。健全企业家参与涉企创新创业政策制定机制。（发展改革委、科技部、中国科协、工业和信息化部等按职责分工负责）

（十七）推动高校科研院所创新创业深度融合

健全科技资源开放共享机制，鼓励科研人员面向企业开展技术开发、技术咨询、技术服务、技术培训等，促进科技创新与创业深度融合。推动高校、科研院所与企业共同建立概念验证、孵化育成等面向基础研究成果转化的服务平台。（科技部、教育部等按职责分工负责）

（十八）健全科技成果转化的体制机制

纵深推进全面创新改革试验，深化以科技创新为核心的全面创新。完善国家财政资金资助的科技成果信息共享机制，畅通科技成果与市场对接渠道。试点开展赋予科研人员职务科技成果所有权或长期使用权。加速高校科技成果转化和技术转移，促进科技、产业、投资融合对接。加强国家技术转移体系建设，鼓励高校、科研院所建设专业化技术转移机构。鼓励有条件的地方按技术合同实际成交额的一定比例对技术转移服务机构、技术合同登记机构和技术经纪人（技术经理人）给予奖补。（发展改革委、科技部、教育部、财政部等按职责分工负责）

六、大力促进创新创业平台服务升级

（十九）提升孵化机构和众创空间服务水平

建立众创空间质量管理、优胜劣汰的健康发展机制，引导众创空间向专业化、精细化方向升级，鼓励具备一定科研基础的市场主体建立专业化众创空间。推动中央企业、科研院所、高校和相关公共服务机构建设具有独立法人资格的孵化机构，为初创期、早中期企业提供公共技术、检验检测、财税会计、法律政策、教育培训、管理咨询等服务。继续推进全国创业孵化示范基地建设。鼓励生产制造类企业建立工匠工作室，通过技术攻关、破解生产难题、固化创新成果等塑造工匠品牌。加快发展孵化机构联盟，加强与国外孵化机构对接合作，吸引海外人才到国内创新创业。研究支持符合条件的孵化机构享受高新技术企业相关人才激励政策，落实孵化机构税收优惠政策。（科技部、国资委、教育部、人力资源社会保障部、工业和信息化部、财政部、税务总局等按职责分工负责）

（二十）搭建大中小企业融通发展平台

实施大中小企业融通发展专项行动计划，加快培育一批基于互联网的大企业创新创业平台、国家中小企业公共服务示范平台。推进国家小型微型企业创业创新示范基地建设，支持建设一批制造业“双创”技术转移中心和制造业“双创”服务平台。推进供应链创新与应用，加快形成大中小企业专业化分工协作的产业供应链体系。鼓励大中型企业开展内部创业，鼓励有条件的企业依法合规发起或参与设立公益性创业基金，鼓励企业参股、投资内部创业项目。鼓励国有企业探索以子公司等形式设立创新创业平台，促进混合所有制改革与创新创业深度融合。（工业和信息化部、商务部、财政部、国资委等按职责分工负责）

（二十一）深入推进工业互联网创新发展

更好发挥市场力量，加快发展工业互联网，与智能制造、电子商务等有机结合、互促共进。实施工业互联网三年行动计划，强化财税政策导向作用，持续利用工业转型升级资金支持工业互联网发展。推进工业互联网平台建设，形成多层次、系统性工业互联网平台体系，引导企业上云上平台，加快发展工业软件，培育工业互联网应用创新生态。推动产学研用合作建设工业互联网创新中心，建立工业互联网产业示范基地，开展工业互联网创新应用示范。加强专业人才支撑，公布一批工业互联网相关二级学科，鼓励搭建工业互联网学科引智平台。（工业和信息化部、发展改革委、教育部、科技部、财政部、人力资源社会保障部等按职责分工负责）

（二十二）完善“互联网+”创新创业服务体系

推进“国家创新创业政策信息服务网”建设，及时发布创新创业先进经验和典型做法，进一步降低各类创新创业主体的政策信息获取门槛和时间成本。鼓励建设“互联网+”创新创业平台，积极利用互联网等信息技术支持创新创业活动，进一步降低创新创业主体与资本、技术对接的门槛。推动“互联网+公共服务”，使更多优质资源惠及群众。（发展改革委、科技部、工业和信息化部等按职责分工负责）

（二十三）打造创新创业重点展示品牌

继续扎实开展各类创新创业赛事活动，办好全国大众创业万众创新活动周，拓展“创响中国”系列活动范围，充分发挥“互联网+”大学生创新创业大赛、中国创新创业大赛、“创客中国”创新创业大赛、“中国创翼”创业创新大赛、全国农村创业创新项目创意大赛、中央企业熠星创新创意大赛、“创青春”中国青年创新创业大赛、中国妇女创新创业大赛等品牌赛事活动作用。对各类赛事活动中涌现的优秀创新创业项目加强后续跟踪支持。（发展改革委、中国科协、教育部、科技部、工业和信息化部、人力资源社会保障部、农业农村部、国资委、共青团中央、全国妇联等按职责分工负责）

七、进一步完善创新创业金融服务

（二十四）引导金融机构有效服务创新创业融资需求

加快城市商业银行转型，回归服务小微企业等实体的本源，提高风险识别和定价能力，运用科技化等手段，为本地创新创业提供有针对性的金融产品和差异化服务。加快推进村镇银行本地化、民营化和专业化发展，支持民间资本参与农村中小金融机构充实资本、完善治理的改革，重点服务发展农村电商等新业态新模式。推进落实大中型商业银行设立普惠金融事业部，支持有条件的银行设立科技信贷专营事业部，提高服务创新创业企业的专业化水平。支持银行业金融机构积极稳妥开展并购贷款业务，提高对创业企业兼并重组的金融服务水平。（银保监会、人民银行等按职责分工负责）

（二十五）充分发挥创业投资支持创新创业作用

进一步健全适应创业投资行业特点的差异化监管体制，按照不溯及既往、确保总体税负不增的原则，抓紧完善进一步支持创业投资基金发展的税收政策，营造透明、可预期的政策环境。规范发展市场化运作、专业化管理的创业投资母基金。充分发挥国家新兴产业创业投资引导基金、国家中小企业发展基金等引导基金的作用，支持初创期、早中期创新型企业发展。加快发展天使投资，鼓励有条件的地方出台促进天使投资发展的政策措施，培育和壮大天使投资人群体。完善政府出资产业投资基金信用信息登记，开展政府出资产业投资基金绩效评价和公共信用综合评价。（发展改革委、证监会、税务总局、财政部、工业和信息化部、科技部、人民银行、银保监会等按职责分工负责）

（二十六）拓宽创新创业直接融资渠道

支持发展潜力好但尚未盈利的创新型企业上市或在新三板、区域性股权市场挂牌。推动科技型中小企业和创业投资企业发债融资，稳步扩大创新创业债试点规模，支持符合条件的企业发行“双创”专项债务融资工具。规范发展互联网股权融资，拓宽小微企业和创新创业者的融资渠道。推动完善公司法等法律法规和资本市场相关规则，允许科技企业实行“同股不同权”治理结构。（证监会、发展改革委、科技部、人民银行、财政部、司法部等按职责分工负责）

（二十七）完善创新创业差异化金融支持政策

依托国家融资担保基金，采取股权投资、再担保等方式推进地方有序开展融资担保业务，构建全国统一的担保行业体系。支持保险公司为科技型中小企业知识产权融资提供保证保险服务。完善定向降准、信贷政策支持再贷款等结构性货币政策工具，引导资金更多投向创新型企业和小微企业。研究开展科技成果转化贷款风险补偿试点。实施战略性新兴产业重点项目信息合作机制，为战略性新兴产业提供更具针对性和适应性的金融产品和服务。（财政部、银保监会、科技部、知识产权局、人民银行、工业和信息化部、发展改革委、证监会等按职责分工负责）

八、加快构筑创新创业发展高地

（二十八）打造具有全球影响力的科技创新策源地

进一步夯实北京、上海科技创新中心的创新基础，加快建设一批重大科技基础设施集群、世界一流学科集群。加快推进粤港澳大湾区国际科技创新中心建设，探索建立健全国际化的创新创业合作新机制。（有关地方人民政府牵头负责）

（二十九）培育创新创业集聚区

支持符合条件的经济技术开发区打造大中小企业融通型、科技资源支撑型等不同类型的创新创业特色载体。鼓励国家级新区探索通用航空、体育休闲、养老服务、安全等产业与城市融合发展的新机制和新模式。推进雄安新区创新发展，打造体制机制新高地和京津冀协同创新重要平台。推动承接产业转移示范区、高新技术开发区聚焦战略性新兴产业构建园区配套及服务体系，充分发挥创新创业集群效应。支持有条件的省市建设综合性国家产业创新中心，提升关键核心技术创新能力。依托中心城市和都市圈，探索打造跨区域协同创新平台。（财政部、工业和信息化部、科技部、发展改革委等和各地方人民政府按职责分工负责）

（三十）发挥“双创”示范基地引导示范作用

将全面创新改革试验的相关改革举措在“双创”示范基地推广，为示范基地内的项目或企业开通总体规划环评等绿色通道。充分发挥长三角示范基地联盟作用，推动建立京津冀、西部等区域示范基地联盟，促进各类基地融通发展。开展“双创”示范基地十强百佳工程，鼓励示范基地在科技成果转化、财政金融、人才培养等方面积极探索。（发展改革委、生态环境部、银保监会、科技部、财政部、工业和信息化部、人力资源社会保障部等和有关地方人民政府及大众创业万众创新示范基地按职责分工负责）

（三十一）推进创新创业国际合作

发挥中国—东盟信息港、中阿网上丝绸之路等国际化平台作用，支持与“一带一路”相关国家开展创新创业合作。推动建立政府间创新创业多双边合作机制。充分利用各类国际合作论坛等重要载体，推动创新创业领域民间务实合作。鼓励有条件的地方建立创新创业国际合作基金，促进务实国际合作项目有效落地。（发展改革委、科技部、工业和信息化部等和有关地方人民政府按职责分工负责）

九、切实打通政策落实“最后一公里”

（三十二）强化创新创业政策统筹

完善创新创业信息通报制度，加强沟通联动。发挥推进大众创业万众创新部际联席会议统筹作用，建立部门之间、部门与地方之间的高效协同机制。鼓励各地方先行先试、大胆探索并建立容错免责机制。促进科技、金融、财税、人才等支持创新创业政策措施有效衔接。建立健全“双创”发展统计指标体系，做好创新创业统计监测工作。（发展改革委、统计局等和各地方人民政府按职责分工负责）

（三十三）细化关键政策落实措施

开展“双创”示范基地年度评估，根据评估结果进行动态调整。定期梳理制约创新创业的痛点堵点问题，开展创新创业痛点堵点疏解行动，督促相关部门和地方限期解决。对知识产权保护、税收优惠、成果转移转化、科技金融、军民融合、人才引进等支持创新创业政策措施落实情况定期开展专项督查和评估。（发展改革委、中国科协等和各地方人民政府按职责分工负责）

（三十四）做好创新创业经验推广

建立定期发布创新创业政策信息的制度，做好政策宣讲和落实工作。支持各地积极举办经验交流会和现场观摩会等，加强先进经验和典型做法的推广应用。加强创新创业政策和经验宣传，营造良好舆论氛围。（各部门、各地方人民政府按职责分工负责）

各地区、各部门要充分认识推动创新创业高质量发展、打造“双创”升级版对于深入实施创新驱动发展战略的重要意义，把思想、认识和行动统一到党中央、国务院决策部署上来，认真落实本意见各项要求，细化政策措施，加强督查，及时总结，确保各项政策措施落到实处，进一步增强创业带动就业能力和科技创新能力，加快培育发展新动能，充分激发市场活力和社会创造力，推动我国经济高质量发展。

国务院

2018 年 9 月 18 日

附录 5

国务院办公厅关于进一步做好高校毕业生等青年就业创业工作的通知

国办发〔2022〕13 号

各省、自治区、直辖市人民政府，国务院各部委、各直属机构：

高校毕业生等青年就业关系民生福祉、经济发展和国家未来。为贯彻落实党中央、国务院决策部署，做好当前和今后一段时期高校毕业生等青年就业创业工作，经国务院同意，现就有关事项通知如下。

一、多渠道开发就业岗位

（一）扩大企业就业规模

坚持在推动高质量发展中强化就业优先导向，加快建设现代化经济体系，推进制造业转型升级，壮大战略性新兴产业，大力发展现代服务业，提供更多适合高校毕业生的就业岗位。支持中小微企业更多吸纳高校毕业生就业，按规定给予社会保险补贴、创业担保贷款及贴息、税费减免等扶持政策，对吸纳高校毕业生就业达到一定数量且符合相关条件的中小微企业，在安排纾困资金、提供技术改造贷款贴息时予以倾斜；对招用毕业年度高校毕业生并签订 1 年以上劳动合同的中小微企业，给予一次性吸纳就业补贴，政策实施期限截至 2022 年 12 月 31 日；建立中小微企业专业技术人员职称评定绿色通道和申报兜底机制，健全职业技能等级（岗位）设置，完善职业技能等级认定机制，落实科研项目经费申请、科研成果等申报与国有企事业单位同类人员同等待遇。设置好“红灯”“绿灯”，促进平台经济健康发展，带动更多就业。稳定扩大国有企业招聘规模，指导企业规范发布招聘信息，推进公开招聘。（国家发展改革委、科技部、工业和信息化部、财政部、人力资源社会保障部、商务部、人民银行、国务院国资委、税务总局、市场监管总局等按职责分工负责）

（二）拓宽基层就业空间

结合实施区域协调发展、乡村振兴等战略，适应基层治理能力现代化建设需要，统筹用好各方资源，挖掘基层就业社保、医疗卫生、养老服务、社会工作、司法辅助等就业机会。社区专职工作岗位出现空缺要优先招用或拿出一定数量专门招用高校毕业生。继续实施“三支一扶”计划、农村特岗教师计划、大学生志愿服务西部计划等基层服务项目，合理确定招募规模。对到中西部地区、艰苦边远地区、老工业基地县以下基层单位就业的高校毕业生，按规定给予学费补偿和国家助学贷款代偿、高定工资等政策，对其中招聘为事业单位正式工作人员的，可按规定提前转正定级。（中央组织部、最高人民法院、最高人民检察院、教育部、民政部、财政部、人力资源社会保障部、农业农村部、国家卫生健康委、共青团中央等按职责分工负责）

（三）支持自主创业和灵活就业

落实大众创业、万众创新相关政策，深化高校创新创业教育改革，健全教育体系和培养机制，汇集优质创新创业培训资源，对高校毕业生开展针对性培训，按规定给予职业培训补贴。支持高校毕业生自主创业，按规定给予一次性创业补贴、创业担保贷款及贴息、税费减免等政策，政府投资开发的创业载体要安排30%左右的场地免费向高校毕业生创业者提供。支持高校毕业生发挥专业所长从事灵活就业，对毕业年度和离校2年内未就业高校毕业生实现灵活就业的，按规定给予社会保险补贴。（国家发展改革委、教育部、科技部、财政部、人力资源社会保障部、人民银行、税务总局、市场监管总局等按职责分工负责）

（四）稳定公共部门岗位规模

今明两年要继续稳定机关事业单位招录（聘）高校毕业生的规模。深化落实基层法官检察官助理规范便捷招录机制，畅通政法专业高校毕业生进入基层司法机关就业渠道。支持承担国家科技计划（专项、基金等）的高校、科研院所和企业扩大科研助理岗位规模。充分考虑新冠疫情影响和高校毕业生就业需要，合理安排公共部门招录（聘）和相关职业资格考试时间。受疫情影响严重地区，在2022年12月31日前可实施中小学、幼儿园、中等职业学校教师资格“先上岗、再考证”阶段性措施。（中央组织部、最高人民法院、最高人民检察院、教育部、科技部、人力资源社会保障部等按职责分工负责）

二、强化不断线就业服务

（五）精准开展困难帮扶

要把有劳动能力和就业意愿的脱贫家庭、低保家庭、零就业家庭高校毕业生，以及残疾高校毕业生和长期失业高校毕业生作为就业援助的重点对象，提供“一人一档”“一人一策”精准服务，为每人至少提供3—5个针对性岗位信息，优先组织参加职业培训和就业见习，及时兑现一次性求职创业补贴，千方百计促进其就业创业。对通过市场渠道确实难以就业的困难高校毕业生，可通过公益性岗位兜底安置。实施“中央专项彩票公益金宏志助航计划”，面向困难高校毕业生开展就业能力培训。实施共青团促进大学生就业行动，面向低收入家庭高校毕业生开展就业结对帮扶。及时将符合条件的高校毕业生纳入临时救助等社会救助范围。实施国家助学贷款延期还款、减免利息等支持举措，延期期间不计复利、不收罚息、不作为逾期记录报送。（教育部、民政部、财政部、人力资源社会保障部、人民银行、共青团中央、中国残联、开发银行等按职责分工负责）

（六）优化招聘服务

推进公共就业服务进校园，逐步实现公共就业招聘平台和高校校园网招聘信息共享。建立高校毕业生就业岗位归集机制，广泛收集机关事业单位、各类企业、重大项目等高校毕业生就业岗位需求计划，集中向社会发布并动态更新。构建权威公信的高校毕业生就业服务平台，密集组织线上线下专项招聘服务，扩大国家 24365 大学生就业服务平台、百日千万网络招聘、“千校万岗”、中小企业网上百日招聘等招聘平台和活动影响力。积极组织服务机构、用人单位进校园招聘。（教育部、工业和信息化部、人力资源社会保障部、国务院国资委、共青团中央、全国工商联等按职责分工负责）

（七）加强就业指导

健全高校学生生涯规划与就业指导体系，开展就业育人主题教育活动，引导高校毕业生树立正确的职业观、就业观和择业观。注重理论与实践相结合，开展多种形式的模拟实训、职业体验等实践教学，组织高校毕业生走进人力资源市场，参加职业能力测评，接受现场指导。高校要按一定比例配齐配强就业指导教师，就业指导教师可参加相关职称评审。打造一批大学生就业指导名师、优秀职业指导师、优秀就业指导课程和教材。举办全国大学生职业规划大赛，增强大学生生涯规划意识，指导其及早做好就业准备。（教育部、人力资源社会保障部、共青团中央等按职责分工负责）

（八）落实实名服务

深入实施离校未就业高校毕业生就业创业促进计划，强化教育、人力资源社会保障部门离校前后信息衔接，持续跟进落实实名服务。运用线上失业登记、求职登记小程序、基层摸排等各类渠道，与有就业意愿的离校未就业高校毕业生普遍联系，为每人免费提供 1 次职业指导、3 次岗位推荐、1 次职业培训或就业见习机会。（人力资源社会保障部牵头，教育部等按职责分工负责）

（九）维护就业权益

开展平等就业相关法律法规和政策宣传，坚决防止和纠正性别、年龄、学历等就业歧视，依法打击“黑职介”、虚假招聘、售卖简历等违法犯罪活动，坚决治理付费实习、滥用试用期、拖欠试用期工资等违规行为。督促用人单位与高校毕业生签订劳动（聘用）合同或就业协议书，明确双方的权利义务、违约责任及处理方式，维护高校毕业生合法就业权益。对存在就业歧视、欺诈等问题的用人单位，及时向高校毕业生发布警示提醒。（教育部、公安部、人力资源社会保障部、市场监管总局、全国妇联等按职责分工负责）

三、简化优化求职就业手续

（十）稳妥有序推动取消就业报到证

从 2023 年起，不再发放《全国普通高等学校本专科毕业生就业报到证》和《全国毕业研究生就业报到证》（以下统称就业报到证），取消就业报到证补办、改派手续，不再将就业报到证作为办理高校毕业生招聘录用、落户、档案接收转递等手续的必需材料。（中央组织部、教育部、公安部、人力资源社会保障部等按职责分工负责）

（十一）提供求职就业便利

取消高校毕业生离校前公共就业人才服务机构在就业协议书上签章环节，取消高校毕业生离校后到公共就业人才服务机构办理报到手续。应届高校毕业生可凭普通高等教育学历证书、与用人单位签订的劳动（聘用）合同或就业协议书，在就业地办理落户手续（超大城市按现有规定执行）；可凭普通高等教育学历证书，在原户籍地办理落户手续。教育部门要健全高校毕业生网上签约系统，方便用人单位与高校毕业生网上签约，鼓励受疫情影响地区用人单位与高校毕业生实行网上签约。对延迟离校的应届高校毕业生，相应延长报到入职、档案转递、落户办理时限。（教育部、公安部、人力资源社会保障部等按职责分工负责）

（十二）积极稳妥转递档案

高校要及时将毕业生登记表、成绩单等重要材料归入学生档案，按照有关规定有序转递。到机关、国有企事业单位就业或定向招生就业的，转递至就业单位或定向单位；到非公单位就业的，转递至就业地或户籍地公共就业人才服务机构；暂未就业的，转递至户籍地公共就业人才服务机构。档案涉密的应通过机要通信或派专人转递。公共就业人才服务机构要主动加强与高校的沟通衔接，动态更新机构服务信息，积极推进档案政策宣传服务进校园，及时接收符合转递规定的学生档案。档案管理部门要及时向社会公布服务机构名录和联系方式。（中央组织部、教育部、人力资源社会保障部、国家邮政局等按职责分工负责）

（十三）完善毕业去向登记

从 2023 年起，教育部门建立高校毕业生毕业去向登记制度，作为高校为毕业生办理离校手续的必要环节。高校要指导毕业生（含结业生）及时完成毕业去向登记，核实信息后及时报省级教育部门备案。实行定向招生就业办法的高校毕业生，省级教育部门和高校要指导其严格按照定向协议就业并登记去向信息。高校毕业生到户籍和档案接收管理部门办理相关手续时，教育部门应根据有关部门需要和毕业生本人授权，提供毕业生离校时相应去向登记信息查询核验服务。（教育部、人力资源社会保障部等按职责分工负责）

（十四）推进体检结果互认

指导用人单位根据工作岗位实际，合理确定入职体检项目，不得违法违规开展乙肝、孕检等检测。对外科、内科、胸透 X 线片等基本健康体检项目，高校毕业生近 6 个月内已在合规医疗机构进行体检的，用人单位应当认可其结果，原则上不得要求其重复体检，法律法规另有规定的从其规定。用人单位或高校毕业生对体检结果有疑问的，经协商可提出复检、补检要求。高校可不再组织毕业体检。（教育部、人力资源社会保障部、国家卫生健康委等按职责分工负责）

四、着力加强青年就业帮扶

（十五）健全青年就业服务机制

强化户籍地、常住地就业失业管理服务责任，允许到本地就业创业的往届高校毕业生、留学回国毕业生及失业青年进行求职登记、失业登记，提供均等化基本公共就业服务，按规定落实就业创业扶持政策。实施青年就业启航计划，对有就业意愿的失业青年，开展职业素质测评，制定求职就业计划，提供针对性岗位信息，组织志愿服务、创业实践等活动。对长期失业青年，开展实践引导、分类指导、跟踪帮扶，提供就业援助，引导他们自强自立、及早就业创业。（人力资源社会保障部、共青团中央等按职责分工负责）

（十六）提升职业技能水平

适应产业转型升级和市场需求，高质量推动产训结合和职业技能培训资源共建共享，扩大青年职业技能培训规模，拓展学徒培训、技能研修、新职业培训等多种模式，举办各类职业技能竞赛活动。鼓励高校毕业生等青年在获得学历证书的同时获得相关职业资格证书或职业技能等级证书，对需要学历学位证书作为报考条件的，允许先参加考试评定，通过考试评定的，待取得相关学历学位证书后再发放职业资格证书或职业技能等级证书。（国家发展改革委、教育部、财政部、人力资源社会保障部等按职责分工负责）

（十七）扩大就业见习规模

实施百万就业见习岗位募集计划，支持企事业单位、社会组织、政府投资项目、科研项目等设立见习岗位，按规定给予就业见习补贴。鼓励有条件的地方或用人单位为见习人员购买商业医疗保险，提高见习保障水平。离校未就业高校毕业生到基层实习见习基地参加见习或者到企事业单位参加项目研究的，视同基层工作经历，自报到之日起算。实施大学生实习“扬帆计划”，广泛开展各级政务实习、企业实习和职业体验活动。（人力资源社会保障部牵头，中央组织部、教育部、科技部、工业和信息化部、民政部、财政部、商务部、国务院国资委、共青团中央、全国工商联等按职责分工负责）

五、压紧压实工作责任

（十八）加强组织领导

各地区各部门各高校要以习近平新时代中国特色社会主义思想为指导，认真贯彻落实党中央、国务院决策部署，把高校毕业生等青年就业作为就业工作重中之重，作为政府绩效考核和高校绩效考核内容，将帮扶困难高校毕业生就业作为重点，明确目标任务，细化具体举措，强化督促检查。各有关部门要立足职责，密切配合，同向发力，积极拓宽就业渠道，加快政策落实。（各有关部门和单位、各省级人民政府按职责分工负责）

（十九）强化工作保障

要根据本地区高校毕业生等青年就业形势和实际需要，统筹安排资金，加强人员保障，确保工作任务和政策服务落实。健全公共就业服务体系，实施提升就业服务质量工程，增强对高校毕业生等青年就业指导服务的针对性有效性。运用政府购买服务机制，支持经营性人力资源服务机构、社会组织等市场力量参与就业服务、职业指导、职业培训等工作。（各有关部门和单位、各省级人民政府按职责分工负责）

（二十）做好宣传引导

开展就业政策服务专项宣传，及时提供通俗易懂的政策解读。开展“最美基层高校毕业生”“基层就业出征仪式”等典型宣传活动，引导高校毕业生等青年将职业选择融入国家发展，在奋斗中实现人生价值。做好舆论引导，及时回应社会关切，稳定就业预期。（各有关部门和单位、各省级人民政府按职责分工负责）

国务院办公厅

2022 年 5 月 5 日

附录 6

国务院关于进一步做好新形势下就业创业工作的意见

国发〔2015〕23 号

附录 7

国务院办公厅关于发展众创空间推进大众创新创业的指导意见

国办发〔2015〕9 号

附录 8

关于知识产权支持小微企业发展的若干意见

国知发管字〔2014〕57 号

附录 9

人力资源社会保障部等九部门关于实施大学生创业引领计划的通知

人社部发〔2014〕38 号

附录 10

国务院关于印发注册资本登记制度改革方案的通知

国发〔2014〕7 号

附录 11

国务院办公厅关于支持农民工等人员返乡创业的意见

国办发〔2015〕47 号

附录 12

国务院关于积极推进“互联网+”行动的指导意见

国发〔2015〕40 号

附录 13

国务院办公厅关于建设大众创业万众创新示范基地的实施意见

国办发〔2016〕35号

参考文献

[1] 李肖鸣，朱建新. 大学生创业基础[M]. 2 版. 北京：清华大学出版社，2013.
[2] 董青春，等. 大学生创业基础[M]. 北京：经济管理出版社，2012.
[3] 伍秋林. 创业基础[M]. 长沙：湖南师范大学出版社，2012.
[4] 张耀辉，等. 创业学导论[M]. 北京：机械工业出版社，2011.
[5] 李家华. 创业基础[M]. 北京：北京师范大学出版社，2014.
[6] 张耀辉，等. 创业基础[M]. 广州：暨南大学出版社，2013.
[7] 刘帆.大学生创业指导教程[M]. 北京：中国传媒大学出版社，2009.
[8] 孔蓉.本科生创新能力培养方法的思考与实践[J]. 重庆交通大学学报，2012（3）.
[9] 粘永昌.大学生创业动机与创业模式探析[J]. 法制与社会，2009（25）.
[10] 宋逸成，彭友.大学生创业动机探析[J]. 江苏经贸职业技术学院学报，2010（1）.
[11] 杨俊辉.国外创业团队研究综述[J]. 科技管理研究，2009（4）.
[12] 杜娟.新时期高校创业教育的研究[D]. 太原：山西农业大学，2014.
[13] 朱光辉.论大学生创业动机与创业模式之间的关系[J]. 成功：教育，2009（000）.
[14] 王巍.大学生创业模式研究[D]. 长春：吉林大学，2004.
[15] 王年军.大学生创业团队的理论与实证研究[J]. 科技创业，2012（4）.
[16] 方爱山.论大学生创业素质的养成[J]. 兵团教育学院学报，2003（13）.
[17] 关越.大学生创业素质及其培养研究[D]. 沈阳：东北大学，2008.
[18] 张玉利，薛红志，杨俊.论创业研究的学科发展及其对管理理论的挑战[J]. 外国经济与管理，2007（1）.
[19] 邓学军，夏宏盛. 创业机会理论研究综述[J]. 管理现代化，2005（3）.
[20] 邓光奇.民族地区旅游资源的空间分布结构分析[J]. 北方民族大学学报，2013（6）.
[21] 朱文莉，刘思雅. 政府创业投资引导基金发展现状、问题及对策[J]. 会计之友，2014（2）.
[22] 黄文辉.湘西非物质文化遗产项目的整理与保护研究[J]. 中南大学学报：社会科学版，2012，18（3）.
[23] 秦莹.适应铁路运输需求发展的运输产品结构的研究[D]. 北京：北京交通大学，2006.
[24] 陈建光.炎黄传媒：“捧杀”致死[J]. 商界：评论，2011（11）.